Nominiert für den *Deutschen Jugendliteraturpreis 2022*: Ein Coming-of-Age-Roman über Mut, Selbstsuche und Freundschaft

Wie man die Schulzeit ohne einen einzigen Freund übersteht? Genau so, wie man ohne Regenschirm durch einen Schauer läuft: Kopf einziehen, Schultern hoch, so schnell wie möglich. Jahrelang war das Peytons Alltag. Doch mit ihrem Wechsel aufs Wirtschaftscollege soll alles anders werden. Verbissen und hoffnungsvoll versucht Peyton, Anschluss zu finden, landet stattdessen aber in einer Spirale aus toxischer Abhängigkeit, die sie fast kaputt macht ...

Als Peyton das erkennt, beschließt sie, einen Neustart zu wagen und sich selbst wiederzufinden – an einem Ort, der möglichst weit weg ist von ihrem Zuhause. Sie bucht sich ein One-Way-Ticket ans Ende der Welt und nach einigen Anfangsschwierigkeiten in Vancouver, wird sie herzlich von einer siebenköpfigen Truppe Backpacker aufgenommen, mit der sie einen Roadtrip und damit das größte Abenteuer ihres Lebens startet. Schnell verliebt sich Peyton in die atemberaubende kanadische Landschaft, und gleichzeitig auch in Beasey, den schottische Weltenbummler mit den schönen Augen und der sanften, gutmütigen Art.

Zum Wegträumen, Mitfühlen und nicht mehr Loslassen!

SARA BARNARD

DIE BESTE ZEIT IST
AM ENDE DER WELT

ROMAN

Aus dem britischen Englisch von
Hanna Christine Fliedner

ARCTIS

Die Originalausgabe erschien 2021 unter dem Titel *Destination Anywhere* bei Macmillan Children's Books, ein Imprint von Pan Macmillan.

Ungekürzte Taschenbuchausgabe
2. Auflage 2023
© Atrium Verlag AG, Imprint Arctis, Zürich 2021
Alle Rechte vorbehalten
© Text: Sara Barnard, 2020
Published 2021 by Macmillan Children's
Books, an imprint of Pan Macmillan
Übersetzung: Hanna Christine Fliedner
Lektorat: Leona Eßer
© Cover: Ana Hard, 2021
Satz: Dörlemann Satz, Lemförde
Druck und Bindung: GGP Media GmbH, Pößneck
Printed in Germany 2023
ISBN: 978-3-03880-045-3

www.arctis-verlag.de

Folgt uns auf Instagram unter
@arctis_verlag

*Für Mum und Dad, die mich in die Welt entlassen
und zu Hause wieder willkommen geheißen haben.*

Im Flugzeug

»Boarding completed.«

Es ist so weit. Jetzt oder nie. Ich starre den Senden-Button auf meinem Handydisplay an. Letzte Chance, ihn zu drücken.

So kurz vor diesem finalen Schritt, diesem winzigen Glied in der Kette von Ereignissen, die mich hierhergeführt haben, schnellt mein ohnehin bereits rasender Puls noch weiter in die Höhe.

Fast gegen meinen Willen wische ich doch noch einmal nach unten. Mein Blick huscht zum Anfang der E-Mail, an der ich schon herumfeile, seit ich das Haus verlassen habe. Und während ich den Bus genommen, die Sicherheitskontrollen passiert, das Flugzeug bestiegen, meinen Platz gefunden und mich angeschnallt habe.

Liebe Mum, lieber Dad,
bitte flippt jetzt nicht völlig aus (wahrscheinlich bringt
es nichts, euch das zu schreiben, aber glaubt mir, es ist
zwecklos. Wenn ihr das hier lest, bin ich längst in der
Luft. Dad, du sagst doch selbst immer, wie ungefährlich
Fliegen ist. Also braucht ihr euch überhaupt keine Sorgen
zu machen, gerade bin ich so sicher wie noch nie).

Ich tue das, weil ich MUSS. Ich muss einfach weg. Ich habe versucht, euch klarzumachen, dass mich hier nichts mehr hält, aber ihr wolltet nicht zuhören. Tja, jetzt bleibt euch wohl nichts anderes übrig. Ich befinde mich nämlich gerade auf dem Flug BA037 von Gatwick nach Vancouver. Ihr könnt ihn sogar nachverfolgen. Ich will euch nicht anlügen oder etwas vorenthalten, deshalb teile ich euch ganz offen mit, wo ich bin. Ich musste wirklich dringend raus, also habe ich mich auf den Weg gemacht. Und wenn ihr in der letzten Zeit irgendwas mitgekriegt habt, dann wisst ihr auch, warum.

Ich rufe euch an, sobald ich gelandet bin.

Ich hab euch lieb!
P.

PS: Dad, es tut mir leid, dass ich deine Kreditkarte benutzt habe.
PPS: Ich zahle es dir zurück.

Der Pilot plaudert fröhlich über unsere voraussichtliche Flugzeit, den strahlenden Sonnenschein in Vancouver und über »ein paar kleine Ruckler«, die vermutlich über Grönland auf uns zukommen werden. Dann bittet er uns, alle elektronischen Geräte in den Flugmodus zu versetzen.

Ich schlucke. Und ergänze ein »sehr« vor lieb.

Senden.

Na bitte, es ist vollbracht. Ich stelle mein Handy auf Flugmodus, lehne mich im Sitz zurück und beobachte, wie das Terminal langsam an uns vorüberzieht, während wir zur

Startbahn rollen. In ein paar Minuten bin ich wirklich da oben. England wird unter mir zurückfallen, immer kleiner und kleiner werden und in immer größere Ferne rücken, und all meine Probleme und mein Schmerz, meine Fehler und mein Bedauern gleich mit. Das nächste Mal, wenn ich diesen Boden betrete – und wer weiß, wann das passiert –, werde ich eine andere sein. Nicht direkt ein neuer Mensch, aber vielleicht die, die ich schon immer hätte sein sollen.

Jetzt haben wir die Landebahn erreicht. Die Triebwerke dröhnen, das Flugzeug nimmt Fahrt auf. Neben mir flüstert eine Frau im grünen Jumpsuit: »Es geht los!«

Ich schließe die Augen. Und endlich breitet sich ein Lächeln auf meinem Gesicht aus.

Los geht's.

WAS ZUVOR GESCHAH

aka

WARUM ICH ALLE ZELTE ABGEBROCHEN UND
MIT MEINEM ALTEN LEBEN ABGESCHLOSSEN
HABE, OBWOHL ICH ERST SIEBZEHN BIN UND
MEINE ELTERN MICH ZIEMLICH SICHER
UMBRINGEN WERDEN

aka

ALS ICH NOCH DACHTE, DASS SICH ALLES ZUM
GUTEN WENDEN KÖNNTE

Der erste Tag auf dem College. Der erste Tag meines neuen Lebens! Ein neues Ich, in neuen Klamotten (Skinny-Jeans, weißes T-Shirt und eine Gänseblümchenkette. Klassisch, schlicht und nicht an eine bestimmte Persönlichkeit gebunden, denn ich musste ja erst mal herausfinden, wer ich am besten sein sollte). In erster Linie aber ein Ich mit einer neuen Einstellung. Welche Einstellung? Positiv. Ich, auch bekannt als Peyton King, frischgebackene Zwölftklässlerin und die Neue, die es nicht erwarten konnte, Freunde zu finden, war bereit.

Ich war *so was* von bereit. Wen interessierte schon, dass ich eigentlich gar nicht auf ein Wirtschaftscollege gehen und vor allem nicht das lernen wollte, was meine Eltern für richtig hielten, statt zu tun, was ich mir selbst wünschte – und was sich im Prinzip mit dem Wort »Kunst« zusammenfassen ließ. Ich war trotzdem bereit. Alles andere war sowieso egal. Ich hatte ein Ziel, und *nur* dieses Ziel: Freunde finden. Echte, treue, Geheimnisse anvertrauende, WhatsApp-Gruppen teilende, zusammen im Park chillende Freunde.

Das, was an meiner alten Schule passiert war, war bloß ein Fliegenschiss gewesen. Auch wenn dieser Fliegenschiss fünf Jahre Hölle bedeutet hatte. Ja, keine Freunde zu haben, fühlt sich an, als würde einem die Seele ausgesaugt. Ja, es hat mich fast völlig kaputt gemacht. Und ja, das grausame Mobbing hat mich vermutlich nachhaltig traumatisiert und wird mich bis ins Erwachsenenleben verfolgen.

Aber – das ist vorbei! Schnee von gestern. Neuanfang, neue Peyton.

»Herzlich willkommen!« Eine lächelnde Frau saß an einem der Info-Tische im Eingangsbereich.

»Hi!«, antwortete ich. *Genau so, Peyton, zeig Begeisterung.* »Ich bin Peyton King!«

Die Frau nickte, sah hinunter auf die Liste vor sich, entdeckte meinen Namen und strich ihn durch. »Das hier sind deine Willkommensunterlagen.« Sie reichte mir einen Stapel Papiere. »Ein Geländeplan, die Öffnungszeiten der Mensa und so weiter. Die Einführungsveranstaltung findet um 09:00 Uhr in der Aula statt. Hast du vorher noch irgendwelche Fragen?«

Wie finde ich Freunde? Werden die anderen mich mögen? Warum mochte mich früher niemand? Sehe ich okay aus? Wie ist meine Frisur? Tue ich das Richtige? Werden die anderen mich mögen?!

Ich schüttelte den Kopf. »Nein, danke!«

(Kann man von der eigenen Hoffnung und Vorfreude high werden? Falls ja, dann war ich das definitiv. Das hörte man allein schon an meinem Tonfall.)

Auf dem Weg zur Einführung befürchtete ich, dass wir diese schrecklichen Kennenlernspiele spielen würden. Und gleichzeitig hoffte ich auch ein bisschen darauf, dass es tatsächlich damit losgehen würde. Sie waren zwar todespeinlich, aber meist funktionierten sie ja.

Allerdings war ich mir nicht sicher, ob man das hier überhaupt für nötig hielt. Auch wenn die Gebäude des Wirtschaftscolleges größtenteils auf einem eigenen Gelände standen, so gehörte es doch offiziell zur Eastridge Highschool, die die Mehrheit der Schülerinnen und Schüler bis zum Abschluss der elften Klasse besucht hatte. Noch dazu gab es zwei Partnerschulen, von denen auch viele kamen. Ein kleiner Rest war von ganz woanders, so wie ich. Das war also mein neues Leben – endlich. Ich war raus aus dieser Hölle, die die Claridge Academy für mich gewesen war, weit weg von allen, die mich je gemobbt hatten, und von denen, die es zugelassen hatten. Ich war frei und konnte neu anfangen.

Am Tag zuvor war ich bei der Friseurin meiner Mutter gewesen. Ich hatte ihr genau gesagt, was ich wollte – sympathisch, aber nicht zu auffällig, nichts zu Bemühtes, nichts, was zu sehr schrie: Schaut mich an! Daraufhin hatte sie meine straßenköterblonden Wellen in einen sattbraunen Long-Bob mit kupferfarbenen Strähnchen verwandelt, der gerade auf meine Schultern hinabfiel. Perfekt. Ich hatte den ganzen Sommer über geübt, mir die Haare zu glätten, und jetzt hatte ich die passende Frisur dafür.

Seht ihr, wie bereit ich war? So was von.

Die Einführung war etwas seltsam. Alle versammelten sich in der Aula, um der Willkommensansprache – oder vielmehr der Willkommenspredigt – des Oberstufenkoordinators, Mr Kirby, zu lauschen, der sehr wenig lächelte. Danach wurden wir in Kleingruppen eingeteilt und über den Campus geführt. Ich war in einer Gruppe mit zwei anderen Mädchen, die nur miteinander tuschelten und mich kaum beachteten, und mit drei Jungs, die überhaupt nichts sagten. Kein besonders guter Start.

»Von welcher Schule kommst du?«, fragte ich eines der Mädchen, als wir nach dem Rundgang zurück in die Aula gebracht wurden. Ich war wild entschlossen, diese erste Gelegenheit nicht verstreichen zu lassen, ohne es wenigstens versucht zu haben.

»Eastridge«, antwortete sie. Eine besitzergreifende Geste schloss ihre Freundin mit ein. »Und du?«

»Von der Claridge. Academy.«

Sie runzelte die Stirn. »Wieso bist du dann nicht dort in die Oberstufe gegangen?«

Ich sagte nicht, *weil ich da keine Freunde habe, und wenn ich hier auch keine finde, gehe ich elendiglich zugrunde*, sondern: »Weil das ein Scheißladen ist.« Was mich betraf, entsprach das absolut der Wahrheit.

Aber es kam falsch rüber, zu laut, zu vehement. In meinen Ohren klang es viel zu übertrieben und das wollte ich doch eigentlich um jeden Preis vermeiden. Ich lächelte, aber auch das fühlte sich nicht richtig an. Ich konnte spüren, wie mir die Röte den Hals hinaufkroch. Ein einziges Gespräch und ich hatte es schon vergeigt.

»Tja, die Eastridge ist ganz okay«, meinte das Mädchen und zuckte mit den Schultern.

»Das ist jetzt nicht mehr die Eastridge«, wurde sie von ihrer Freundin erinnert, »sondern das College. Das ist was völlig anderes.«

»Ich versuche hier, nett zu sein.« Das erste Mädchen verzog das Gesicht. »Ihr Mut zu machen und so.«

Die andere verdrehte die Augen, was nicht besonders freundlich wirkte. Aber sie fragte mich: »In welcher Aufnahmegruppe bist du?«

Hoffnungsvoll blickte ich auf mein Anmeldeformular. »S6.«

»Tja, wir sind beide in S2.« Sie zuckte mit den Achseln. Dieses Achselzucken sagte: *Sorry, wir werden leider keine Freunde. Ciao.*

»Okay«, antwortete ich.

»Wir müssen auch langsam los«, meinte die Erste wieder. »Zur Anmeldung.«

»Okay.« Ich wiederholte mich, aber was sollte ich sonst tun?

Halb hatte ich gehofft, sie würden mich vielleicht fragen, ob ich mit ihnen zu Mittag essen wollte, aber nichts da. Bloß ein peinlich berührtes Lächeln und dann zogen sie zusammen davon.

Keine Panik, alles in Ordnung. Das war meine erste soziale Interaktion und ich hatte weder angefangen zu heulen noch mich völlig blamiert. Man könnte es als eine Art Testlauf betrachten. Schließlich konnte ich ja nicht erwarten, dass jedes kurze Gespräch gleich zu lebenslanger Freundschaft führen würde. *Schön optimistisch bleiben.*

Auf einer Bank in der Sonne aß ich mein mitgebrachtes Pausenbrot und zeichnete mit der freien Hand vor mich hin. Ich stellte mir meine Zukunft vor, den Schulabschluss, mit Hut und Talar, umringt von Freunden, die mich breit anlächelten. Das war alles, was ich vom Leben wollte. Nicht Hut und Talar, die waren mir eigentlich ziemlich egal – aber Freunde. Eine beste Freundin, die Art, von der man in Büchern liest. In den Geschichten, die ich liebte, denen über stinknormale Mädchen wie mich, hatten alle beste Freundinnen, oft sogar mehrere. Ganze Horden davon. Obwohl sie mir manchmal das Gefühl gaben, sehr allein zu sein, in meiner eigenen, freundinnenlosen Realität, las ich sie trotzdem weiter. Ja, ich verschlang sie regelrecht, um zu lernen, was eine gute beste Freundin ausmachte, damit ich vorbereitet war, wenn es eines Tages – endlich – so weit wäre.

Okay, bringen wir es hinter uns. Ich weiß, was ihr wissen wollt. Ihr wollt wissen, warum ich so besessen davon war, Freunde zu finden. Wie ich die letzten Jahre überhaupt ohne überlebt hatte. Ihr fragt euch, wie ich jahrelang zur Schule gehen konnte, ohne Freundschaften zu schließen. Ihr denkt, *du musst doch Freunde haben. Jeder hat Freunde.* Oder vielleicht glaubt ihr, dass ich bestimmt mal welche hatte, sie aber durch irgendeine schlimme Tat vergrault habe. Und jetzt seid ihr neugierig, was das gewesen sein könnte.

Zuerst lasst mich euch eins sagen: Es stimmt. Ich hatte zu diesem Zeitpunkt keine Freunde. Und ich hatte auch davor nie welche. Keine Menschen, die ich mochte und deren Gesellschaft ich mir ausgesucht hatte und die andererseits mich mochten und die sich meine Gesellschaft ausgesucht hatten. Keine Leute, mit denen ich samstags chillen, Ausflüge planen oder über WhatsApp quatschen konnte. Keine Leute, die mich auf Fotos bei Instagram markierten oder mir Freundschaftsarmbändchen knüpften.

Und zweitens: Es gab keinen großen Zwischenfall, der mich freundelos gemacht hat. Ich werde jetzt auch nichts so Dramatisches sagen wie: Alle haben mich gehasst. Denn das stimmt nicht. Auf irgendeine komische Art denke ich manchmal, dass es einfacher gewesen wäre, hätten sie es getan. Ich wurde nicht gehasst, ich wurde gehetzt. Wie bei der Fuchsjagd. (Die Jäger hassen den Fuchs nicht. Das Ganze ist für sie bloß ein Sport.) Ich wurde gehänselt, ausgelacht, ignoriert. Ab und an toleriert, öfter jedoch für einen blöden Scherz auf meine Kosten missbraucht.

Jetzt fragt ihr euch: *Aber warum? Was hast du getan?* Ihr versucht euch vorzustellen, *was* an mir so furchtbar ist, dass es mich zum Mobbingopfer gemacht hat. Vielleicht denkt ihr an Leute, die ihr kennt oder kanntet, die auch gemobbt wurden, und ihr vergleicht mich mit ihnen. Hört auf damit. Lasst sie in Ruhe. Haben sie nicht genug gelitten, ohne dass ihr sie als Messlatte dafür nutzt, wer es verdient, eine Zielscheibe zu sein?

Drittens möchte ich euch gern begreiflich machen, warum ich die fünf Jahre an meiner alten Schule, der Claridge Academy, allein und komplett ohne Freunde verbracht habe. Vertraut mir, darüber habe ich sehr viel nachgedacht (sehr viel!). Ich habe versucht, eine Art Erklärung zu finden, die Sinn ergibt. Denn ich verstehe schon, es klingt total komisch. Mindestens eine Freundin muss es doch gegeben haben, nur eine? *Keine* Freunde? *Jemals?*

Tja, ich hatte über die Jahre eine Handvoll Fast-Freunde, übergangsweise. Da war Sophie in der Siebten, die in einem anderen Leben meine beste Freundin geworden und geblieben wäre, mich aber schon sehr früh hat fallen lassen, ungefähr zur Zeit des Kuchenverkauf-Vorfalls — dazu kommen wir noch —, und die die nächsten fünf Jahre damit zubrachte, mich gründlich zu ignorieren. Ich kann es ihr kaum verübeln. Wären unsere Rollen vertauscht gewesen, hätte ich vermutlich auch versucht, meine Haut zu retten.

Zusammen mit Mädchen aus anderen Klassen und Jahrgängen war ich in der Netball-Mannschaft und die meisten von ihnen waren freundlich zu mir. Selbst die paar Mädels aus meiner Klasse ließen mich in Ruhe, wenn wir im Netball-Modus waren, als wäre das eine akzeptierte Schutzzone. Und Imi, die Abwehrspielerin aus meinem Jahrgang, die normalerweise kein Wort mit mir sprach, lud mich nach den Auswärtsspielen manchmal ein, mit ihr und ihrer Mum zu *McDonald's* zu gehen. Immerhin.

Abgesehen davon waren da noch ein paar andere Leute, die mein Leben gerade so erträglich machten. Schwache Berührungspunkte mit alltäglichem Glück, oder zumindest mit der Normalität, die mich davon abhielten, völlig den Mut zu verlieren.

Es gab die Bibliothek, einen ruhigen und sicheren Zufluchtsort in der Mittagspause, und die Bibliothekarin, Ms Randall. Sie kannte meinen Namen und redete mit mir darüber, was ich las, als interessierte sie sich für meine Meinung. Ab der Neunten gab es außerdem den Kunsttrakt, mit den weißen Wänden und dem Geruch nach Leinöl. Und Mr Clayton, der mir immer zulächelte, als wüsste er, wie ich mich fühlte. Einmal nahm er mich nach dem Unterricht diskret beiseite, um mir zu sagen, dass das Atelier in den Pausen für Schüler offen stand. Dort versammelte sich eine kleine Gruppe von Außenseitern, um zu werkeln und zu zeichnen. Alle unterschiedlich, alle aus verschiedenen Jahrgängen. Wir sprachen kaum miteinander – schon gar nicht außerhalb unseres Mittagspausenexils – und waren doch froh, nicht allein zu sein.

Und das war es so ziemlich, in all den Jahren, die ich auf die Claridge ging. Ihr fragt euch bestimmt, wie man die Schulzeit ohne einen einzigen Freund übersteht. Die Antwort ist: genau so, wie man ohne Regenschirm durch einen Schauer läuft. Kopf einziehen, Schultern hoch, so schnell wie möglich.

Jetzt wisst ihr aber immer noch nicht, warum. Und dabei interessiert euch doch genau das. Wie gesagt, es gab keinen dramatischen Zwischenfall – es gab eher mehrere kleine Zwischenfälle. Eine Art Schneeballeffekt von Niemand-mag-Peyton-King. Ich werde ein paar davon beschreiben, damit ihr versteht, was ich meine. Fangen wir beim Anfang an.

An der Claridge Academy hatten wir eine Uniform mit einem Blazer, von dem es hieß, er sei unisex. An meinem ersten Tag in der siebten Klasse trug ich diesen Blazer, genau wie einige andere Schülerinnen in der neu zusammengewürfelten Klasse. Eine nach der anderen bemerkte aber, dass es megauncool war, als Mädchen mit diesem Blazer herumzulaufen, und irgendwann zogen sie ihn alle aus. Ich hatte das Pech, es als Letzte mitzukriegen, die Letzte zu sein, die den Blazer noch anhatte und die sich den Kommentar

»Warum *trägst* du das da?« von Amber Monroe einfing. (Amber spielt übrigens eine große Rolle in diesen Anekdoten. Am gleichen Tag hat sie mich nach meinem Namen gefragt, und als ich »Peyton« antwortete, verzog sie das Gesicht. Sie fragte »Wieso *das* denn?«, mit solcher Abscheu, dass ich mich für meine bloße Existenz entschuldigen wollte.)

Immer noch siebte Klasse. Ein Kuchenverkauf. Eins dieser Ereignisse, die einem irre wichtig waren, obwohl man nur Gebäck in der Schulmensa verkauft hat, für zwanzig Cent das Stück. Alle mussten Kuchen und Kekse für den Verkauf mitbringen und ich hatte eine große Dose voller Schmetterlings-Cupcakes mit Salzkaramell-Topping gebacken, fluffig und cremig und einfach zum Anbeißen. Ein paar von uns waren gerade dabei, die Leckereien auf dem Tisch auszulegen, als Amber Monroe sagte – und ich erinnere mich genau an ihren beiläufigen Tonfall, halb scherzhaft, als wäre das ein Witz, über den wir gemeinsam lachen könnten –: »Ich hab gehört, du hast deine Muffins vergiftet, King.«

Hätte ich damals die Schlagfertigkeit und das Selbstvertrauen meines heutigen Ichs besessen, hätte ich darüber gelacht. »Ach was, ich habe nur ein bisschen Gras beigemischt«, hätte ich erwidern sollen. Das wäre super angekommen. Die Art ironische Bemerkung, die einen in dem Alter lustig *und* cool wirken lässt. Aber das war mir nicht eingefallen. Stattdessen war ich knallrot angelaufen und hatte mit weinerlicher Piepsstimme (zumindest hört sie sich in meiner Erinnerung so an) gestottert: »N…nein, nein!! D…das habe ich nicht!« Und dann meldete sich hinter mir

Mo Jafari zu Wort, lässig und gedehnt: »Klingt irgendwie, als hättest du's doch getan.«

Offenbar sprach sich das herum. Niemand kaufte, geschweige denn aß einen meiner hübschen Cupcakes. Noch dazu fanden sie es alle superlustig. Besonders, als ich in Tränen ausbrach.

Achte Klasse. Ein Sexualkunde-Workshop mit einer externen Leiterin, die mit uns über gesunde Beziehungen reden wollte. Sie schlug vor – fröhlich und nichts ahnend –, dass wir uns alle in kleinen Grüppchen mit unseren Freunden und Freundinnen zusammensetzen sollten. Mir rutschte das Herz in die Hose und ich sah zu, wie alle anderen unbekümmert umherliefen und sich in klar definierten Kleingrüppchen zusammenfanden. Übrig blieb ich. Mein Gesicht brannte und mir stiegen Tränen in die Augen. Krampfhaft starrte ich zu Boden. Ich hatte meinen Platz nicht verlassen und hoffte, niemand würde es bemerken. Vermutlich wäre die Workshopleiterin so barmherzig gewesen, mich unsichtbar bleiben zu lassen, da ich es so offensichtlich wollte. Aber da tönte schon Amber Monroes selbstbewusste Stimme durch den ganzen Raum: »O Gott, Peyton, hast du echt *überhaupt* keine Freunde?« Sie klang so entsetzt. Auf übertriebene Weise, theatralisch, aber trotzdem entsetzt. Als wäre die Tatsache, keine Freunde zu haben, so furchtbar, dass selbst sie fast Mitleid bekam. »O mein Gott«, sagte sie ein zweites Mal, noch lauter, wahnsinnig laut. »Peyton King hat keine Freunde!« (Man könnte denken, das wäre eine dieser Sachen, die man irgendwann vergisst, über die man hinwegkommt. Aber glaubt mir: Dem ist nicht so. Diesen Satz hätte man genauso gut in Stein meißeln können, so sehr hat er sich mir ins Gedächtnis gebrannt.)

Immer noch achte Klasse. Ich beschloss herauszufinden, warum die Leute mich nicht mochten, damit ich an dem Problem arbeiten und es beheben konnte. Dafür schrieb ich einem von den netteren Mädchen eine Nachricht. Kerry Bridges erledigte stets ihre Hausaufgaben, hatte immer schön gekämmte Haare und machte nie Ärger. Zwar hatte sie nie versucht, sich mit mir anzufreunden, aber sie war auch nie gemein zu mir gewesen. Die Nachricht war folgende: **Liebe Kerry, entschuldige, dass ich dir einfach so schreibe, aber ich hoffe, du kannst mir weiterhelfen. Wahrscheinlich ist dir aufgefallen, dass ich nicht viele Freunde habe und mich irgendwie keiner so richtig mag. Ich habe mich gefragt, ob du vielleicht weißt, woran das liegt, und ob du es mir verraten würdest, damit ich etwas verbessern kann! Wenn nicht, kein Problem! Aber danke fürs Lesen!** ☺ **Peyton**

(Möchtet ihr gerade aus Fremdscham für mein dreizehnjähriges Ich im Boden versinken? Jap, ich auch.)

Auf jeden Fall hat Kerry Bridges einen Screenshot dieser Nachricht an eine Freundin geschickt. Die ihn wiederum an zwei andere Freundinnen weitergeleitet hat. Die ihn auf Snapchat gepostet haben. Alle in meiner Stufe haben diese Nachricht gelesen. Womöglich sogar die ganze Schule. Wie sich herausgestellt hat, ist es schlimm, keine Freunde zu haben, aber noch schlimmer, wenn man versucht, etwas daran zu ändern. Ich hätte genauso gut auf die Bühne in der Aula klettern und mich vor der kompletten Schule nackt ausziehen können. Rückblickend betrachtet wäre das für mein Image wahrscheinlich besser gewesen.

Immerhin schrieb mir Kerry nach diesem Zwischenfall einen Brief, in dem sie sich dafür entschuldigte, die Nachricht herumgezeigt zu haben. Sie beteuerte, sie habe nicht geahnt, was passieren würde, und es tue ihr leid. Sie klebte einen Smiley-Sticker darauf und schob den Brief durch den Türschlitz meines Schließfachs. Aber sie versuchte weder, sich mit mir anzufreunden, noch hielt sie andere davon ab, sich über mich lustig zu machen. Und sie hat mir nie verraten, warum mich niemand mochte. Vermutlich dachte sie zu dem Zeitpunkt, dass es mittlerweile selbst mir völlig klar sein musste.

Neunte Klasse. Mo Jafari fiel irgendwann auf, dass *P. King* ja wie Peking klingt – wie in Pekingente. Mit einem Mal war ich für den Rest der Zeit auf der Claridge nur noch »die Ente«, samt allem, was irgendwie im Entferntesten damit zu tun hatte – Entchen, Gummiente, Quak-Quak, Vogel, Entenarsch – um nur einige Beispiele zu nennen. Ein paar davon hören sich vielleicht an wie lieb gemeinte Spitznamen oder Späße unter Freunden. Tja, das waren sie nicht.

Zehnte Klasse. Zu der Zeit hatte ich die größte Mobbingwelle eigentlich überstanden und war nur noch die einsame Außenseiterin, mit der niemand redete. Das war nicht schön, aber allemal besser, als ständig die Zielscheibe zu sein. Doch dann sollte ein neues Bild in der Schulmensa aufgehängt werden und Mr Clayton entschied sich für eins von meinen. Ich fühlte mich ziemlich geehrt, da normalerweise nämlich nur Kunstwerke von Elftklässlern ausgestellt wurden, meist Projekte für ihren Abschluss der Sekundarstufe I. Das Gemälde hatte ich während der Mittagspausen im Atelier angefertigt, meinem Zufluchtsort. Es war quasi meine eigene Version von van Goghs *Sternennacht*: unsere Stadt bei Dunkelheit, die Skyline klein (und grau und unscheinbar) unter einem riesigen, strahlenden Sternenhimmel. Mr Clayton zufolge war es »fantastisch«, ein Wort, das ich aus seinem Mund vorher noch nie gehört hatte. Während einer Versammlung in der Aula verkündete er, dass es aufgehängt werden würde, und die ganze Schule klatschte pflichtschuldig. Ich war unheimlich stolz und glücklich – selbst als Amber Monroe und alle aus ihrer Clique viel zu laut applaudierten, pfiffen und übertriebene Verbeugungen andeuteten.

Ganze dreieinhalb Tage hatte es dort gehangen, als man mich ins Büro des Oberstufenkoordinators rief, wo Mr Clayton mit tief gerunzelter Stirn auf mich wartete. Man habe mein Kunstwerk »entweiht« – das waren seine Worte. Vor der ersten Stunde hatte jemand mit Edding ENTENFOTZE quer über das Bild gekritzelt und daneben einen stümperhaften Penis samt Hoden gemalt. (Schon damals durchzuckte mich der Gedanke, dass eine Vulva ja wohl deutlich mehr Sinn ergeben hätte. Es sagte viel über diesen unbekannten Schmierfinken aus, dass er nicht in der Lage war, eine zu zeichnen.) Mein Gemälde war unwiederbringlich zerstört und es brach mir das Herz.

Die ganze Klasse bekam deswegen eine Standpauke. Es war kein Geheimnis, dass ich eine Außenseiterin war, auch unter den Lehrern nicht, und selbst ihnen war bewusst, dass man das Bild deshalb bekritzelt hatte. Unser Jahrgangsleiter, Mr Karousi, behielt uns in der großen Pause drinnen, um den Schuldigen herauszufinden. Allen außer ihm war völlig klar, dass es Joe Hedge gewesen war. Und ich meine wirklich *allen*. Trotzdem sagte keiner auch nur einen Ton. Und ich saß da, in diesem Klassenzimmer, und lauschte dem Schweigen, mit dem sie ihn alle schützten – als hätte er es verdient. In mir loderte Wut auf – in meiner Brust, in meinen Händen, hinter meinen Augen. Er würde einfach so davonkommen. Er hatte etwas so Grausames getan – nicht bloß gemein, sondern richtig grausam – und es war ihnen egal.

Als Mr Karousi schon aufgeben wollte und uns mitteilte, wie enttäuscht er war, dass niemand die Verantwortung übernahm, meldete ich mich zu Wort: »Alle hier wissen, dass es Joe war.«

Kollektives, hörbares Nach-Luft-Schnappen. Joe drehte sich fassungslos zu mir um, Ambers Blick hätte töten können und Mr Karousi sah mich stirnrunzelnd an, als hätte ich mich gerade höchstpersönlich schuldig bekannt. Mo Jafari murmelte: »Krasse Scheiße, King.«

»Warum spricht es denn keiner aus?«, fragte ich. Inzwischen liefen mir die Tränen in Sturzbächen übers Gesicht. »Es war Joe.«

Joe, der sich nicht mal die Mühe machte, seine Tat zu leugnen, wurde für vier Tage der Schule verwiesen und durfte zwei Monate lang nicht am Fußballtraining teilnehmen. Zum ersten Mal musste jemand für das, was er mir angetan hatte, Konsequenzen tragen – und trotz allem war ich froh darüber.

Jedenfalls bis zum Sportunterricht in der darauffolgenden Woche. Langstreckenlauf. Ich joggte allein vor mich hin, wie immer in meine eigenen, tröstlichen Gedanken versunken, da rammte mich jemand von hinten. Als ich stolperte und fiel, zu erschrocken, um einen Laut von mir zu geben, wurde ich gepackt und von der Aschebahn gezerrt. Der Rasen musste frisch gemäht worden sein, denn in regelmäßigen Abständen türmten sich Grashaufen am Rand der Bahn. In einen davon wurde ich gestoßen, mit dem Gesicht voran. Ich bekam Gras in die Augen, in die Nase und in den Mund. Jemand presste meinen Kopf nach unten und flüsterte mir ins Ohr: »Na, wie redet es sich jetzt, Petze?«

Sie ließen mich da liegen. Schluchzend und spuckend wünschte ich ihnen Pest und Cholera an den Hals. Nachdem ich mich endlich aufgerappelt und es bis zur Ziellinie geschafft hatte, schnauzte mich Mr McGee auch noch an, weil ich so lange gebraucht hatte – er bemerkte dabei anscheinend weder die Grasflecken auf meinem Sportzeug noch die Halme in meinen Haaren oder die grünen Tränenspuren auf meinen dreckverschmierten Wangen –, und schickte mich dann in die Schlangengrube, die Umkleide. Dort angekommen, ignorierten Amber und ihr Hofstaat mich komplett, was ich in dem Moment als sehr gnädig empfand. Aber ebenso wenig beachteten mich die anderen Mädchen, die sich wahrscheinlich alle selbst für gute Menschen hielten und die sich gegenseitig in den Arm nahmen, wenn eine von ihnen weinte. Und das war die reinste Folter.

Dieser Vorfall muss das Fass zum Überlaufen gebracht haben. Ich entwickelte Wut. Echte Wut. So heftig, dass man sie wahrscheinlich schon als Raserei beschreiben könnte. Lodernder Zorn, der sich ausbreitet und das Feuer schürt. Ich war sauer, weil man mich in einen Grashaufen geschubst hatte, ja. Aber nicht nur. Dieser Zorn speiste sich aus der riesengroßen Ungerechtigkeit des Ganzen. Es war einfach nicht fair. Es war nicht richtig. Joe hatte etwas Falsches getan. Nichts Fragwürdiges oder Grenzwertiges, nein, etwas Grundfalsches. Jemandes Arbeit oder Kunstwerk zu zerstören, ist ein Vergehen, und jemanden körperlich anzugreifen, ebenso. Trotzdem wurde er von meinem kompletten Umfeld geschützt. Und in den Augen der anderen war *ich* diejenige, die etwas falsch gemacht hatte, schlicht und ergreifend, weil ich aufgezeigt hatte, dass *er* im Unrecht war. *Ich* war diejenige, die wirklich bestraft wurde. Er wurde durch den Vorfall zum noch größeren Helden, ich zur noch größeren Außenseiterin. Es war vollkommen absurd.

In der Schule ist Coolness eine Währung. Und offenbar ist es cool, Scheißkerle mit ihrem Scheiß durchkommen zu lassen und sie sogar noch dafür zu feiern.

Wer glaubt, dass Gerechtigkeit siegt, war wohl nie auf einer weiterführenden Schule.

Fünf Jahre lang habe ich solche Aktionen mitgemacht. Fünf endlose, schreckliche Jahre, in denen ignoriert zu werden noch das Beste war, was mir passieren konnte. Und dabei hatte ich nichts Schlimmes getan, nicht mal irgendetwas besonders Peinliches. Ich hatte bloß Pech.

Jedenfalls sagte ich mir das selbst, wenn ich versuchte, positiv zu denken, damals, als ich aufs Wirtschaftscollege kam und mir erlaubte zu hoffen. Es gab nichts Bestimmtes an mir, keinen grundlegenden Wesenszug, den meine Peiniger entdeckt hatten und abstoßend fanden. Es würde nicht den Rest meines Lebens so weitergehen. Ich war in der Lage, Freundschaften zu schließen, wie alle anderen. Die neue Schule war meine Chance, das endlich zu beweisen. Und wenn auch nur mir selbst. Ich würde Freunde haben und dann wäre alles besser. Das war nur die logische Konsequenz, dessen war ich mir hundertprozentig sicher.

Und das ist genau das Ding. Hatte ich damals auch nur den leisesten Verdacht, dass Freunde möglicherweise nicht die Lösung all meiner Probleme waren? Dass ich Freunde kennenlernen könnte, aber trotzdem alles schiefgehen würde? (Und ich meine: so richtig schief!) Nein. Ich hatte bloß diese bescheuerte Hoffnung.

Da war ich also, an meinem ersten Tag auf der neuen Schule, und hoffte, Freunde zu finden, die mein Leben besser machen würden.

Tja, gefunden habe ich sie. Und ich habe sogar geglaubt, alles wäre besser. Zumindest eine Weile.

Aber nichts war besser. Ganz offensichtlich.

Ich schaue aus dem winzigen Flugzeugfenster und versuche, den Boden zu sehen, der so weit unter mir ist, dass es wirkt, als würde ich ein Gemälde betrachten. Laut Karte gehört er zu Grönland. Einem kompletten Land voller Menschen mit eigenen Lebensgeschichten und Problemen. Wäre ich in Grönland geboren worden, hätte ich dann dieselben Schwierigkeiten gehabt? Oder ist alles bloß Zufall, die Leute, die einen umgeben, die Schule, auf die man geht, die Freunde, die man findet – oder eben nicht findet?

Über mir ertönt ein deutliches, aber freundliches *Ping* und das Anschnallzeichen leuchtet auf. Im gleichen Augenblick sackt das Flugzeug ab.

»Oh nein!« Der Frau im grünen Jumpsuit neben mir entfährt ein leiser Stoßseufzer.

Ich lehne den Kopf zurück und versuche, ein mulmiges Gefühl zu unterdrücken. Turbulenzen machen mir eigentlich nicht viel aus. Allerdings habe ich gerade mein altes Leben komplett hinter mir gelassen. Falls das jetzt ein Omen sein soll, was meine Zukunft betrifft, dann kein besonders gutes. Mein Magen schlingert zeitgleich mit dem Flugzeug. Aber ganz ehrlich? Ich nehme es tausendmal lieber mit diesen physischen Turbulenzen auf als mit denen, die mich im Leben bisher sonst durchgeschüttelt haben. Zumindest weiß ich, dass diese Holpertour in fast zehntausend Metern Höhe zeitlich begrenzt ist.

Meine Sitznachbarin ist da offenbar vollkommen anderer Ansicht. Sie hält die Augen geschlossen und umklammert die Armlehnen. Ab und an entweicht ihr ein Wimmern durch die fest zusammengebissenen Zähne. Ich beobachte sie einen Moment und überlege, ob ich etwas sagen soll, um sie zu beruhigen.

»Es ist alles in Ordnung.«

Sie antwortet, ohne sich zu mir umzudrehen, als fürchtete sie, eine unbedachte Bewegung von ihr könnte den Flieger zum Absturz bringen. »Wie bitte?«

»Es ist alles in Ordnung«, wiederhole ich. »Passen Sie auf, ich zeig's Ihnen.« Ich stelle mein Wasserglas rüber auf ihren Tisch. »Schauen Sie mal. Die Oberfläche bewegt sich kaum.«

Sie runzelt die Stirn, ihr Blick huscht zum Glas.

»Sich auf etwas anderes zu konzentrieren, kann helfen, wenn man Angst hat«, erkläre ich. Das Flugzeug wackelt und ich deute aufs Wasser. »Sehen Sie? Es schwappt nicht mal über den Rand.«

Jetzt dreht sie den Kopf und sieht mich an. »Du bist ganz schön tapfer.«

»Nicht wirklich. Aber Turbulenzen sind nicht gefährlich. Sie fühlen sich nur so an.«

Das nächste Ruckeln schüttelt uns durch bis ins Mark. Die Frau schreit leise auf, dann schließt sie die Augen erneut und atmet tief ein. »Was macht das für einen Unterschied?«

Keine Ahnung, ob sie eine echte Antwort hören will, weil ja ziemlich klar ist, wo hier der Unterschied liegt. Deshalb frage ich stattdessen: »Warum fliegen Sie nach Kanada?«

»Ich wohne dort.« Sie hält die Lider weiter geschlossen.

»Oh, cool! Sind Sie Kanadierin?«

»Ja. Wobei, nein.« Sie öffnet die Augen. »Eigentlich bin ich US-Amerikanerin, aber ich lebe jetzt seit fast zwanzig Jahren drüben. Kanada war wirklich gut zu mir.«

So als spontane Kurzbeschreibung eines Landes, in das ich vor meinem alten Leben flüchte, klingt das doch echt nett. Ich merke es mir für später und stelle mir vor, wie ich das in Zukunft mal zu jemandem sage: *Ich bin nach Kanada geflogen und das Land war wirklich gut zu mir.*

»Was ist mit dir?«, fragt sie nun zurück, laut, so als wollte sie sich davon ablenken, was ihr sonst so alles durch den Kopf schießt. »Was erwartet dich in Kanada?«

»Das weiß ich noch nicht. Aber ich werde es herausfinden.«

Sie wirft mir einen überraschten Blick zu. »Wie meinst du das?«

»Ich habe keinen festen Plan. Das wird ... eine Art Abenteuer.«

»In Kanada?«

»Ja.«

Kurze Stille. »Warum?«

»Ich ...« Wie erkläre ich das? »Ich musste einfach raus. Aus meinem Leben. Woanders hin. Und Kanada kam mir vor wie ... ein guter Ort dafür. Ergibt das Sinn?«

»Nicht so richtig. Aber irgendwie ... vielleicht doch.« Mit einem erneuten *Ping* erlöschen die Anschnallleuchten über uns. Sichtlich erleichtert atmet sie auf. Schließt für einen Moment wieder die Augen, öffnet sie und lächelt. »O Gott, ich hasse Fliegen.«

»Mein Vater sagt, auf normaler Flughöhe ist ein Flugzeug der sicherste Ort, an dem man sich befinden kann.«

»Echt?« Sie sieht mich hoffnungsvoll an. »Stimmt das? Ist dein Vater Pilot?«

»Nein, er arbeitet bei einer Bank.«

Spontan bricht sie in Gelächter aus. »Tja, das überzeugt mich. Warum musstest du raus aus deinem Leben?«

»Lange Geschichte«, antworte ich. Ist es eigentlich gar nicht. Aber ich werde jetzt nicht versuchen, ihr das zu erklären. Ich weiß nicht mal, ob ich es könnte.

»Du bist aber keine Ausreißerin, oder?« Sie beäugt mich misstrauisch, womöglich auch besorgt.

»Nein.« Oder vielleicht doch? Ist man automatisch eine Ausreißerin, wenn man vor dem eigenen Leben davonrennt? Wahrscheinlich. »Es ist ein bisschen komplizierter.«

Ist ja nicht so, als wäre ich von jetzt auf gleich abgehauen. Ich habe mir noch beinahe einen kompletten Tag Zeit gelassen, nachdem ich beschlossen hatte, dass ich wegmuss. Währenddessen habe ich ein paar Nachforschungen angestellt, meine Reisedokumente zusammengesucht, meine elektronische Reiseerlaubnis beantragt (die zum Glück recht schnell bewilligt wurde) und mir ein Hostel in Vancouver gebucht. Das klingt nicht nach Kurzschlussentscheidung, oder? Fast vierundzwanzig Stunden, in denen ich mir die Sache hätte anders überlegen können. Aber das habe ich nicht.

Heute Morgen bin ich ganz normal zur Schule gegangen.

Ich habe meine Ankunft absichtlich so getimt, dass der Unterricht längst begonnen hatte, damit ich nicht aus Versehen jemandem über den Weg lief, den ich nicht sehen wollte. Ich ging zum Büro des Oberstufenkoordinators und erklärte ihm, dass ich das College schmeißen würde. Er meinte, dass er darüber mit meinen Eltern sprechen müsste und dass sie mir Zeit geben würden, um meinen Entschluss zu überdenken, dass ich nichts überstürzen solle. Wir könnten uns ja alle nächste Woche noch mal zusammensetzen. Ich nickte bloß.

»Und warum brichst du ab?«, wollte Mr Kirby wissen.

»Das ist einfach nicht das Leben, das ich führen möchte.«

Die ganze Zeit über fragte ich mich nervös, ob Dad wohl eine Benachrichtigung darüber kriegen würde, dass ich mein Flugticket mit seiner Kreditkarte bezahlt hatte. Aber zum Glück für mich passierte nichts. Ich ging nach Hause, packte mein Skizzenbuch und meine kanadatauglichsten Reiseklamotten – Latzhose, Langarmshirts und einen Hoodie – in einen Reiserucksack und verließ das leere Haus so betont lässig, als würde ich nur schnell zum Supermarkt huschen und dabei zufällig meinen dicken Wintermantel über dem Arm tragen.

Um ehrlich zu sein, habe ich eigentlich nicht daran geglaubt, dass wirklich alles klappen und ich es tatsächlich ins Flugzeug und hoch in die Luft schaffen würde, ohne dass mich jemand aufhält.

Aber hier sitze ich nun. Und versuche, mir einen Reim auf alles zu machen. Wie ich hier gelandet bin, was genau meine Fehler waren. Bisher bin ich zu folgendem Schluss gekommen: Vielleicht war ich all die Jahre viel zu sehr auf andere Menschen fixiert. Ich dachte, das wäre der richtige Weg. Aber wir sehen ja, wohin er mich geführt hat. Nachdem ich meine gesamte Energie darauf verwendet habe, Freundschaften zu schließen, stehe ich am Ende komplett mit leeren Händen da. Sogar schlimmer als vorher, denn jetzt weiß ich, dass man ohne Freunde besser dran ist als mit schlechten. Und wer bitte will eine solche Lektion lernen? Ständig bin ich anderen Leuten hinterhergerannt, um mich selbst zu finden. Vielleicht muss ich einfach mal ... na ja, *ich* sein. Herausfinden, wer ich eigentlich bin, ohne mir am laufenden Band Sorgen zu machen, ob das genug ist.

Und genau das werde ich in Kanada tun. Ich werde nicht *einsam* sein, sondern unabhängig. Ich werde einmal quer durchs Land reisen, auf eigene Faust, von einem Ende zum anderen. Es wird unglaublich. Und es wird mein Leben verändern.

Und wenn ich zurückkomme ... hm, wer weiß, womöglich komme ich gar nicht zurück. Vielleicht werde ich zur Nomadin. Nur ich, ein Paar Wanderstiefel, mein Rucksack und mein Skizzenbuch. Ich werde einer von diesen Life Coaches, die superinspirierende Vorträge darüber halten, welche Kraft und welches Potenzial im Alleinsein liegen.

Das ist meine Chance, jemand anderes zu werden. Wie damals, als ich aufs College kam, nur besser. In einem völlig anderen Land kann ich zu einer völlig anderen Person werden. Wobei ... nein, ich möchte nicht einfach irgendjemand anderes werden. Ich will versuchen, Peyton zu sein. Die richtige Peyton, die ich nie sein konnte. Was habe ich zu verlieren? Nichts. Es ist eh längst alles verloren.

Wenn man bedenkt, was alles schiefgehen könnte, bin ich

erstaunlich ruhig, als wir die Passkontrolle erreichen. Bestimmt liegt es daran, dass ich schon alle möglichen Szenarien im Kopf durchgespielt habe. Im schlimmsten Fall setzen sie mich ins nächste Flugzeug nach Hause. Sollte es dazu kommen, wäre ich zwar mehr als enttäuscht und ziemlich am Boden, aber es wäre kein absoluter Weltuntergang. Auch wenn ich mich dann früher als erhofft den Konsequenzen meines Handelns stellen müsste, hätte ich das Ganze trotzdem durchgezogen. Außerdem würden meine Eltern mir dann vielleicht endlich zuhören und einsehen, dass es so nicht weitergeht.

Ich antworte dem Mann am Schalter also auf seine Frage, warum ich nach Kanada gekommen bin, mit der dreisten Lüge, die ich mir vorher zurechtgelegt habe, und erkläre ihm, dass mein über alles geliebter Großvater, der in Edmonton, Alberta, lebt, operiert wird und ich hergeflogen bin, um für ihn da zu sein. Diesen Großvater gibt es tatsächlich und er lebt auch in Alberta. Was das »über alles geliebt« angeht ... nun ja. Dazu kann ich nur sagen: Ich habe diesen Mann in meinem ganzen Leben noch nie getroffen. Nach allem, was ich weiß, könnte das mit der OP sogar stimmen. Ich fühle mich dennoch kein bisschen schuldig, dass ich seine Existenz als Ausrede benutze; geschieht ihm ganz recht. Immerhin hat er meine Grandma, die ich wirklich über alles liebe, damals mit meinem Vater sitzen lassen. Im Moment kommt mir seine kanadische Staatsbürgerschaft zudem einfach sehr gelegen, für alle eventuellen Schwachstellen in meinem Plan. *Warum sind Sie nach Vancouver geflogen, wenn er doch in Alberta wohnt?* »Wir werden ein paar Tage in Vancouver verbringen, weil ich noch nie dort war.

Und dann wollen wir mit dem Auto bis zu ihm nach Hause fahren, so als eine Art Roadtrip.« *Was ist mit der Operation?* »Der Termin ist erst nächste Woche. Und seine Fahrtüchtigkeit ist nicht eingeschränkt.« Ich habe auf alles eine Antwort, was mir normalerweise gar nicht ähnlich sieht. Ich mache sogar Witze über Ahornsirup und entschuldige mich gleich darauf, weil der Grenzbeamte – Barry – die sicher schon hundertmal gehört haben muss. Er verdreht die Augen und schüttelt den Kopf, aber während er den Stempel in meinen Pass drückt, umspielt ein kleines Lächeln seinen Mund. Und auf meinem Gesicht breitet sich ein großes aus.

Auch wenn ich Barry erzählt habe, Grandad würde mich am Flughafen abholen, wartet in der Ankunftshalle natürlich niemand auf mich. Trotzdem kann ich nicht anders: Wie die meisten Ankommenden verrenke ich mir den Hals und mustere alle Menschen hinter dem Ausgang genau, als würde mich überraschend doch jemand in Empfang nehmen.

In meinem Fall ist dem zum Glück nicht so. Ich habe es geschafft. Ich bin in Kanada! Ich suche mir eine Stuhlreihe im Wartebereich vor einem Info-Schalter, setze mich und atme tief durch. Wahrscheinlich ist jetzt ein guter Zeitpunkt für eine kleine Bestandsaufnahme. Es ist kurz nach 20 Uhr hier, was bedeutet ... wie spät ist es zu Hause? Ich schaue hoch und bemerke eine Anzeigetafel mit Uhrzeiten auf der ganzen Welt. London, 04:09. Ich habe meinen Eltern zwar versprochen, sie sofort anzurufen, sobald ich gelandet bin, aber bestimmt schlafen sie gerade. Ich wähle mich ins Flughafen-WLAN ein und sehe zu, wie mein Handydisplay von Nachrichten überschwemmt wird.

Meine Eltern haben beide jeweils auf meine E-Mail geantwortet und mir außerdem WhatsApp-Nachrichten geschickt, die im Grunde dasselbe meinen:

Dad:
WIE BITTE???
Mum:
PEYTON!!!

Die Texte danach sind schon etwas aussagekräftiger. Ich
kann quasi in Echtzeit nachverfolgen, wie meine Eltern be-
greifen, dass ich wirklich im Flugzeug sitze und dass es bereits abgehoben hat. Sie schreiben mir, ich solle auf der Stelle
heimkommen. Sie erinnern mich daran, dass ich erst siebzehn bin, dass ich zur Schule muss, dass ich nicht einfach so
abhauen kann. Ich scrolle durch die Nachrichten, die mich
vermutlich nervös machen sollten, aber ich bin merkwürdig
ruhig. Allmählich ebbt die Textflut ab. Die letzte Aufforderung lautet, sie anzurufen, und zwar **SOBALD DU DURCH
DEN SICHERHEITSCHECK DURCH BIST, VÖLLIG EGAL,
WIE SPÄT ES DANN IST!**, denn sie würden **WACH BLEI-
BEN UND DARAUF WARTEN**. Außerdem wollten sie meinen Flug online nachverfolgen, sodass sie **GENAUESTENS**
informiert wären, wann die Maschine landet, und sollte ich
mich nicht **SOFORT MELDEN**, würden sie **DIE MOUNTIES
AUF** mich **ANSETZEN!**

Mounties? Ich schaue das Wort nach. Kanadische Polizis-
ten. Ich verdrehe die Augen und entspanne mich ein bisschen. Denn ich weiß jetzt, dass – einmal abgesehen von
den ganzen Großbuchstaben und Ausrufezeichen – alles in

Ordnung ist. Sie haben nicht das getan, was ich befürchtet hatte, nämlich die Flughafenpolizei zu informieren und sie anzuweisen, mich in den nächstbesten Flug zurück nach England zu stecken. Ich habe also wirklich eine Chance. Irgendetwas in ihnen hat – wenn auch nur unterbewusst – beschlossen, mir diese Chance zu geben.

Ich hole tief Luft und rufe an.

»Peyton!« Nach gefühlt nicht mal einem Klingeln geht Mum atemlos ans Telefon.

»Hi.«

»Du …«, setzt sie an, dann hält sie inne. »Wir … ich kann nicht fassen, dass du –«

»Es tut mir leid.«

»Wie konntest du uns das antun? Und *warum*?«

»Das habe ich doch erklärt. In der E-Mail.«

»Aber du kannst nicht einfach sang- und klanglos verschwinden, Peyton. Ich weiß, du denkst wahrscheinlich anders darüber, aber das geht so nicht. Du musst nach Hause kommen. Was ist mit deinem Unterricht?«

»Ich habe die Schule abgebrochen«, erwidere ich.

»Du hast *was*?« Sie hört sich an, als wäre sie kurz vor einer Ohnmacht.

»Ich gehe nicht mehr hin«, bekräftige ich.

»Du kannst nicht einfach alles hinschmeißen, Peyton. Du *musst* zur Schule gehen, das ist gesetzlich vorgeschrieben.«

»Nicht, wenn ich einen Job oder einen Ausbildungsplatz habe. Und ich habe Mr Kirby erzählt, ich hätte einen Job.«

»Peyton!« Jetzt klingt sie verzweifelt und schrill. »Du kannst nicht … Das ist keine …« Sie stockt und ich lausche einer gedämpften Diskussion durch die Leitung. Protest, etwas, das sich anhört wie ein lang gezogener Seufzer, und dann ist mein Dad am Hörer. Seine Stimme ist so scharf, dass sie mich fast durchs Telefon hindurch schneidet.

»Peyton«, bellt er. »Das ist vollkommen lächerlich. Du kannst deine Ausbildung nicht abbrechen. Das steht nicht zur Debatte.«

»Zu spät, ich habe sie bereits abgebrochen.« Früher hätte mich Dads Tonfall in Panik versetzt, aber im Augenblick bin ich gefasst. Was soll er denn vom anderen Ende der Welt aus unternehmen?

»Es ist überhaupt nicht zu spät. Ich werde in der Schule anrufen und die Sache regeln.«

»Das kannst du ruhig tun«, sage ich. »Aber ich komme trotzdem nicht nach Hause. Und dann hast du dir umsonst nur noch mehr Stress damit gemacht. Außerdem werden die Eltern für den Verstoß gegen die Schulpflicht belangt, nicht die Kinder. Falls du dir also ein Bußgeld einfangen willst, wenn du mich wieder anmeldest und ich nicht komme, nur zu. Aber sag nicht, ich hätte dich nicht gewarnt.«

»Peyton!«

»Ich bin siebzehn. Und die Ausbildung auf dem Wirtschaftscollege ist nicht das, was ich will. Ich bin so unglücklich. So scheißeunglücklich.« Ich merke, wie meine Stimme bricht, spüre die Tränen in mir aufsteigen. »Und ihr wusstet das, jahrelang, und habt nichts unternommen. Stattdessen habt ihr mich gezwungen, auf diese Schule zu gehen, obwohl völlig klar war, dass das nichts für mich ist. Wirtschaftsrecht interessiert mich einfach nicht. Ich will Illustratorin werden!«

»Also darum geht es hier?« In seinen Ton mischen sich

Ungläubigkeit und Gereiztheit. »Wir haben dich nie davon abgehalten zu zeichnen. Du malst ständig. Du probst hier diesen lächerlichen – und gefährlichen – Aufstand, nur weil wir dir geholfen haben, die richtige Entscheidung für deine Zukunft zu treffen?«

»Nein, Dad!« Auch ich werde jetzt lauter, übermannt von meinen Gefühlen, so wie er. »Ich mache das, weil ich *muss*. Wo warst du die letzten sechs Jahre? Siehst du nicht, was los ist? Ich habe keine Freunde. Niemanden. Ich *bin ein Niemand*. Und ich will kein Niemand sein, Daddy.« Das »Daddy« rutscht mir so raus und verrät mich. Aber er soll wissen, wie ich mich fühle, wie mein Leben aussieht. Es steht so viel auf dem Spiel.

Leise sagt er: »Du bist kein Niemand.«

»So fühlt es sich aber an.«

»Peyton. Wenn das eine Art Zusammenbruch ist, dann –«

»Ist es nicht.« (Oder? Vielleicht ja doch.) »Es ist einfach das, was ich gerade tun muss.«

»Ganz abgesehen davon«, fährt er fort, als wäre ein Zusammenbruch etwas, wovon man mal eben absehen könnte, »kannst du nicht so mir nichts, dir nichts wegfliegen. Wir müssen wissen, wo du bist.«

»Ihr wisst genau, wo ich bin. Ich bin hier.«

»Mit meiner Kreditkarte, nehme ich an?«

Ich schlucke. »Nur für Notfälle. Ich habe meine Ersparnisse.« Endlich zahlen sich all die Jahre aus, in denen ich keine Freunde hatte, mit denen ich Geld hätte ausgeben können. Ich habe eine ordentliche Summe gespart. Natürlich wird es nicht ewig reichen, vermutlich nicht einmal besonders lange, aber für den Moment ist es genug. Für das hier.

»Ich lasse die Karte sperren. Ich buche einen Flug für dich und dann lasse ich sie sperren, damit du sie nicht mehr für diesen Unfug benutzen kannst.«

»Wie du meinst. Ich werde zwar nicht in dieses Flugzeug steigen, aber okay.«

Es herrscht Stille, diesmal länger. Ich kann Dads Atem hören, regelmäßige Schnaufer durch die Nase. Und mich überkommt eine Erkenntnis: Wenn man etwas so Extremes und Abwegiges tut, etwas, das alle Grenzen des Akzeptablen sprengt, dann nimmt man den anderen den Wind aus den Segeln. Ich habe meine Eltern so dermaßen überrumpelt, dass sie nicht mehr weiterwissen.

»Peyton«, sagt Dad schließlich, als könnte er mich irgendwie über die Tausenden von Meilen Distanz erreichen, indem er meinen Namen wiederholt. »Nimm einen Flug und komm nach Hause. Sofort.«

Ist das alles? Mehr hat er nicht zu bieten? Ich bin überrascht und vielleicht sogar ein bisschen enttäuscht. Das ist also sein letzter Schachzug? Mein ganzes bisheriges Leben habe ich, wie wohl die meisten Kinder, in dem Glauben verbracht, dass meine Eltern die ultimative Macht über mich haben, dass ich mich niemals auf langfristige, wirkungsvolle Weise gegen sie behaupten könnte. Und jetzt sitze ich hier, die Füße auf dem Boden eines völlig fremden Landes am anderen Ende der Welt, und was können sie dagegen unternehmen? Nichts. Sie können mich weder mit reiner Willenskraft zurückwünschen noch sich herbeamen und mich persönlich in ein Flugzeug zerren. Selbst die Drohung, dass Dad seine Karte sperren lässt, wird er nicht wahr machen. Das wird mir in diesem Moment klar. Denn wenn er das täte und ich trotzdem nicht heimkäme, würde das bedeuten, dass ich mich ohne Geld in der Weltgeschichte zurechtfinden müsste, was mich in gefährliche Situationen bringen könnte. Und egal, wie wütend mein Vater ist, egal, wie sehr ich seinen Stolz verletzt haben mag, weiß ich doch, dass ihm nichts wichtiger ist als meine Sicherheit. Er würde niemals ein solches Risiko eingehen.

Das heißt, ich bin frei.

»Ich hab euch lieb«, sage ich. »Euch beide. Ich werde euch jeden Tag schreiben, wenn ihr wollt. Aber ich werde nicht nach Hause kommen, jedenfalls erst mal nicht.«

Unser Gespräch dreht sich noch eine Weile im Kreis – Dad wird wütender, ich bleibe ruhig – bis Mum wieder übernimmt. Ihr schriller Tonfall ist verschwunden und ihre praktische Seite hat die Oberhand gewonnen. Sie fragt mich, wo genau ich übernachten werde, verlangt Adresse und Telefonnummer und will alle meine Pläne wissen.

»Ich passe schon auf mich auf«, versichere ich ihr, als ihr keine Fragen mehr einfallen. »Du kannst mir vertrauen.«

»Nein, das kann ich ganz offensichtlich nicht.«

Nachdem wir aufgelegt haben, fange ich an zu weinen. Fast mehr aus körperlichen Gründen als aus emotionalen. Der ganze Stress der letzten vierundzwanzig Stunden – vielleicht sogar länger – fließt aus mir hinaus. Wäre das hier England, würden mich die Leute höflich ignorieren, aber wir sind in Kanada und deshalb fragen mich vier verschiedene Menschen taktvoll und leise, ob alles in Ordnung sei und ob sie irgendetwas tun könnten. Allen erkläre ich stammelnd, ja, alles in Ordnung, nein, ich brauche nichts, und nein, sie müssen niemanden anrufen, ja, es geht mir wirklich gut, danke. Ich glaube, bisher habe ich dieses »Kanadier-sind-superfreundlich«-Ding für ein Klischee gehalten. Aber wie sich herausstellt, ist es wahr. Zumindest hier am Flughafen in Vancouver.

Ich sollte mich auf den Weg machen, ein Uber mieten und mich zum Hostel bringen lassen, aber allein beim Gedanken daran werden meine Knie weich. Mein ganzes Selbstbewusstsein hat sich in Luft aufgelöst und mir wird schlagartig bewusst, wie weit ich von zu Hause weg bin, wie unenglisch dieses Land ist – und dabei habe ich noch nicht mal den Flughafen verlassen. Ich schätze, ich habe mir Kanada irgendwie vorgestellt wie England, nur woanders, und bin jetzt schon völlig erschlagen davon, dass ich damit so danebenlag. O Gott, ich bin in *Kanada*! Ich sitze auf einer Bank am anderen Ende der Welt. Dem *falschen* Ende. Was zur Hölle habe ich mir dabei gedacht?

Ich versuche, tief durchzuatmen. Alles okay, ich schaff das. Ich entsperre mein Handy und starre auf die Uhrzeit, die falsche Uhrzeit – die britische. In den Einstellungen ändere ich die Zeitzone, damit ich mich nun auch offiziell in der Pacific Standard Time, UTC-8, bewege. *Siehst du*, rede ich mir gut zu, *du bist hier. Du kriegst das hin*. Ich stehe auf, schwinge mir den Rucksack über die Schulter. Immer schön einen Schritt nach dem anderen.

Das Hostel habe ich mir unter anderem deshalb ausgesucht, weil es das einzige war, das so spontan noch einen Platz im Mehrbettzimmer frei hatte und gleichzeitig gemütlich aussah. Vor allem aber lassen sie hier auch Minderjährige übernachten. Es gehört zu einer nordamerikanischen Kette namens Sunshine-Hostels, oder Sun-Ho. In Vancouver wird es »Sun-Ho-Van« genannt und wirkt selbst in der Dunkelheit hell und freundlich, als ich ankomme.

Das Mädchen an der Rezeption trägt einen Sidecut und hat zahlreiche Piercings in Ohren und Nase. Auf ihrem Namensschild steht: AMELIA – NEUSEELAND. Sie begrüßt mich fröhlich, prüft meine Unterlagen und checkt mich ein. Dabei rattert sie die Hausregeln und Angebote des Hostels so schnell herunter, dass ich kaum etwas mitbekomme. Bei dem Wort »Gruppenaktivitäten« horche ich auf, aber da ist sie schon beim Frühstück, was wichtiger zu sein scheint, also hake ich nicht nach.

Auf dem Tresen steht ein großer Bilderrahmen mit dem Foto einer Schildpattkatze darin. Eine Papp-Sprechblase verkündet: *Ich bin Teapot. Herzlich willkommen in Vancouver! Und ja, ich wurde schon gefüttert, danke!* Ich muss grinsen.

»Das ist unsere Hostelkatze.« Amelia deutet mit dem Kopf auf das Bild und schiebt mir die Papiere und meinen Schlüssel über die Theke. »Meistens streift sie im Aufenthaltsraum oder hier im Empfangsbereich umher. Da, wo sie die meiste Aufmerksamkeit bekommt. Du kannst sie gern knuddeln, wenn dich das Heimweh packt. Oder wenn du einfach Katzenfan bist. Wir würden dich nur bitten, sie nicht zu füttern. Sie ist ziemlich gut genährt, vertrau mir.«

Das Zimmer ist größer als gedacht, mit zwei Stockbetten an jeder Seite und vier Schließfächern an der Wand. Als ich es betrete, ist niemand sonst darin, drei der Betten sind allerdings erkennbar belegt. Das links oben ist frei, also klettere ich hoch, nehme meinen Rucksack ab und schaue mich um. Zum bestimmt fünfzigsten Mal, seit ich gelandet bin, denke ich: *Ich habe es geschafft.* Aber es fühlt sich noch immer unwirklich an.

Eine Weile sitze ich einfach nur da und starre vor mich hin. Es ist nach zehn Uhr an einem Montagabend, was bedeutet, ich werde das Zimmer wahrscheinlich nicht mehr sehr lang für mich allein haben. Aber ich bringe es heute Abend nicht mehr fertig, mich mit jemandem zu unterhalten. Wie kann es immer noch Montag sein? Das hier ist vermutlich der längste Tag meines Lebens. Heute Morgen bin ich in meinem eigenen Bett aufgewacht. Und jetzt hocke ich auf der anderen Seite der Welt auf einem fremden Hochbett in einem kanadischen Hostel.

Ich ziehe mein Smartphone hervor und schreibe Mum auf WhatsApp.

Ich:

> Bin gut im Hostel angekommen und gehe jetzt direkt schlafen. Ich hab dich lieb! 😊

Sie antwortet sofort, obwohl es zu Hause gerade – ich rechne schnell nach – kurz nach sechs Uhr morgens ist.

Mum:

> Ich hab dich auch lieb. Meld dich noch mal, wenn du wach bist. 😊

Ich:

> Alles klar! Und mach dir keine Sorgen. 😊

Mum:

> Ich bin deine Mutter, natürlich
> mache ich mir Sorgen.

Ich:

> 😄 Bitte jagt mir nicht
> die Polizei auf den Hals,
> okay?

Mum:

> Solange du dich regelmäßig
> meldest und mir deine Reisepläne
> schickst und ich sicher sein kann,
> dass es dir gut geht.

Ich:

> Wie kommt Dad damit klar?

Mum:

> Er wird sich schon beruhigen. So,
> und jetzt ab ins Bett mit dir und
> ruh dich aus, mein Spatz. 😊

Ich:

>

Auch wenn ich gern so tun würde, als wäre ich weniger emotional, heule ich sofort wieder los, weil ich einfach so müde und überwältigt bin. Und dann, als ich mich endlich so weit zusammengerissen habe, dass ich mein Zeug für den Waschraum zusammensuchen kann, stelle ich fest, dass ich vergessen habe, einen Schlafanzug einzupacken. Anfängerfehler, Peyton. Richtiger Anfängerfehler. Ich werde also heute Nacht in meinen Klamotten schlafen müssen. Und an ein Handtuch habe ich auch nicht gedacht. Ich muss wohl oder übel zurück zur Rezeption und mir für einen kanadischen Dollar eins leihen.

Amelia hat immer noch Dienst und mustert mich. Vor allem meine roten, verquollenen Augen. »Alles okay?«, fragt sie und reicht mir ein etwas verschlissenes orangefarbenes Frottiertuch.

Ich nehme es entgegen. »Ja, danke.« Dann drehe ich mich um und stapfe schnell davon, ehe sie mit ihrer mitfühlenden Kiwi-Stimme weitere Fragen stellen kann.

»Die Rezeption ist vierundzwanzig Stunden besetzt«, ruft sie mir hinterher. »Es ist immer jemand da, falls du irgendetwas brauchst.«

Ich werfe nur einen Blick über die Schulter, lächele und nicke. Zu riskant, den Mund aufzumachen, denn wahrscheinlich würde ich direkt losflennen. Ich flitze die Treppe hoch, finde die Waschräume und schließe mich in einer der etwa kleiderschrankgroßen Kabinen ein, in der sich eine Dusche, eine Toilette und ein Waschbecken befinden.

Unter dem Wasserstrahl – zwar heiß, aber eher tröpfelnd – wiederhole ich meine neuen Minimantras: *Unabhängigkeit statt Einsamkeit. Ich habe es mir ausgesucht, hier zu sein. Ich will hier sein.* Und ich erinnere mich daran, dass ich jederzeit nach Hause fliegen kann, wenn ich möchte. Ich habe mich und mein Leben unter Kontrolle.

Als ich endlich unter die Decke schlüpfe, bin ich zu müde, um noch irgendetwas zu empfinden. Ich rolle mich zusammen, schmiege das Gesicht in die Armbeuge und warte darauf, dass mich der Schlaf übermannt. Bloß tut er das nicht. Da liege ich nun mit klopfendem Herzen in der Dunkelheit und spüre die *Kanadahaftigkeit* Kanadas überall um mich herum. Noch immer fühlt sich alles so unwirklich an, selbst die raschelnde Bettwäsche und die Matratze, die unter meinem Gewicht nachgibt. Ich bin hier, das passiert wirklich. Morgen geht das Abenteuer richtig los. Ich werde auf Erkundungstour gehen, ganz die unerschrockene Entdeckerin, die ich zu sein beschlossen habe. Morgen beginnt etwas Neues. Und diesmal werde ich finden, wonach ich suche.

Das hast du letztes Mal auch schon gedacht.

Halt. Stopp. Nicht. Das hier ist was völlig anderes. Ich kann aus den Fehlern lernen, die ich damals gemacht habe, und werde sie nicht wiederholen. Vielleicht muss ich sogar nur einen einzigen Fehler vermeiden. Und zwar: *Freundschaften schließen um jeden Preis.* So ein offensichtlich bescheuerter Gedanke, aber ich habe ihn damals nicht nur gedacht, ich habe an ihn geglaubt. Und alles darangesetzt, um mein Ziel zu erreichen.

Wie gern würde ich in die Vergangenheit reisen, mich selbst an den Schultern packen und ordentlich schütteln. Ich will mir sagen: *Nein, so nicht. Du machst alles falsch. Nicht er. Nicht die.* Ich sehe den Weg, den ich gegangen bin, so klar vor mir. Ein Weg, der mich irgendwie hierhergeführt hat, in dieses dunkle Zimmer, auf dieses Hochbett, eine halbe Weltreise weit weg.

WAS ZUVOR GESCHAH

aka

DAS LETZTE MAL, ALS ICH EINEN
NEUANFANG GEPLANT HABE

aka

DER TAG, AN DEM ICH MEINE FREUNDE TRAF
(ODER DIE, DIE ICH DAFÜR HIELT)

Tag Nummer zwei am College, der zweite Tag meines neuen Lebens. Nicht gerade ausrufezeichenwürdiges Enthusiasmuslevel. Irgendwo zwischen dem vorigen Tag ohne vielversprechende Bekanntschaften und der Tatsache, dass in der ersten Stunde Mathe dran war – wovor es mir graute –, hatte sich mein Optimismus verflüchtigt. Warum hatte ich mich bloß von Dad überreden lassen, das Mathe-Vertiefungsmodul zu wählen? *Warum?* Ich redete mir ein, dass ich es eine Woche lang ausprobieren und Dad dann erzählen würde, dass ich es nicht schaffte. Vielleicht könnte ich danach wechseln.

Es gab keine vorgeschriebene Sitzordnung, aber alle, die sich schon kannten – vermutlich die Schülerinnen und Schüler der Eastridge High –, hatten sich wie von selbst zu Pärchen an Tischen zusammengefunden. Ich stand unschlüssig herum, schaute schüchtern zu den anderen

Übriggebliebenen und überlegte, ob ich einfach jemanden anlächeln und mich mit ihm oder ihr an ein Pult setzen sollte.

Das wäre ziemlich sicher das Beste gewesen, doch ehe ich mich dazu durchringen konnte, stieß die Lehrerin, Mrs Landon, einen ungeduldigen Seufzer aus und wies uns verschiedene Plätze zu. »Du«, sie zeigte auf mich, »da hin.«

Der mir zugedachte Stuhl befand sich neben einem schlaksigen Jungen, der sich umgedreht hatte und mit einem anderen Jungen und einem Mädchen am Tisch hinter uns ins Gespräch vertieft war. Ich ließ mich unbeholfen nieder und wünschte, ich hätte nicht so lange gezögert. Jetzt saß ich hier fest. Ein paar Reihen weiter waren zwei der anderen Rumsteherinnen nebeneinandergesetzt worden. Nach einem nervösen Lächeln begannen sie, angeregt zu plaudern. Das hätte ich sein können, verdammte Kacke!

Doch dann: »Na, alles klar bei dir?«

Ich schielte zur Seite. Mein Sitznachbar lächelte mich lässig-freundlich an. Er hatte etwas zerzauste braune Haare – ein ungewollter Out-of-bed-Look – und Augen in fast der gleichen Farbe.

Eine Begrüßung! Eine normale, nette Begrüßung von einer normalen, netten Person. Als wäre ich auch normal. *Wehe, du versaust das, Peyton. Lächeln!* Ich lächelte. *Sag Hallo.* »Hey.« *Ja!*

»Sehen Sie das hier als sehr gnädige Einführungsstunde«, fing Mrs Landon an. »Wir gehen gemeinsam durch, was wir die nächsten Monate und im kompletten Schuljahr behandeln werden, wann Klausuren oder Langzeithausaufgaben geplant sind und dergleichen. Ich schlage vor, Sie schreiben mit. Sollte irgendetwas unklar sein, fragen Sie jetzt. Stellen Sie später im Jahr eine Frage, die Sie heute hätten stellen können, muss ich annehmen, dass Sie nicht zugehört haben.«

Heftig. Wehmütig dachte ich an das Atelier, in dem ich mich befinden würde, wenn ich in meinem eigenen Leben irgendetwas zu sagen hätte. Geräumig und lichtdurchflutet, erfüllt vom geschäftigen, aber friedlichen Treiben der Arbeitenden. Ich unterdrückte einen Seufzer und zog meinen Collegeblock und einen Stift aus der Tasche.

»Ich bin Travis«, flüsterte der Junge.

»Mr Fuller«, fuhr Mrs Landon scharf dazwischen. »Verscherzen Sie es sich nicht direkt mit mir.«

Travis grinste ironisch und salutierte mit seinem Bleistift, was ihm ein Augenverdrehen der Lehrerin einbrachte. Während der nächsten halben Stunde sprach er mich nicht mehr an, aber ich sonnte mich förmlich im Glanz dieses beiläufig-kollegialen Austauschs. Ich hörte zu, wie er ab und an mit den beiden hinter uns tuschelte. Das Mädchen nannte er Flick, den Namen des Jungen bekam ich nicht mit. Ich merkte mir, wie sie miteinander redeten und wie oft sie sich gegenseitig beleidigten, auf eine Art, die sie zum Lachen brachte, weshalb das offenbar in Ordnung war.

»Alter«, raunte Travis mir zu, während Mrs Landon durch die Reihen schritt und Bücher austeilte, »deine Handschrift ist ja krass ordentlich.«

Instinktiv schämte ich mich und wappnete mich gegen das, was nun folgen würde. Aber dann bäumte sich der fest entschlossene Teil von mir auf und versuchte, dieses Gefühl abzuschütteln. *Nein. Hier wird es völlig anders laufen.*

»Ja, das ist ein alter Trick«, erklärte ich. Fast erkannte ich meine eigene Stimme nicht. »Oberflächlich ordentlich wirken, damit das Chaos darunter nicht so auffällt.«

Travis lachte. »Clever.« Er warf einen Blick über die Schulter. »Hörst du, Flick? Man sollte wenigstens so tun, als wäre man ordentlich.«

»So *tun*, als wäre man ordentlich?«, fragte Flick und mir fiel auf, dass meine Stimme deshalb verändert geklungen hatte, weil ich sie unabsichtlich nachgeahmt hatte. »Wenn man so tut, als wäre man ordentlich, heißt das dann nicht, dass man es auch tatsächlich *ist*? Wie wenn man so tut, als wäre man selbstbewusst, und damit auf andere selbstbewusst wirkt, weshalb man letztlich mehr Selbstbewusstsein entwickelt?«

Sollte ich mich jetzt auch halb umdrehen, wie Travis, und mich am Gespräch beteiligen? Entstehen so Freundschaften? Aber was sollte ich sagen? *Ich tue so, also bin ich.* Ja! Stopp, nein. Was, wenn sie die Anspielung nicht verstanden? Oder was, wenn sie sie verstanden und mich für eine aufgeblasene Streberin hielten?

»Kein Selbstbewusstsein der Welt kann das Chaos in dir verstecken«, mischte sich der Junge neben Flick ein. Sie kreischte leise und verpasste ihm einen Klaps und er lachte glucksend.

Den Rest der Stunde sprachen weder Travis noch die beiden anderen mit mir. Als sie zu dritt in Richtung Mensa schlenderten, ärgerte ich mich, weil ich diese Chance vergeigt hatte. Aber ich war mir einfach nicht sicher, ob es überhaupt okay gewesen wäre, mich in ihren Schlagabtausch einzumischen.

Statt mich allein in den Aufenthaltsraum zu wagen, entschloss ich mich zu einem sehr langsamen Spaziergang ums Gebäude. Später, als ich zu meinem Schließfach ging, um etwas zu verstauen, sah ich sie alle wieder. Nun waren sie Teil einer größeren Gruppe, die es sich auf ein paar Sofas gemütlich gemacht hatte. Neben Travis, Flick und dem Namenlosen aus Mathe waren noch zwei weitere Jungs und ein Mädchen dabei. Alle redeten wild durcheinander, wahrscheinlich wurden mehrere Gespräche gleichzeitig geführt. Flick thronte auf dem Schoß des Jungen, neben dem sie eben im Unterricht gesessen hatte. Daraus, und aus der Art, wie seine Hand auf ihrem Oberschenkel lag, schloss ich, dass sie ein Paar sein mussten. Was mich etwas überraschte, denn sie schienen sich gar nicht so besonders zu mögen. Aber was wusste ich schon?

Ich stellte mir vor, dass ich hinübergehen würde. Ich würde lächeln, und ... und was? Was würde Amber Monroe tun? Halt, ich wollte nicht wie Amber Monroe sein. Wenn das der Preis für Freundschaft war, war sie es nicht wert. Ich öffnete mein Fach und begann, die Bücher abzuladen, die sich im Laufe des Tages angesammelt hatten. Ich sollte mich darauf konzentrieren, zuerst *eine* Freundin zu finden und nicht direkt eine ganze Clique. In der nächsten Stunde würde ich sicher neben einem netten Mädchen landen. Ich würde ihr irgendein Kompliment machen – für ihre Handyhülle, Schuhe ... meinetwegen sogar ihre Handschrift. Und dann würde ich irgendwann so tun, als hätte ich etwas nicht verstanden, und bei meiner potenziellen neuen Freundin nachfragen. Sie würde antworten, weil Menschen gern hilfsbereit sind. *Jap, solider Plan. Kopf hoch, Peyton!*

Ich schloss mein Fach – und plötzlich stand Flick neben mir. »Hi«, sagte sie und lächelte.

O mein Gott, es passiert! Und zack, vergessen war meine potenzielle neue Freundin mit der hübschen Handyhülle.

»Hi«, antwortete ich, betont locker. Ich hörte mich zu sehr an wie sie. Egal.

»Du hast doch heute Morgen mit uns in Mathe gesessen? Neben Travis?« Sie zeigte über ihre Schulter. »Dem da vorne?«

Ich nickte.

»Und du hast eine schöne Schrift.«

Komisch, dass sie sich daran erinnerte, aber okay. Ich nickte wieder.

»Cool! Hast du mitgeschrieben?«

»Ja, warum?« Mist, das klang zu misstrauisch. »Brauchst du meine Notizen?«

Ihre Augen leuchteten. »O Gott, ja! Also, nicht für mich selbst, sondern für meinen Freund, Eric. Er ist ein Idiot. Ich würde ihm ja meine geben, aber er findet meine Mitschriften scheiße.« Sie kicherte ein bisschen zu laut. »Aber deine Notizen sind bestimmt super, mit deiner ordentlichen Schrift und so.« Sie lächelte mich hoffnungsvoll an. Dieses Lächeln überzeugte mich irgendwie davon, dass sie mich nicht verarschen wollte, auch wenn diese Situation an der Claridge auf jeden Fall so ausgegangen wäre, dass jemand meine Unterlagen zusammengeknüllt und in der Toilette versenkt hätte. Aber Flicks Miene legte eine Spur Unsicherheit offen, eine Dringlichkeit, die ich nicht zuordnen konnte, aber dennoch erkannte.

»Wenn du magst, können wir unsere Notizen vergleichen und sie zusammen durchgehen«, schlug ich vor. »Und dann kannst du ihm deine geben.«

Oh, oh, das war ein Fehler. Sie runzelte die Stirn. »Meine sind gar nicht so schlecht. Das behauptet er nur.«

Über ihr Gesicht huschte ein neuer Ausdruck, der sagte: *Warum machst du so ein großes Ding daraus?*

»Schon klar«, lenkte ich ein und in dem Bemühen, diesen Fehler auszubügeln, ratterten die Rädchen in meinem Hirn so schnell, dass ich, ehe ich mich's versah, etwas ausspuckte, was ich auf keinen Fall hatte sagen wollen: »Ich kenne hier bloß noch niemanden, also versuche ich, Anschluss zu finden.«

Wow. Die schwindelerregende Peinlichkeit dessen, was ich da gerade von mir gegeben hatte, ließ Scham in meiner Brust explodieren und sandte mir abwechselnd heiße und kalte Schauer durch die Adern. Mir wurde übel. *Warum hast du das gesagt? Warum, warum, warum?*

Doch Flicks Stirn glättete sich und ihr Strahlen kehrte zurück. »Ooooh! Du bist ja süß!«

Ich blinzelte und versuchte, mit einem Lächeln die entsetzte Grimasse zu überdecken, in die sich mein Gesicht verwandelt hatte.

»Zwar solltest du lieber weglaufen, solange du noch kannst, aber okay.« Flick lachte. »Willst du mit rüberkommen und die Gang kennenlernen? Ich meine, wenn es dir echt nichts ausmacht, Eric deine Unterlagen zu leihen?«

In dem Moment, als ich den Mund öffnete, ertönte die Klingel. Unerträglich laut zerstörte sie meine erste Chance auf Freundschaft seit Jahren.

»Tja, dann halt morgen.« Flick zuckte mit den Schultern.
»Was hast du als Nächstes?«

»Psychologie.«

»Ich auch!«

O mein Gott! Gott, der offenbar wirklich existierte. Er schien mir von oben zuzulächeln und mir endlich, nach so langer Zeit, eine Freundin geschickt zu haben. »Echt?«

»Ja, echt.« Sie lachte. Womöglich über mich, aber das war schwer zu sagen. »Komm mit, vielleicht finden wir noch zwei Plätze nebeneinander. Von meinen Freunden hat niemand Psycho gewählt, aber ich fand's irgendwie cool. Ich mag übrigens deine Tasche.« Sie verabschiedete sich nicht von ihren Leuten, nicht mal von ihrem Freund, sondern winkte ihnen bloß zu, ehe wir zusammen den Aufenthaltsraum verließen. Seite an Seite, wie Freundinnen.

»Erzähl mal, wo kommst du eigentlich her? Von einer der Partnerschulen?«

»Nope, ich war vorher auf der Claridge Academy.«

»Cool!« Ich korrigierte sie nicht und sie fuhr fort: »Ich bin gar nicht erst auf die Idee gekommen, irgendwo anders hin zu wechseln. Findest du das komisch? Klar, das hier ist streng genommen nicht die Eastridge, aber irgendwie auch schon, weißt du, was ich meine?«

»Warst du denn auf der Eastridge?«

»Jap. Die meisten sind von da, glaube ich. Ein paar von uns kennen sich, seit sie buchstäblich Babys waren.«

Ich war nicht sicher, wie buchstäblich »buchstäblich« zu verstehen war. »Ist es seltsam, jetzt alles mit den Neuen teilen zu müssen?« Ich war stolz, dass ich eine so normale Frage stellte.

Sie grinste. »Quatsch. Wird Zeit, dass wir ein bisschen frisches Blut kriegen.«

In Psychologie setzte sie sich völlig selbstverständlich mit mir an einen Tisch und ich musste mich anstrengen, nicht zu grinsen wie ein debiles Honigkuchenpferd. Der Lehrer redete ohne Punkt und Komma vom Beginn der Stunde bis zum Ende – über den Aufbau des Unterrichts, den Stoff, den wir lernen würden –, sodass Flick und ich keine Chance hatten, ein Wort zu wechseln. Aber es genügte mir schon, einfach neben ihr zu sitzen.

Hinterher wartete Eric am Ausgang auf sie und sie zogen gemeinsam davon. Ich hatte ein bisschen gehofft, sie würden mich fragen, ob ich nicht Lust hätte, sie zu begleiten, aber es war okay, dass sie es nicht taten. Jedenfalls sagte ich mir das. Noch waren wir schließlich keine Freundinnen. Wichtig war nur, dass Flick sich umdrehte und mir zum Abschied über die Schulter zuwinkte, dass ich nichts furchtbar Dummes gesagt hatte und wir uns ganz normal unterhalten hatten.

Hoffnung flatterte in meiner Brust wie ein Vogel im Käfig. Und ich konnte nicht aufhören zu denken: *Vielleicht, vielleicht, vielleicht.*

Vancouver

Beim Aufstehen fühle ich mich völlig gerädert. Das Zimmer ist leer, aber ich kann mich verschwommen daran erinnern, dass ich nachts ein paar Mal wach wurde, weil Leute reinkamen und wieder rausgingen. Ich habe einen Jetlag, bin orientierungslos und unsicher, in welchem Land ich mich befinde oder welcher Tag heute ist. Und ich habe von Flick geträumt.

Ich greife nach meinem Handy. Natürlich habe ich lauter Nachrichten, fast alle von Mum. Nur eine ist von meinem Bruder Dillon. Die von Mum sind größtenteils logistischer Art. Offenbar hat sie in der Zwischenzeit einige Nachforschungen angestellt. Sie fragt mich nach Wechselkursen, schreibt mir, wo ich Krankenhäuser oder Polizeireviere finde und welchen Notruf man in Kanada wählen muss. Außerdem hat sie mir die Adressen und Telefonnummern von gleich vier verschiedenen »Bekannten« geschickt, die sie hier in British Columbia hat: drei ehemalige Kollegen und eine Cousine zweiten Grades. Noch dazu die von Grandad, was mich überrascht. Sie muss sich echt Sorgen machen. Zu guter Letzt hat sie Screenshots von allen Flügen angehängt, die innerhalb der nächsten achtundvierzig Stunden von Vancouver nach Großbritannien fliegen. Nur »für den Fall«.

Guten Morgen, antworte ich. **Ich hab dich lieb.**

Dillons Nachricht ist weniger pragmatisch:

Dillon:

> KRASSE SCHEISSE, PEYTON!

Ein Grinsen breitet sich auf meinem Gesicht aus und ich schicke ihm die kanadische Flagge. Ich glaube nicht, dass ich Dillon jemals zuvor ein *Krasse Scheiße, Peyton!* entlockt habe. Er behandelt mich sonst mit einer gewissen Nachsicht, so auf beschützerische Großer-Bruder-Art, hat mich aber bisher nie als ebenbürtig betrachtet. Gerade erscheint eine zweite Nachricht von ihm auf dem Bildschirm.

Dillon:

> Wie geil bist du denn? Ich fasse es nicht.

Ich:

> Bist du stolz?

Dillon:

> Scheiße, ja. Mum und Dad drehen völlig durch. Sie haben keinen Plan, was sie machen sollen.

Ich:

> Sie können gar nichts machen.

Dillon:

> Echt, Dad kommt nicht drauf klar! Aber mal ohne Witz, geht's dir gut? Brauchst du irgendwas?

Ich:

> Nein, ich komm zurecht.
> Aber danke!

Dillon:

> OK. Wenn du Geld oder Hilfe
> brauchst oder so, ruf mich an, ja?
> Ich mein's ernst.

Ich:

> Alles klar.

Dillon:

> Krass, P., versteh mich nicht falsch,
> aber ich hätte nicht gedacht, dass
> du so cool bist!

Frisch geduscht und angezogen mache ich mich auf den Weg in den Frühstücksraum. An einem der Tische unterhalten sich ein paar Leute mit australischem Akzent so lebhaft und angeregt, dass ich es nicht über mich bringe, sie mit einer steifen britischen Begrüßung zu unterbrechen. Stattdessen verharre ich vor den Bagels am Buffet und bestaune die Essensauswahl. Dabei komme ich mir vor wie auf dem Präsentierteller, sodass ich mir bloß zwei Müsliriegel schnappe und Reißaus nehme. So viel zu meinem Vorsatz, das grandiose Hostel-Frühstück so richtig auszukosten.

Ich flüchte in den strahlend blauen kanadischen Morgen und versuche, das Gefühl der Entschlossenheit heraufzubeschwören, das ich direkt nach der Ankunft hatte. Das Wetter ist traumhaft, der Tag wirklich wunderschön, und nur ab und an zeigt sich ein verirrtes Wölkchen am Himmel.

Und da bin ich, in einer der tollsten Städte der Welt,

bereit, Neues zu entdecken. Deshalb bin ich schließlich hier, oder? Ich bin bereit für Abenteuer und lebensverändernde Erfahrungen.

Ursprünglich hatte ich vor, einfach energisch in irgendeine Richtung zu laufen. Doch schon nach etwa drei Metern gerate ich ins Stocken. Vom Flugzeug aus war Vancouver atemberaubend, genau wie auf allen Bildern, die ich mir angeschaut habe, aber jetzt gerade, hier unten auf dem Boden, sieht Vancouver aus wie … eine Stadt. Ich stehe auf dem Bürgersteig an einer Straße, die so urban und unfreundlich wirkt wie jede x-beliebige Straße in einer x-beliebigen Großstadt, nur mit anderen Ampeln und Schildern. Überall sind Menschen, einige abgehetzt, einige entspannter, allein oder mit Freunden, alle mit einem Plan und einem Ziel. Sie alle gehören hierher und ich bin bloß eine Fremde. Eine Fremde ohne Freunde, ohne Plan und ohne Ziel.

Panik steigt in mir auf. Beinahe hätte ich mich umgedreht und wäre zum Hostel zurückgerannt.

Nein, Peyton. Du schaffst das. Ich atme tief durch. Da bietet sich mir ein vertrauter Anblick: ein *Starbucks*. Ich gehe darauf zu. Hier werde ich mir ein Getränk holen, mich kurz hinsetzen und mir etwas überlegen. Schon klar, große Ketten sind die Ausgeburt des Kapitalismus und man sollte sie wirklich nicht unterstützen, aber in diesem Moment sind die grün-braune Innenausstattung und das bekannte Logo einfach nur tröstlich.

Ich bestelle einen schwarzen Tee und der Barista lacht. In meinem ganzen Leben habe ich mich nie britischer gefühlt. Aber als ich ihm meinen Namen sage, schreibt er ihn korrekt auf den Becher, was auch noch nie vorgekommen ist. Er

lächelt und fragt: »Bist du zum ersten Mal in Vancouver?«
Als ich nicke, fährt er fort: »Cool, herzlich willkommen!«
Und gibt mir damit ein gutes Gefühl.

In einem der gemütlichen Sessel, mit dem wärmenden Tee
vor mir, geht es mir gleich besser. Ich ziehe den Stadtplan
hervor, den ich von einem Stapel an der Rezeption mitgenommen habe, und entdecke, dass er von einem Busunter-
nehmen vertrieben wird. Praktischerweise sind schon alle
Sehenswürdigkeiten eingezeichnet. Vielleicht sollte ich
das tun: eine Hop-on-Hop-off-Bustour durch die Stadt. So
müsste man sie ja ziemlich gut kennenlernen, oder? Klingt
unkompliziert und machbar.

Dann fällt mein Blick auf den Preis: siebzig Dollar.

»Okay, doch nicht«, murmele ich. Zwar habe ich einiges
gespart, aber keine Unsummen. Wenn ich will, dass mein
Geld reicht, um so viel wie möglich von Kanada zu sehen,
muss ich mich echt ein bisschen einschränken. Außerdem
bin ich ja nicht blöd. Ich kriege das auch auf eigene Faust
hin. Mit normalen Linienbussen kommt man bestimmt genauso gut überall hin und ich benutze einfach den Stadtplan zur groben Orientierung. Das ist eigentlich sogar viel
cooler, weil ich nicht auf die Touri-Busse angewiesen bin.
So kann ich mir Zeit lassen und muss nicht alles an einem
Tag abklappern.

Eine ganze Stunde bleibe ich bei *Starbucks*, studiere die
Karte und nutze das WLAN, um meinen ersten Tag zu planen. Als ich aufbreche, fühle ich mich deutlich besser. Ich
schaffe das hier auf jeden Fall. Ich bin stark und unabhängig.

Zuerst will ich nach Granville Island, das ist eins der ein-
gezeichneten Highlights. Über ein freies WLAN-Netz, das

ich im Vorbeilaufen finde, suche ich sorgfältig heraus, welche Linie ich brauche und wann sie wo hält. Als ich endlich
alle Infos zusammenhabe, warte ich dreizehn Minuten auf
den Bus und steige ein, nur um zehn weitere Minuten später festzustellen, dass er in die falsche Richtung fährt. Ich
kriege Panik, zögere und steige schließlich wieder aus.

Wenn ich ehrlich bin, macht mich das ganz schön fertig. Die Stadt überfordert mich und es war dumm zu glauben, dass ich das alles allein hinkriegen würde. Wie soll ich
denn bitte einmal quer durch dieses gigantische Land reisen,
wenn ich es nicht mal schaffe, innerhalb Vancouvers von A
nach B zu kommen?

Nachdem ich tief Luft geholt habe, beschließe ich, meine
Pläne zu ändern. Ich folge einigen Schildern und suche
Zuflucht im Stanley Park, der sich als eine Art größere Version des Hyde Parks entpuppt. Er ist sogar so riesig, dass
ein ganzer Wald darin Platz findet. Während ich umherwandere, merke ich, wie die Hektik der Großstadt von mir
abfällt. Einer Infotafel, die ich gewissenhaft bis zum Ende
durchlese, entnehme ich, dass eine neun Kilometer lange
Kaimauer einmal rund um den Park verläuft. Ich setze mich
und lasse den Blick über den Hafen schweifen. Endlich!
So habe ich mir das vorgestellt: strahlend blauer Himmel,
Berge, die wirken, als wären sie einem Bilderbuch entsprun-
gen, und das Meer, das sich vor mir erstreckt. Eine ganze
Weile bleibe ich einfach sitzen. Diesen Augenblick muss ich
auskosten, hier und jetzt. Ich will ihn mit einem Lesezei-
chen im Buch meiner Erinnerungen versehen. Will mich
zurückversetzen können, wann immer ich mich verloren
fühle.

Auf dem Rückweg ins Hostel husche ich in einen Andenkenladen, kaufe eine Postkarte mit der Skyline von Vancouver bei Sonnenuntergang und adressiere sie an meine Eltern. Statt eine Nachricht zu schreiben, zeichne ich eine Skizze von mir auf den Stufen vor dem Hostel. Ich verpasse mir ein breites Lächeln und einen Safarihut, übertreibe die Größe meines Rucksacks und verwandle meine Chucks in Wanderstiefel. Ich nenne das Bild PEYTON DIE ENTDECKERIN und ergänze einen winzigen Untertitel, so klein, dass Dad seine Brille aufsetzen wird, um ihn lesen zu können: *die euch sehr lieb hat.*

Ich wähle den Expressversand, damit die Karte so schnell wie möglich bei ihnen ist. Hoffentlich versöhnt sie das ein bisschen.

Am späten Nachmittag komme ich wieder im Hostel an. Ich gehe direkt in die Küche, um mir einen Tee zu machen. In der Ecke sitzt eine junge Frau in voller Wandermontur. Sie hat Kopfhörer auf und blättert in einer Zeitschrift. Außerdem sind da noch zwei Jungs. Sie scheinen in ein intensives Gespräch vertieft zu sein. Ich nehme meinen Tee mit ins Billardzimmer, wo die Australier von heute Morgen eine Partie Pool spielen. Kurz zögere ich, dann schlendere ich weiter in den Gemeinschaftsraum. Er ist leer. Oder zumindest fast. Im Raum verteilt stehen ein paar Tische und Sofas, von denen eines belegt ist – darauf thront die dreifarbige Katze von dem Foto an der Rezeption.

»Hallo, Teapot«, sage ich. Die Katze maunzt zufrieden und rollt sich auf den Rücken. Ich muss grinsen. Mit Tieren hat man es so viel einfacher als mit Menschen.

Ich lasse meinen Blick über die Bücherregale schweifen,

aber so spontan spricht mich nichts an. Also sinke ich vorsichtig neben Teapot auf die Couch, ziehe mein Skizzenbuch hervor und beginne, sie zu zeichnen. Die ruhigen Bewegungen meiner Hand und die gleichmäßigen Bleistiftstriche entspannen mich.

Auch nachdem Teapot sich irgendwann anscheinend gelangweilt und davongestohlen hat, bleibe ich noch eine ganze Weile sitzen und male vor mich hin. Mit der Zeit kommen verschiedene Leute rein und wieder raus, manche allein, wie ich, andere gemeinsam lachend und plaudernd. Zuerst nehme ich an, dass es sich um Grüppchen von Freunden handelt, die zusammen reisen. Doch während ich schamlos ihren Gesprächen lausche, geht mir auf, dass ich falschliege. Die meisten haben sich gerade erst kennengelernt. Vielleicht hätte mir das von Anfang an klar sein müssen, aber bis zu diesem Moment im Gemeinschaftsraum war mir gar nicht der Gedanke gekommen, dass dieses Hostel voller Leute sein könnte, die mir total ähnlich sind. Reisende, die in ihrem Leben kurz auf Pause gedrückt haben, die sich in einer Übergangsphase befinden und auch auf der Suche nach neuen Freunden sind.

Mich durchfährt ein Hoffnungsschauer. Ich war so damit beschäftigt, unabhängig zu sein und das Reisen als einsame Tätigkeit zu romantisieren, dass ich überhaupt nicht bedacht habe, was ein Hostel eigentlich ist: ein Treffpunkt für Menschen. Viele Menschen an einem Ort, die Ausschau nach Gefährten für gemeinsame Unternehmungen und Erfahrungen halten. Aber nicht wie in der Schule, wo wir alle gezwungen sind, aufeinanderzuhocken, egal, ob wir einander nun mögen oder nicht.

Diese Erkenntnis lässt mich zehn Minuten später mein Skizzenbuch beiseitelegen, als eine Gruppe von Leuten mit unterschiedlichen Akzenten den Raum betritt. Stumm flehe ich mein Herz an, sich zu beruhigen, und lächele. Ein großer, kräftiger Typ, etwa Anfang, Mitte zwanzig und dem Anschein nach der Älteste unter ihnen, nimmt meinen Blick wahr und lächelt zurück, breit und herzlich.

»Hallo!«, sagt er, mit russischem Einschlag und lauter, selbstsicherer Stimme. »Du bist neu hier.«

Ich nicke. *Nicht so schüchtern! Damit kommst du hier nicht weit!* Dann nehme ich mein Skizzenbuch, klammere mich daran fest und stehe auf. »Ich bin Peyton.«

»Hallo, Peyton. Ich bin Sewa. Wir wollen Karten spielen. Möchtest du mitmachen?«

Einfach so? Kann es *echt* so einfach sein? Wieder nicke ich und lasse mich auf einen der freien Stühle fallen. Anscheinend ja.

»Wann bist du angekommen?«, fragt Sewa, schüttelt einen Stapel Spielkarten aus ihrer Packung und beginnt, sie zu mischen.

»Gestern Abend«, antworte ich. »Spät. Ähm …« Ich hasse dieses *Ähm* schon, sobald es mir rausgerutscht ist. »Was ist mit euch?«

»Vor einer Woche. Ich habe ein Projekt abgeschlossen und nun überbrücke ich die Zeit bis zu einem neuen Auftrag. Lars und Stefan«, er zeigt auf zwei seiner Begleiter, »sind seit Samstag hier. Und Beasey und Khalil«, jetzt deutet er auf die anderen beiden, »seit Sonntag.«

»Kennt ihr euch alle?«

»Na, wir kennen uns jetzt«, antwortet Khalil. Sein Akzent

ist schottisch. Schottisch! Ich freue mich so darüber, einen britischen Akzent zu hören, dass ich ihn völlig übertrieben anstrahle. Aber er scheint es zu verstehen, denn sein Lachen ist zwar trocken, aber herzlich, auf jeden Fall nicht gemein. Und vertraut mir, ich weiß, wie sich gemeines Lachen anhört.

»Maja«, ruft Sewa und ich drehe mich zur Tür, durch die in diesem Moment eine rothaarige junge Frau tritt. Sie ist ungefähr in seinem Alter und trägt eine Brille. »Hallo! Komm und spiel mit uns Karten.« Er wendet sich an mich. »Maja ist am gleichen Tag angekommen wie ich. Wir haben eine Verbindung.«

»So? Haben wir das?« Maja lacht und sagt »Hallo«, während sie den Stuhl neben mir hervorzieht und sich setzt. »Was spielen wir?«, fragt sie in die Runde. Sie hat einen deutschen Akzent und ein sanftes, ausgeglichenes Lächeln.

Sewa schlägt Blackjack vor, was mich an lang zurückliegende Campingurlaube mit meiner Familie erinnert: Dillon und ich, wie wir Blatt um Blatt austeilen, um uns bei Regen die Zeit zu vertreiben.

Beim Kartenspielen entspanne ich mich ein bisschen. Ich schaffe es, die ganze Zeit ein wenig zu lächeln – was hoffentlich nicht zu verkrampft wirkt –, zu nicken, wenn etwas gesagt wird, und über die Witze der anderen zu lachen. Sewa hat sich selbst zu einer Art Spielkommentator erkoren und ich beneide ihn dafür, wie wohl er sich offenbar beim Small Talk mit völlig Fremden aus aller Welt fühlt. In ein paar Jahren bin ich vielleicht genauso, spreche mit allen, die ich treffe, als wären wir längst Freunde, und mache sie somit dazu.

»Peyton«, fragt Sewa gerade, »hast du vorher schon mal einen Russen getroffen?« Als ich den Kopf schüttele, fährt er fort: »Bin ich so, wie du dir einen vorgestellt hättest?«

Was antwortet man denn darauf? Ich entscheide mich für: »Nein.«

Zu meiner Erleichterung lachen alle, auch Sewa.

»Das überrascht mich nicht. Ich erfülle zu wenig Klischees. Aber damit kann ich leben.« Er sieht sich in der Runde um, während er die obere Hälfte der gemischten Karten nach unten legt. »Was fällt euch ein, wenn ihr an Russland denkt?«

»Bots«, sagt einer der Schotten, der mit der Brille, in beinahe entschuldigendem Tonfall. Wie hieß er noch mal? Beasey?

Sewa mimt mit seinen riesigen Händen einen Roboter und setzt dabei eine herzzerreißende Miene auf. »Miep morp«, piept er. Das ist richtig niedlich.

»Spionage«, ergänzt Khalil.

»Wodka«, fügt Lars hinzu und Sewa grinst.

»Der beste Wodka der Welt, jawohl, das ist extrem wahr. Aber Bots? Spionage?« Er schnalzt mit der Zunge und schüttelt den Kopf. »Wenn man auf Reisen ist, sehen einen die Leute nicht als Person, sondern als Vertreter des Landes, aus dem man kommt. Sie vergessen dabei, dass sie in Stereotypen denken.« Er räuspert sich und teilt wieder aus. »Ich treffe gern Menschen von überallher«, fährt er fort. »Lerne sie kennen, jenseits aller Stereotype, an einem Ort wie diesem hier. Wenn man lange genug bleibt, begegnet man der ganzen Welt.«

»In einem Hostel?«

Er nickt. »Die Atmosphäre, das Miteinander. Das zieht eine bestimmte Sorte Menschen an. Auch wenn wir alle von woanders herkommen, das haben wir gemeinsam. Wir sind auf der Suche nach etwas.«

Mir und den anderen steht dieselbe Frage ins Gesicht geschrieben: *Wonach suche ich?*

»Nach Abenteuern«, zählt Sewa auf, »Inspiration, Zuflucht.«

»Freiheit«, ergänzt Maja. »Uns selbst.«

Nach all diesen Dingen, denke ich. Aber warum spreche ich es nicht laut aus? »Nach all diesen Dingen«, sage ich.

»Und natürlich nach richtig guter Poutine«, mischt sich einer der Schotten ein, und obwohl ich keine Ahnung habe, was das sein soll, lache ich mit.

Sewa grinst und legt die letzten Karten ab. »Wir alle sind Reisende, Entdecker, Ausreißer.«

»Vielleicht nicht unbedingt Ausreißer«, erwidert Maja sanft.

»Alle, die reisen, nehmen vor irgendetwas Reißaus«, sagt Sewa. »Auf gewisse Art.«

Ich frage mich, ob das stimmt.

»Mir gefällt trotzdem Entdecker besser«, meldet sich Beasey zu Wort. »Das klingt deutlich cooler.«

Lars und Stefan erwähnen Skifahren und es entspinnt sich eine Diskussion, ob das als Reisen zählt oder eher als Urlaub.

»Was ist mit dir, Peyton?«, erkundigt sich Sewa irgendwann. »Warum bist du hier?«

Gute Frage … »Das weiß ich noch nicht genau«, antworte ich.

Jetzt schauen sie mich alle erwartungsvoll an. Die Karten liegen auf dem Tisch und warten auf uns, aber niemand nimmt sie auf.

»Ich werde einfach eine Weile gucken, was Vancouver so zu bieten hat«, sage ich. »Und dann weiterziehen. Ich will versuchen, so weit wie möglich quer durch Kanada zu reisen. Aber das ist im Moment mein einziger Plan.« Sie sehen mich so verblüfft an, dass ich mich genötigt fühle, noch etwas hinzuzufügen, als wäre ich wieder bei der Einreisekontrolle. »Außerdem ist da noch mein Großvater. Er lebt in Edmonton.«

»Und da willst du ihn besuchen?«, fragt Maja.

Ganz sicher nicht! »Äh ... ja.«

Ich schätze, streng genommen habe ich sie alle damit gerade angelogen, aber da das hier sowieso nicht von Dauer sein wird, ist es vielleicht gar nicht so schlimm. Vermutlich kann ich mich eh an keinen von ihnen mehr erinnern, sobald ich es erst mal in die Nähe von Alberta geschafft habe.

»Kannst du denn Auto fahren?« Khalil hält eine Spielkarte zwischen Daumen und Zeigefinger und klopft damit auf den Tisch.

»Nein. Und selbst wenn, dürfte ich hier noch keins mieten.«

»Wie willst du dann reisen?«

»Wahrscheinlich mit Bussen. Vielleicht mit dem Greyhound? Ich dachte, das finde ich unterwegs schon irgendwie raus.«

Skeptische Mienen. Maja und Sewa werfen sich einen Blick zu.

»Greyhound fährt praktisch kaum noch durch West-kanada«, erklärt Lars. Er deutet auf Stefan. »Wir haben es nachgeschaut, als wir unseren Trip geplant haben.«

»Oh«, sage ich.

»Und abgesehen davon ... weißt du, wie lange es von hier bis Edmonton mit dem Bus dauert?« Khalil lässt nicht locker.

»Nein.« Ich spüre, wie Röte meinen Hals hinaufkriecht. Warum bohrt er so nach? Was hat er davon?

»Ganz schön lange«, beantwortet er seine eigene Frage. »Am Stück etwa vierundzwanzig Stunden. Kanada ist groß. Ich meine, wirklich *riesig*.«

»Deshalb bin ich ja hier.« Hoffentlich klinge ich nicht zu trotzig. »*Weil* es so riesig ist.«

»Bist du vielleicht doch eine Ausreißerin?«, fragt Maja.

»Nein. Meine Eltern wissen, wo ich bin.«

Noch immer starren sie mich an und ich versuche zu lächeln und irgendwie nicht *zu* rot anzulaufen. Das habe ich nun davon, dass ich mich entschlossen habe, Kontakt zu meinen Mitmenschen aufzunehmen, statt mich hinter den sicheren Mauern meiner Einsamkeit zu verschanzen. Für einen kurzen Moment hatte ich vergessen, was für eine Versagerin ich bin, wenn es um ganz normale soziale Interaktion geht.

»Okay, aber ... hast du so gar keinen Plan?« Beasey schenkt mir ein ungläubiges Grinsen.

»Ich wollte einfach sehen, wohin es mich verschlägt.«

»Krass, das ist mal mutig.«

»Und mit mutig meinst du dumm«, stelle ich fest.

»Nein! Ich meine, ja, okay, es ist ... ungewöhnlich. So völlig ohne Plan zu reisen. Aber Menschen tun ständig irgendwelche dummen, mutigen Dinge.«

Ich kann nicht anders, ich muss lachen. »Äh, danke?«

»Wir könnten dir ja beim Planen helfen.« Er sieht die anderen an. »Oder?« Alle nicken. Ich öffne den Mund, um zu erklären, dass niemand irgendetwas für mich planen soll, dass es der Zweck dieser Übung ist, unabhängig zu werden und zu lernen, mit mir allein klarzukommen, oder was auch immer ich mir da während des Flugs zurechtgelegt habe. Aber er redet schon weiter: »Du findest keine besseren Reiseveranstalter als eine beliebige Gruppe Backpacker in einem beliebigen Hostel.« Dabei lächelt er so voller Überzeugung, dass ich mich frage, ob er wohl je etwas sagt, ohne sein ganzes Herzblut hineinzulegen. »Du könntest auch trampen«, schlägt er vor.

»Au ja, könnte ich. Das wird ein Spaß! Lasst uns Wetten abschließen, wie lange es dauert, bis ich ermordet werde.«

Er lacht, irgendwie trocken, als hätte es ihn selbst überrumpelt.

»Für euch Männer ist es was anderes«, erklärt Maja.

»Genau«, bekräftige ich, froh, eine Verbündete zu haben.

»Ich reise auch allein«, schiebt sie hinterher. »Ich könnte dir ein paar Tipps geben, wenn du magst.«

»Das wäre toll! Danke schön.«

»Gibt es nicht morgen sogar einen Tagesausflug vom Hostel aus?« Sie wendet sich an Sewa, doch der zuckt nur mit den Schultern.

»Ja«, mischt sich Beasey wieder ein, »nach North Vancouver. Wir fahren mit.« Er deutet auf sich und Khalil. »Das wird bestimmt cool.«

»So eine geführte Tour?«, frage ich, als wäre das wichtig.

»Jap, mit ermäßigtem Eintritt und Fahrpreis«, sagt Khalil. »Sehr praktisch, wenn man eine Menge sehen, aber nicht zu viel Geld ausgeben will.«

Ist das eine Einladung? Oder bloß eine Info? Besteht da ein Unterschied? »Cool. Dann komme ich auch mit.«

»Na bitte!« Sewa lacht. »Zumindest einen Tag haben wir schon geplant.« Er nimmt seine Karten auf. »Dann können wir jetzt weiterspielen.«

WAS ZUVOR GESCHAH

aka

FREUNDE FINDEN, UM JEDEN (!) PREIS

Mein dritter Tag am College und mittendrin eine Freistunde. Mit der Absicht, schon mal »ein paar Hausaufgaben abzuarbeiten« (aka: zu zeichnen), ging ich in die Bibliothek, wo ich zu meiner grenzenlosen Begeisterung Flick entdeckte. Sie saß an einem der Tische, neben einem anderen Mädchen, das ich von den Sofas im Aufenthaltsraum wiedererkannte, und schrieb vor sich hin.

(Ein kurzer Einblick in mein Gehirn während der fünfzehn Sekunden, die ich brauchte, um die Bib zu durchqueren und zu ihr zu gehen: *Da ist Flick! Ich kann mich zu ihr setzen! Hm, oder ist das seltsam? Vielleicht. Moment, ist es noch komischer, wenn ich es nicht tue? Sollte ich etwas sagen? Wie leise muss man hier drinnen eigentlich sein? Ich darf nicht zu aufgeregt wirken, cool bleiben, Peyton. Shit, was, wenn sie denkt, ich würde sie stalken? Shit, jetzt bin ich zu nah dran, um wieder umzudrehen. Sie sieht hoch. Sie hat mich gesehen. Ganz –*)

Sie formte ein lautloses »Hi!« mit den Lippen und deutete lebhaft auf den Platz ihr gegenüber, dann auf das Buch vor sich und verdrehte die Augen. Ich nahm an, das hieß so viel wie: *Setz dich! Aber ich muss lernen, uäh.*

Ich folgte ihrer Aufforderung. Dabei warf ich dem anderen Mädchen einen Blick zu, das sehr konzentriert in dem Buch vor sich las. Ich wartete darauf, dass sie aufschauen und mich begrüßen würde, aber Fehlanzeige. Verwirrt sah ich zu Flick, die wieder die Augen verdrehte und mit den Schultern zuckte. Okay, das schien normal zu sein. Ich zog *Othello* aus der Tasche – denn ich würde nicht anfangen, vor den beiden zu zeichnen. Was, wenn sie mich für seltsam hielten? – und versuchte, eine Ruhe auszustrahlen, die als kameradschaftliches Schweigen durchgehen konnte. Flicks Freundin hob noch immer nicht den Kopf. Nach ein paar Minuten hörte ich ein Wischgeräusch auf dem Tisch und auf einmal lag Flicks Block vor mir.

Hi!

Ich sah hoch. Sie zwinkerte mir zu. Ich schrieb ebenfalls Hi! und schob den Block zurück.

O Gott! Wie kann es sein, dass ich JETZT SCHON Hausaufgaben habe?!

Verrückt!

Ich will echt sterben. Und Casey redet nicht mit mir, wenn wir »lernen«. Buh! Wie geht's dir?

Gut! Und dir?

Mir ist laaaaaaaaangweilig!

Lasst mich euch kurz erklären, wie sich so ein Augenblick für jemanden anfühlt, der fünf Jahre lang gemobbt wurde und keine Freunde hatte: als wäre mit einem Mal die Sonne aufgegangen. Und ja, ich weiß, wie lächerlich und kitschig sich das anhört, aber es stimmt. Mit Flick dort zu sitzen – ihren Collegeblock hin- und herzuschieben, ihr Grinsen, wenn sie den Stift ansetzte, die unheimliche Alltäglichkeit des Ganzen –, war pures Glück.

Als es klingelte, hatte ich nicht mal eine Seite von *Othello* gelesen und es hätte mir egaler nicht sein können. Flicks Freundin, Casey, verdrehte halb spielerisch die Augen in Flicks Richtung, dann hob sie die Brauen als eine Art Hallo an mich. Schüchtern lächelte ich ihr zu und packte extra langsam meine Sachen zusammen, um zeitgleich mit ihnen aufzubrechen. Denn so bestand vielleicht eine klitzekleine Chance, dass sie fragten, ob ich mit ihnen zum Essen gehen würde.

Und dann, sobald wir draußen waren, das Unglaubliche: »Willst du mit uns in die Mensa kommen?«

Ja! Ja! Ich will! Natürlich will ich mit euch in die Mensa! Ja, ja und noch mal JA! »Klar, warum nicht?«, sagte ich betont lässig.

»Case, das ist Peyton.« Flick zeigte auf mich.

»Hi.« Casey hatte so gar nichts von Flicks überschwänglicher Freundlichkeit und dieser Gegensatz verunsicherte mich. Ich war sofort davon überzeugt, dass sie mich nicht mochte.

»Hiii!« Ich hörte selbst, dass ich völlig übertrieben klang, aber ich konnte es nicht abstellen. »Ich bin neu, von der Claridge. Academy.«

Casey nickte, schwieg jedoch. Später, als ich Casey besser kannte, wusste ich, dass das einfach ihre Art war. Aber in diesem Moment stieg blanke Panik in mir hoch. Ich meinte,

Verachtung in ihrer Miene zu erkennen, stellte mir vor, wie sie Flick kopfschüttelnd von mir wegzog.

Aber Flick war zum Glück Flick. »Na los«, zwitscherte sie, »ich sterbe vor Hunger!«

In der Mensa trafen wir Eric und Travis, die meine Anwesenheit kaum zur Kenntnis nahmen, und zwei weitere Jungs, Callum und Nico, die mir am Anfang so austauschbar vorkamen, dass ich mir nie merken konnte, wer wer war. Sie waren alle vorher auf der Eastridge gewesen und praktisch in dieser Konstellation zusammen aufgewachsen. Vagen Andeutungen entnahm ich zwar, dass es für eine Weile auch noch eine Ex-Freundin von Travis gegeben hatte, aber die war dann verlassen worden. (Ich war nicht sicher, ob das Verlassen sich nur auf Travis bezog oder auf die gesamte Clique. Ich fragte nicht nach.)

Das war das erste Mal, dass ich mit der ganzen Truppe rumhing, und ich erinnere mich noch daran, wie geschlossen sie damals von außen gewirkt hatten. Ein Freundeskreis mit eigener Geschichte, beinahe völlig unzugänglich. Es machte mich nervös, denn ich befürchtete, dass ich nicht mehr hineinpasste. Ich nahm an, meine Eintrittskarte wäre Flick. In ihrem Leben schien – wie in meinem – Platz für eine beste Freundin zu sein. Sie war ja fast immer nur von Jungs umgeben und das konnte ihr doch nicht reichen. Klar war auch Casey Teil der Gruppe, aber sie war ziemlich still und ihre häufigste Reaktion auf Flick war offenbar Augenverdrehen. (Für mich kam Casey, distanziert und unnahbar, wie sie war, als beste Freundin irgendwie nie infrage.)

Allerdings musste ich feststellen, dass es schwieriger war

als gedacht, sich an Flick zu hängen. Zum einen klebte sie ihrerseits viel zu sehr an Eric und zum anderen konnte sie bei aller Freundlichkeit ziemlich flatterhaft sein. Ihre Aufmerksamkeitsspanne war extrem kurz, für Menschen ebenso wie für alles andere. Manchmal blinzelte sie mitten während eines Gesprächs, als wäre ich gerade aus dem Nichts vor ihr aufgetaucht. Ich hatte panische Angst, dass sie sich einzig und allein deshalb für mich interessierte, weil ich neu war, und dass sie mich, sobald ich es zwangsläufig irgendwann nicht mehr wäre, links liegen lassen würde – und mit ihr alle anderen auch.

Während der ersten paar Tage dieses neuen Schuljahres – meines neuen Lebens – hatte ich ständig das Gefühl, dass kein Fortschritt, den ich machte, groß genug war. Ich war überzeugt, dass ich mir so schnell wie möglich einen felsenfesten Platz in ihrer Gruppe sichern musste – oder in überhaupt einer –, bevor es zu spät war. Bevor ich meine Chance verspielt hätte und für den Rest meiner Schulzeit wieder in die Verbannung geschickt werden würde.

Das durfte auf keinen Fall passieren. Also tauschte ich BWL gegen VWL, was bedeutete, dass Flick und ich jetzt statt zwei Fächern drei zusammen hatten. (Was für mich allerdings gar kein so wahnsinnig großer Schritt war, denn ich interessierte mich für keines der Fächer. Gegen VWL sprach also auch nicht mehr als gegen BWL.) Flick freute sich total – so sehr, dass es mich echt überraschte – und gestand mir, wie heftig sie das Fach hasste. Sie habe sonst keine Freunde in dem Unterricht, aber jetzt habe sie ja zum Glück mich. Das hieß, sie sah mich quasi als FREUNDIN! Seite an Seite saßen wir im Klassenraum und ich kritzelte einen kleinen Flick-Comic auf den Rand ihres Blocks. O Gott! , schrieb sie. Du bist ja krass talentiert!!!

Es war zwar ein Schritt in die richtige Richtung, aber es fühlte sich noch nicht komplett *richtig an*. Ihre Aufmerksamkeit galt ständig etwas anderem und außerdem war Eric von meiner Gegenwart anscheinend ziemlich verwirrt. Ich befürchtete, ein Wort von ihm könnte Flicks Meinung über mich total ändern. Nach ein paar Wochen schrieb sie mir *Ich verstehe nur absoluten Bahnhof* in mein Skizzenbuch, und ich antwortete: *Sollen wir das mal zusammen durchgehen?* Und das, obwohl mein Skizzenbuch mir heilig ist. *Ja, bitte!*, setzte sie darunter und machte damit ihre ungefragte Kritzelei in mein Heft definitiv wett. Und so wurde ich Flicks Nachhilfelehrerin in einem Fach, von dem ich selbst kaum Ahnung hatte.

Aber es funktionierte: Sie lud mich für den folgenden Samstag zu sich nach Hause ein. Abends würden die anderen vorbeischauen, aber wenn ich früher käme, könnten wir davor zusammen lernen. Und dann könnte ich einfach noch dableiben, wenn ich wollte?

Und wie ich wollte! Ich wollte es so sehr, dass ich zu Hause zwei Treppenstufen auf einmal nach oben nahm, in mein Zimmer stürzte, eine Pirouette drehte und in Freudengeschrei ausbrach.

Vancouver

Als ich am Morgen jetlagbedingt superfrüh aufwache, habe ich eine E-Mail von Dad im Posteingang:

Liebe Peyton,

ich habe mit dem Oberstufenkoordinator deiner Schule gesprochen und ihm deine Situation geschildert. Ich habe ihm erklärt, dass du gerade eine schwierige Phase durchmachst und im Moment keine wichtigen Entscheidungen treffen solltest, die deine Zukunft betreffen. Er versteht, dass du etwas Zeit brauchst. (Mir scheint, er versteht es sogar besser als ich.)

Dein Platz am College wird jedenfalls erst mal freigehalten, vorausgesetzt, du bist nicht so lange weg, dass du den verlorenen Stoff nicht mehr aufholen kannst. Ich habe ihm gesagt, dass du ein intelligentes und vernünftiges Mädchen bist. Bitte bestätige ihm und mir das, indem du heimkommst und zurück ans College gehst, wo du hingehörst.

Ich bin jederzeit bereit, dir den nächstbesten Flug nach Hause zu buchen. Wir können über alles sprechen, sobald du wieder auf britischem Boden bist.

Deine Mutter und ich vermissen dich. Wir haben dich sehr lieb und machen uns große Sorgen. Bitte komm nach Hause.

Dad

Beim Lesen erfüllt mich eine komische Kombi aus Wut und Traurigkeit. Ich bin supersauer, dass er sich komplett darüber hinweggesetzt hat, was ich will und brauche, und einfach hinter meinem Rücken mit dem Oberstufenkoordinator geredet und versucht hat, meine Entscheidung rückgängig zu machen. Was meint er überhaupt damit, »deine Situation geschildert«? Ich kann mir weder vorstellen, dass er wirklich laut ausgesprochen hat, was passiert ist, bevor ich losgeflogen bin, noch, dass er erklärt hat, wo ich gerade bin. Nicht, wenn er sich gleichzeitig bemüht hat, mich als »intelligent« und »vernünftig« darzustellen. Vielleicht hat er erzählt, dass ich im Krankenhaus war, aber nicht genau, warum. Vielleicht hat er vage das Wort »Unfall« verwendet.

Zwischen den Zeilen lese ich jedoch Dads Sorge heraus. Ich erkenne, wie hilflos er in seiner Frustration ist – nicht, weil er mich nicht zwingen kann, zu tun, was er für richtig hält, sondern weil er meinen Kummer nicht nachvollziehen kann. Er ist mein Vater. Natürlich möchte er, dass ich glücklich bin. Er versteht nur nicht, dass meine Idee vom Glück nicht seiner entspricht. Weil ich das weiß, kann ich ihm nicht böse sein. Ich antworte, dass ich nicht zurück ans College gehen und auch für eine Weile nicht nach Hause kommen werde, aber dass ich ihn lieb habe und es mir leidtut, ihn zu enttäuschen.

Unten im Frühstücksraum hole ich mir diesmal ordentliches Frühstück statt bloß Müsliriegel. Ich hätte auch Lust auf Waffeln, traue mich aber nicht, das Waffeleisen zu benutzen, deshalb halte ich mich an Toast und Cornflakes. Als ich mich mit dem Tablett in der Hand umdrehe, entdecke ich die beiden Schotten, die mir von ihrem Tisch aus zuwinken. Ich versuche, nicht zu breit zu grinsen, während ich zu ihnen rübergehe.

»Hi«, sage ich.

»Morgen«, antwortet Khalil.

»Morgen«, wiederhole ich.

»Toast und Cornflakes?« Der zweite Schotte kann es nicht fassen. »Dein Ernst? Du bist hier in Kanada, dem Land, das Ahornsirup erfunden hat, und isst Toast und Cornflakes?!«

»Okay, du Miesmacher«, sage ich und bin selbst überrascht von meiner Antwort, »niemand zwingt *dich*, das zu essen.«

Er grinst. »Zum Glück. Ich bin randvoll mit Waffeln. Wie es sich gehört.«

»Kümmer dich nicht um Beasey«, wirft Khalil ein, »er ist immer so, er kann nicht anders.«

»Beasey?« Ich hoffe, ich klinge nicht unhöflich. »Ist das eigentlich echt dein Name?«

Beasey nickt routiniert. Die Frage hört er nicht zum ersten Mal. »Mein Nachname. Ich heiße William, aber davon gab es an meiner Schule nicht nur einen. Sondern fünf, wenn du es genau wissen willst. Beasey hat sich irgendwie durchgesetzt und jetzt nennt mich sogar meine Schwester so. Obwohl ich mir bei ihr nicht ganz sicher bin, ob sie das nur macht, um mich zu ärgern.«

»Ich hatte eher das umgekehrte Problem«, sage ich.

»Ja?«

Ich nicke und deute mit einem gequälten Lächeln auf mich selbst. »Peyton.«

»Ah. Schätze, in deiner Klasse gab's keine fünf Peytons?«

»Ich glaube, in ganz England gibt es keine fünf Peytons«, bekräftige ich, obwohl ich weiß, dass das nicht stimmt. Im gleichen Jahr wie ich sind noch sechs andere Peytons geboren worden. Das habe ich mal nachgeschaut, um genau diese Frage zu beantworten. Heißt, mittlerweile sind es wahrscheinlich sogar noch ein paar mehr.

»Na, in *diesem* Land gibt es auf jeden Fall welche«, meint Khalil. »Peyton ist ein sehr kanadakompatibler Name. Hier findest du deine Leute.«

Mir ist klar, dass er nur rumwitzelt, trotzdem blitzt die Sehnsucht in mir auf. *Meine Leute.*

»Ich sollte sie ausfindig machen«, antworte ich. »Und es zu meiner Mission erklären, alle Peytons in ganz Kanada zu treffen.«

»Tolle Idee«, sagt Khalil. »Vielleicht könnte das dein Plan für diese Reise werden, statt – wie war das noch mal? ›Sehen, wohin es dich verschlägt‹, im zweitgrößten Land der Welt?«

Er zieht mich auf, aber er meint es nicht böse. Das sage ich mir zumindest. »Da wir gerade von Plänen sprechen«, lenke ich ab. »Was sind denn eure? So, wie du redest, müssen die ja der Hammer sein. Wie seid ihr hier gelandet?«

»Wir machen eine Weltreise«, antwortet Beasey.

»Echt?«

Er nickt. »Echt.«

»O Gott, wie cool ist das denn!«

Sie grinsen beide ohne jegliche Bescheidenheit. Ziemlich sicher führen sie dieses Gespräch häufiger, und sie genießen es richtig. »Bisher waren wir in Südostasien – Thailand, Singapur, Malaysia«, zählt Khalil auf, »und das letzte halbe Jahr haben wir in Australien verbracht. Work and Travel.«

»Wo habt ihr gearbeitet?«, frage ich.

»In verschiedenen Bars. Ach so, in Neuseeland waren wir auch.«

»Nicht lange genug«, wirft Beasey ein.

»Stimmt«, bestätigt Khalil.

»Und jetzt seid ihr in Kanada?«

»Sind wir das?«, fragt Khalil und tut ganz erstaunt. Ich verdrehe die Augen. Er grinst. »Tja, warum nicht?«

»Abgefahren.«

»Sagt das Mädel, das einfach so in ein Flugzeug nach Kanada gestiegen ist, aus ... was? Einer Laune heraus?«

»Hey, ich hatte meine Gründe.« Es gefällt mir, wie abgeklärt und mysteriös ich klinge (oder zu klingen glaube). »Und was bringt euch jetzt genau *hierher*? Nach Vancouver?«

»Also, erstens«, Khalil hebt einen Finger, »ist es eine ziemlich coole Stadt.«

Ich nicke. »So viel ist klar.«

»Und zweitens«, fährt er fort, »studiert eine Freundin von mir an der Uni auf Vancouver Island. Ich habe versprochen, vorbeizuschauen, um kurz Hallo zu sagen.«

»Eine Freundin«, wiederholt Beasey bedeutungsschwer.

»*Eine* Freundin«, bestätigt Khalil mit Pokerface.

Beasey verdreht die Augen. »Und drittens«, sagt er, »wollten wir eigentlich während der Skisaison in Banff jobben, in den Rockies, drüben in Alberta. Aber irgendwie scheint es keine Möglichkeit zu geben, gleichzeitig dort zu arbeiten und zu leben, ohne dass es für uns ein Verlustgeschäft wird.«

»Die Idee war, genug zu verdienen, um die weitere Reise zu finanzieren, wie in Australien. Aber das wird wohl nichts«, ergänzt Khalil.

»Also bleiben wir einfach ein, zwei Wochen«, fährt Beasey fort, »fahren vielleicht ein bisschen Ski und gehen wandern – sofern es das Wetter erlaubt – und ziehen dann weiter.«

»Wohin geht's als Nächstes?«, frage ich.

»In die USA«, antwortet Beasey. »Na ja, jedenfalls durch die USA durch. Wir wollen die Westküste runter und dann nach Mexiko.«

»Klingt superspannend«, sage ich wehmütig. »Ich bin echt neidisch.« Neidisch auf den Plan und darauf, dass sie so kühne Abenteurer sind und so viel von der Welt sehen, aber am allermeisten darauf, dass sie einander haben. Sie wirken so vertraut. Sie müssen schon ewig befreundet sein.

»Aber vorher«, ergänzt Khalil, »fahren wir erst mal nach Vancouver Island, treffen Heather, die Freundin von mir –«, Beasey hüstelt und lacht, als Khalil ihn mit einem Zuckerpäckchen bewirft, »– verbringen ein paar Tage in Victoria und dann geht's hoch nach Tofino. Zwei von den anderen kommen auch mit, heißt, wir können zusammen ein Airbnb mieten und ein bisschen sparen. Die, mit denen wir gestern Karten gespielt haben. Lars und Stefan. Die sind super.«

»Kanntet ihr sie schon vorher?«

»Bevor wir hierherkamen? Nö. Aber darum geht's ja beim Reisen, oder?« Er sagt das, als wäre es völlig offensichtlich. »Leute kennenlernen, Abenteuer erleben … Es kommt nicht nur darauf an, *was* du siehst – sondern auch, mit wem du es siehst.«

Ob das wohl stimmt? Ich hoffe so sehr, dass ich auch Leute kennenlerne, mit denen ich meine Abenteuer erleben kann.

Beasey lacht. »Nice. Tiefgründig.«

»Ist doch wahr.« Khalil grinst, unbeeindruckt. »So haben wir auch Heather kennengelernt«, erklärt er mir. »Letzten Sommer, als wir in der Nähe von Sydney gearbeitet haben. Sie ist eigentlich Australierin und nur für ein Auslandssemester in Victoria.«

Ich lächele. »Du hast den ganzen weiten Weg hierher für ein Mädchen gemacht? Das ist total romantisch.«

Er runzelt die Stirn. »Wir wollten sowieso herkommen.«

Beasey wirft mir einen Blick zu und schüttelt den Kopf.

»Sie ist nur eine Freundin.«

»Mmmhmm«, macht Beasey.

»Jedenfalls«, wechselt Khalil das Thema, »wenn du eh keinen Plan hast, kannst du ja mitkommen. Hast du Bock? Das Airbnb ist ziemlich groß, Platz haben wir genug.«

Ich kann mich gerade noch zurückhalten, bevor ich losquietsche wie ein kleines Kind. Stattdessen nicke ich langsam und bedächtig. »Hm, ja, vielleicht. Könnte bestimmt lustig werden.«

»Cool. Und ich meine, warum nicht, oder? Ist ja nicht so, als hättest du was Besseres vor.« Er hebt vielsagend die Augenbrauen.

»Siehst du, und genau das ist der Grund, warum ich keine Pläne mache. Damit ich spontan sein kann und zu den spannenden Trips anderer Leute eingeladen werde.«

Jetzt lachen beide. Ich habe sie zum Lachen gebracht. Diese coolen schottischen Jungs, die schon die halbe Welt bereist haben, habe *ich* zum Lachen gebracht.

Zusammen gehen wir an die Rezeption, wo sich alle versammeln, die den Tagesausflug mitmachen wollen, und wo wir unseren Tourguide treffen: Spencer, einen Kanadier mit blonden Wuschelhaaren, perfekten weißen Zähnen und einem lässigen Lächeln. Khalil, Beasey und ich verbringen die Fahrt bis zum ersten Halt – dem Capilano Suspension Bridge Park – damit, über Großbritannien zu quatschen und über die Leben, die wir zurückgelassen haben (bei dem Thema bin ich natürlich weniger gesprächig). Sie sind schon so viel länger weg als ich, dass sie viel mehr vermissen. Ich bin noch gar nicht auf die Idee gekommen, dass man sich nach den Dingen sehnen könnte, von denen sie schwärmen: Marmite, Pubs, britische Bäcker und britisches Fernsehen. »Und Haggis?«, frage ich scherzhaft. »Pfff«, macht Beasey und zeigt mit dem Finger auf mich. »Haggis«, sagt er mit Nachdruck, »ist eine Lüge. Eine riesengroße, fette, schottische Lüge im Schafsmagen.« Khalil schnappt vor gespieltem Entsetzen nach Luft. »Du Vaterlandsverräter! Du bist es nicht länger wert, Kilt und Distel zu tragen! Her damit!«

Im Capilano Suspension Bridge Park angekommen, starten wir direkt mit der Hängebrücke. Siebzig Meter über dem Capilano River, sehr wackelig und extrem cool. Khalil und ich wollen einen Wettbewerb daraus machen: wer zuerst die andere Seite erreicht, ohne sich festzuhalten. Aber wir schaffen jeweils nur ein paar Schritte, ehe wir uns instinktiv abstützen. Beasey ist merkwürdig still geworden. Seine Miene ist eisern und er krallt sich mit beiden Händen an einer Seite des Geländers fest.

»Kein Fan großer Höhen?«, frage ich.

»Nope. Höhenangst«, murmelt er leise, als hätte er Sorge, bei normaler Lautstärke die Brücke aus dem Gleichgewicht zu bringen.

»Es kann nichts passieren«, versichere ich ihm. »Spencer hat gesagt, sie hält das Gewicht von zwei Boeings 787 aus.«

»Das klingt irgendwie nach totalem Bullshit.«

»Was?« Ich tue schockiert. »Er ist der Tourguide. Er erzählt doch keinen Quatsch.«

»Selbst wenn«, erwidert Beasey, »787er können nicht so leicht stolpern und seitlich über das Geländer fallen.«

»Du stolperst aber nicht. Und außerdem sind die Seiten hoch genug. Na los, von den anderen sind schon fast alle drüben.«

In dem Moment rennt ein Kleinkind an uns vorbei. Es quietscht und jauchzt, während die Brücke bebt und schaukelt. Beasey starrt ihm so entsetzt hinterher, als stünde es in Flammen.

»Okay, das war's. Ich geh zurück.« Er dreht um und hangelt sich am Geländer entlang. »O Gott. Ich hasse es.«

»Hey, komm schon! Es ist echt in Ordnung, ehrlich. Guck, hab ich etwa Angst? Und ich bin ein kleines Mädchen.«

»Das zieht bei mir nicht«, entgegnet er trocken. »Ich bin Feminist. Du solltest dich schämen …« Das Kind fängt an, auf und ab zu springen, und Beasey stöhnt auf, bevor er fortfährt: »… mich mit dieser billigen Anspielung auf überholte Klischees von Männlichkeit ködern zu wollen.«

Ich verkneife mir ein Lachen, denn er sieht echt mitgenommen aus. Stattdessen stelle ich mich neben ihn und stütze mich auf das dicke Stahlseil des Geländers. »Die Aussicht ist jedenfalls unglaublich. Echt der Wahnsinn. Ich war noch nie an einem so beeindruckenden Ort. Du?«

Beasey wirft mir einen Blick zu, als würde er mein Manöver durchschauen, doch er steigt darauf ein. »Also, ich bin in den schottischen Highlands aufgewachsen. Aber ja, der Ausblick ist wirklich der Wahnsinn.«

»Und er ist das hier wert, oder?« Ich lächele ihn an und er verdreht die Augen, lächelt dann aber zögerlich zurück. »Komm.« Ich strecke ihm die Hand hin. »Ich führe dich rüber. Ich bin deine Assistenz-Peyton.«

»Heißt, wenn ich falle, reiße ich dich mit in die Tiefe.«

»Das werde ich verhindern, versprochen. So. Los geht's, Zähne zusammenbeißen.« Ich gebe ihm einen Klaps auf den Arm, woraufhin er seinen verkrampften Griff um das Geländer löst und zulässt, dass ich seine Hand nehme. Sie ist schweißnass. »Versuch mal, deine Augen zu schließen.«

»Machst du Witze?«

»Na gut, dann nicht. Setz einfach einen Fuß vor den anderen … Was war bisher das Beeindruckendste, was du auf eurer Reise gesehen hast?«

Er denkt darüber nach, während er vorsichtig meine Schritte imitiert. »Der Kuang-Si-Wasserfall in Laos.«

»Und dein Lieblingsort?«

»Neuseeland.«

»Hast du Heimweh?«

»Ja, manchmal, aber weniger, als ich gedacht hätte. Du?«

»Nein.« Ich bin nicht sicher, ob das wirklich stimmt, aber ich möchte lieber nicht genauer darüber nachdenken. Inzwischen haben wir das Ende der Brücke erreicht. Behutsam und unauffällig lasse ich seine Hand los. »Guck mal! Wir haben es geschafft!«

Erleichtert atmet Beasey aus. Ein Lächeln kehrt auf sein Gesicht zurück. »Nie wieder.«

»Sooo schlimm war es gar nicht, oder?«

»Oh doch, sogar noch viel schlimmer! Aber danke, dass du meine Assistenz-Peyton warst.«

Das macht mich irgendwie verlegen. »Zu Ihren Diensten. Ich stehe für sämtliche Hängebrücken-Erfahrungen zur Verfügung. Also, zumindest, solange wir uns im selben Land befinden.«

Er lacht. »Keine Sorge, mich kriegen keine zehn Pferde mehr auch nur in die Nähe so einer Brücke.« Er verzieht das Gesicht. »Aber nachher steht noch so eine Seilbahnfahrt zum Grouse Mountain auf dem Programm, oder? Ich hasse Seilbahnen.«

»Du hast echt ein Problem mit Höhen, was? Bist du nicht um die halbe Welt gereist? Wie passt das zusammen?«

»Tja, da muss ich durch – es gibt halt keine Höhen, die ich nur ein bisschen blöd finde. Sie sind immer schlimm. Wenn ich irgendwo hoch oben bin, fühle ich mich unwohl. Ob das jetzt in Schottland oder in Vietnam ist, völlig egal.

Du hast doch bestimmt auch vor irgendwas Angst, oder? Was ist es bei dir?«

Wieder alleine zu sein. »Schlangen. Der Klimawandel.«

»Ah ja. Zwei ähnlich grauenerregende Dinge.« Plötzlich werden seine Augen tellergroß und sein Grinsen verschwindet.

»Was ist?«, frage ich, aber eigentlich ist es offensichtlich. Wir haben den *Cliffwalk* erreicht. Eine Abfolge von Brücken, Treppen und Plattformen mit Glasböden entlang eines steilen Felshangs. »Oh.«

»Nope. Auf gar keinen Fall.«

»Willst du nicht versuchen, dich deiner Angst zu stellen?«

»Nope«, sagt er wieder. »Ich akzeptiere meine Grenzen. Das hier *ist* die Grenze. Na los, geh du. Ich treffe euch dann später.«

Ich winke ihm zu und beeile mich, um zu Khalil und dem Rest aufzuschließen. Khalil lacht, als ich allein neben ihm auf dem Pfad auftauche, und schüttelt den Kopf. »Du konntest ihn also nicht überzeugen?«

»Nein. Dazu war selbst ich nicht in der Lage.« Ich mag, wie das klingt: als wäre ich geübt darin, Leute mit ihren Ängsten zu konfrontieren, als gäbe es mehr über mich zu wissen als die traurige, einsame Wahrheit.

»Na, immerhin hast du ihn über die Brücke gekriegt«, sagt Khalil. »Das ist mehr, als ich je geschafft habe.«

Nach dem *Cliffwalk*, der mir ein angenehmes Kribbeln im Magen verursacht hat, nehmen wir noch das *Treetops Adventure* mit. Auf lauter kleineren Hängebrücken laufen wir hoch oben zwischen den Baumkronen umher. Es ist leider nicht genug Zeit, um das zu tun, was ich am liebsten tun würde: mich mitten ins dichte Blätterdach zu setzen und zu zeichnen. Stattdessen schieße ich so viele Fotos wie möglich, aus verschiedenen Blickwinkeln, und hoffe, dass sie mir helfen, hinterher alles auf Papier zu bringen.

Beasey treffen wir erst ganz am Ende wieder. Er sitzt auf einer Bank in der Nähe des Ausgangs und daddelt auf seinem Handy. Anscheinend hat er den Rückweg irgendwie allein überstanden.

»Alter, du hast echt was verpasst«, sagt Khalil.

»Ich bin untröstlich«, gibt Beasey ohne mit der Wimper zu zucken zurück.

Nachmittags gondeln wir mit der Seilbahn hoch auf den Grouse Mountain. Beasey hält die ganze Fahrt über die Augen geschlossen, auch wenn Khalil und ich ihm am laufenden Band vorschwärmen, welch grandiose Aussicht über Vancouver er sich da entgehen lässt. »Ihr glaubt gar nicht«, presst er zwischen zusammengebissenen Zähnen hervor, »wie egal mir das ist.«

Oben angelangt, mit beiden Füßen fest auf dem Boden, kehrt sein Lächeln zurück und er ist wieder ganz der tiefenentspannte Traveller, den ich im Hostel kennengelernt habe. »Krass, Leute!«, ruft er. »Seht euch die Aussicht an!«

In Kleingrüppchen geht es nun auf Erkundungstour. Ich bin hin- und hergerissen, ob ich mit Khalil und dem Großteil der anderen zur Seilrutsche gehen oder Geld sparen und bei Beasey bleiben sollte. Nur an einem Seil befestigt durch die Täler zu sausen, ist bestimmt eine unvergessliche Erfahrung und ich bin wirklich versucht, es zu machen. Andererseits kostet der Spaß so viel wie vier Übernachtungen im Hostel. Und das wäre ziemlich unvernünftig, vor allem wenn ich daran denke, wie viel ich schon ausgegeben habe, seit ich hier bin, und wie lange meine Ersparnisse noch reichen sollen.

»Ach, weißt du«, meint Beasey und lächelt, »den Ausblick von hier oben kriegen wir gratis. Und fester Boden unter den Füßen ist nicht zu verachten.«

Also streifen wir zusammen umher. Wir erkunden das Museum und den angrenzenden Laden und probieren dort verschiedene Kopfbedeckungen an. Gerade habe ich ein Foto von Beasey mit einer knallroten Mütze – oder *Tuque*, wie man hier sagt – gemacht, da fragt er mich: »So. Warum hat es dich denn nun wirklich nach Kanada verschlagen?«

Sofort versteife ich mich. Ich hoffe, dass er es nicht bemerkt, und versuche, nonchalant darüber hinwegzulächeln. »Haben wir das nicht gestern schon besprochen?«

»Nicht so richtig. Es ging mehr um Pläne und Eckdaten. Das ist nicht ganz das Gleiche.«

»Warum nicht?«

Meine Stimme hat einen eisigen Unterton, aber er grinst trotzdem weiter, als würde er es verstehen. Auch wenn das unmöglich ist.

»Willst du drüber reden?«

»Worüber?«, frage ich, obwohl ich natürlich ganz genau weiß, was er meint.

Er lächelt schwach. »Schon gut.« Er kauft eine der *Tuques* und eine Postkarte mit einem schneebedeckten Grouse Mountain und wir treten hinaus in die kalte Luft. »Sorry«, sagt er. »Ich wollte nicht, dass du dich unwohl fühlst.«

Ich zucke die Schultern und unsere Blicke treffen sich.

Augenkontakt hat etwas Körperliches, das wird mir in diesem Moment klar. Er schafft eine Verbindung. Ich *sehe*, wie er mich ansieht.

»Du verschanzt dich hinter ganz schön dicken Mauern. Und hoch sind sie auch, mit mehreren Schichten.« Er tut so, als würde er einen Stein auf den anderen setzen. Sein Lächeln ist wissend, aber voller Wärme, und der Ausdruck in seinen Augen ist freundlich.

Statt einer Antwort halte ich mir die Hände vors Gesicht. Dann linse ich dahinter hervor, was ihn zum Lachen bringt.

»Okay, okay, ich werde nicht weiter nachbohren.«

Ich lasse die Hände sinken und versuche, nicht zu erleichtert zu wirken.

»Aber ich muss gestehen, ich bin neugierig«, fügt er hinzu. »Du bist spannend.«

»Ziemlich sicher nicht.« Ich wünschte, ich wäre es.

»Wenn du meinst.« Er ist offenbar nicht überzeugt und lächelt immer noch. »Aber falls du reden willst, höre ich gern zu. Manchmal hilft es ja, mit jemandem zu sprechen, den man nicht besonders gut kennt. Weniger Druck.«

Einen Moment lang frage ich mich, ob da was dran ist. Ich stelle mir vor, wie es wohl wäre, ihm die ganze Geschichte zu erzählen. Von der Claridge übers College bis zu dieser letzten Nacht bei Flick. Von meiner Traurigkeit, die zu Hoffnung wurde, nur um sich dann in Verzweiflung zu verwandeln. Aber ich verwerfe den Gedanken. Mir ist es deutlich lieber, er findet mich spannend, als dass er Mitleid mit mir hat.

»Oder du malst es auf«, schiebt er hinterher, als ich nichts sage. »Du kannst doch gut zeichnen.«

»Woher weißt du das?«

Er lacht. »Na, du tust es ständig.«

Klar, aber mir war bisher nicht bewusst, dass *er* das bemerkt hat. »Ich zeichne die Gegenwart. Nicht die Vergangenheit.« Noch während ich das ausspreche, frage ich mich, wie das wäre. Vielleicht würde es helfen, diese Augenblicke in Bleistiftstriche umzuwandeln, die ich kontrollieren kann. Flick und Travis als Figuren auf Papier aufleben zu lassen statt in meiner Erinnerung.

»Nur so eine Idee«, sagt Beasey. »Wir sollten uns langsam auf den Weg zur Seilrutschenstation machen, die anderen sind bestimmt gleich fertig.«

Zurück in Vancouver, wollen die meisten aus der Gruppe noch in ein Burgerrestaurant namens *White Spot*. Ich schließe mich an, denn der Tag hat in mir ein so wohligwarmes Gefühl hinterlassen, dass ich ein bisschen übermütig geworden bin. Weil alles heute so gut gelaufen ist, weil ich mich vor diesen neuen Leuten nicht blamiert habe und weil wir möglicherweise – ganz vielleicht – sogar auf dem Weg sind ... Freunde zu werden.

Danach gehe ich relativ früh auf mein Zimmer – der Jetlag, den ich bisher einigermaßen in Schach gehalten habe, fordert seinen Tribut. Es ist sonst keiner da und so sitze ich noch eine Weile mit dem Handy auf dem Bett und erstelle einen Instagram-Account: peytontheadventurer. Eine halbe Stunde scrolle ich durch die Fotos, die ich vorhin aufgenommen habe, und es fühlt sich beruhigend an. Ich wähle welche aus, bearbeite sie und lade sie hoch. Das ist nicht mein erstes Profil bei Insta, aber das erste seit Langem. Während meiner Zeit auf der Claridge entdeckten Amber Monroe und ihr Hofstaat irgendwann meinen damaligen Account und machten mich dort gnadenlos fertig. Auf jeden meiner Posts antworteten sie mit spöttischen Bemerkungen und ironischem Lob oder – noch schlimmer – mit überschwänglichem »Mitleid«, weil ich das Pech hatte, Peyton King zu sein. Außerdem reposteten sie Bilder von mir, auf denen sie mich durch eine Ente ersetzten. Eine Zeit lang versuchte ich verzweifelt, das Ganze zu ignorieren und »einfach darüberzustehen«, wie es mir alle Erwachsenen rieten, aber irgendwann hielt ich es nicht mehr aus und löschte mein Profil. Nach dem Wechsel aufs College hätte ich ein neues erstellen können, doch ich hatte zu großen Schiss davor, was passieren könnte.

Aber jetzt bin ich hier. Ich bin mutig und frei. Ich lebe ein Leben, in dem ich einen Instagram-Account haben kann, wenn ich das will. Und niemand kann mich davon abhalten.

Morgens habe ich zig Nachrichten von Grandma auf dem Handy. In der letzten schreibt sie, ich solle ihr bitte Bescheid geben, wann ich Zeit für ein Telefonat hätte. Als ich ihr auf dem Weg in die Küche antworte, dass es gerade passt, ruft sie direkt an.

»Peyton!«, stößt sie atemlos hervor, ohne überhaupt Hallo zu sagen. »Das ist alles grober Unfug, oder? Du bist nicht in Kanada?«

»Na ja, irgendwie doch.«

»Oh Peyton, aber wieso? Bitte sag mir, dass du nicht zu deinem Großvater gefahren bist?«

»Natürlich nicht. Ich bin nicht mal in seiner Nähe. Kanada ist riesig. Ich wollte bloß weg.«

»Hmmm«, macht sie, offensichtlich nicht überzeugt. »Ausgerechnet nach Kanada ... Warum bist du nicht *hier*hergekommen? Was hat Kanada, was Cornwall nicht hat?«

Ich lächele ins Telefon. »Gute Frage.«

Eigentlich hat sie recht – normalerweise ist Cornwall mein Rückzugsort. Dort habe ich mich immer geborgen gefühlt, was eine Menge mit Grandma zu tun hat. Sie hat Dad allein großgezogen, seit ihr Mann – Grandad – sie beide hat sitzen lassen. Sie hat abgewartet, bis Dad alt genug war, um auf eigenen Füßen zu stehen, und ist dann mit drei anderen geschiedenen Freundinnen nach Cornwall gezogen, wo sie alle in fußläufiger Entfernung zueinander leben. Das nenne ich Freundschaft. »Dass dieser Saftarsch mich verlassen hat, war das Beste, was mir passieren konnte«, hat sie mir mal erzählt, als ich nach ihm gefragt habe. »Er wollte frei sein. Pah! Wer ist jetzt frei? Ich!« Und dann kicherte sie in sich hinein. »Und *ich* habe mir die Freiheit verdient – im Gegensatz zu ihm. Einsamer, verbitterter alter Mann. Wenn ich nur daran denke, dass ich mein Leben fast an ihn verschwendet hätte! Ich sag's dir, Peyton, wir Frauen sind den Männern in jeder Hinsicht überlegen.« Über den Rand ihrer Brille warf sie mir einen bedeutungsschwangeren Blick zu. »In *jeder* Hinsicht.« (Ich brauchte ein paar Jahre, um herauszufinden, was sie damit meinte.)

Laut Grandma – oder meinen Eltern, die kaum jemals ein Wort über Grandad verlieren – ist es jedenfalls kein großer Verlust, dass ich meinen Großvater nie kennengelernt habe. Und ich glaube ihr, obwohl er ein waschechter Künstler ist und es schon sehr cool (und praktisch) wäre, einen richtigen Künstler zu kennen. Aber unser Kontakt beschränkt sich auf die Karten, die er zu Weihnachten und zu den Geburtstagen schickt – pünktlich, wie ein Uhrwerk –, und die, die wir zurückschicken. Jahrelang war es meine Aufgabe, die kurzen Texte zu schreiben und die Umschläge zu adressieren, weil ich die fremden, interessanten Briefmarken für die Luftpost liebte. Diese Karten, die den Ozean überquerten, waren für mich etwas Greifbares, nicht so wie Grandad. Der war irgendwie nur eine abstrakte Idee. Grandma hingegen war echt und liebevoll und immer für mich da.

Was ich an ihr mit am meisten liebe, ist ihre Eigenschaft, alles zum Positiven wenden zu können, obwohl sie diese Phasen voller Einsamkeit und Verzweiflung durchgemacht hat. Sie hat sie überstanden und ist zu der geworden, die sie heute ist: eine der tollsten Personen, die ich kenne. Das hat mir immer Zuversicht gegeben. Zeit mit ihr ist Balsam für meine Seele. Lange Tage am Strand, Spaziergänge mit den Hunden an den Klippen, Grillen in ihrem Garten mit ihren Freundinnen und der entfernteren Verwandtschaft. Sie wohnt in einem Haus auf einer Hügelkette mit Blick aufs Meer. Vor dem unglaublichen Panoramafenster im Wohnzimmer hat sie vor Jahren mal eine Staffelei aufgestellt und seitdem verbringe ich während meiner Besuche Stunden damit, im hereinflutenden Sonnenlicht zu malen. Ich habe diesen Ausblick schon so oft mit Wasser- und Acrylfarben, mit Bleistift und Kohle auf Papier gebannt. Mit jedem Jahr wurde ich besser. Cornwall und Grandma waren meine Zuflucht, meine Wohlfühloase. Und jetzt …

»Peyton«, tönt es durchs Handy und ich zucke zusammen.

»Es geht mir gut«, sage ich automatisch.

»Bist du sicher? Dein Vater hat mir erklärt, was passiert

ist. Ich war ganz erschrocken. Ich hatte ja keine Ahnung, dass du —«

»Es geht mir gut«, bekräftige ich. Ich weiß nicht, was Dad ihr erzählt hat – bestimmt nicht die Wahrheit, oder zumindest nicht die ganze –, aber so oder so will ich nicht darüber reden.

»Muss ich mir Sorgen machen?«

»Nein«, sage ich und trete zur Seite, damit ein Pärchen, das gerade die Treppe hochkommt, vorbeigehen kann. »Du, Grandma, ich schicke dir eine Postkarte, okay? Ich schicke dir viele Postkarten! Aber jetzt muss ich los.«

»In Ordnung, mein Schatz. Pass auf dich auf. Und hab Spaß! Wir haben dich alle lieb!« Das ist typisch Grandma. Sie betrachtet ihre Liebe nie als etwas Eigenständiges. Bei jeder sich bietenden Gelegenheit erinnert sie mich daran, dass sie mich alle lieb haben. Diese Worte, so vertraut, von so weit weg, machen mir das Herz schwer.

»Ich habe euch auch alle lieb«, sage ich. »Tschüs.«

Heute sind wir so richtige Konsumtouristen. Lars, Stefan, Beasey, Khalil und ich schlendern stundenlang durch ein Einkaufszentrum und verbringen dann einen Großteil der Zeit im Food-Court. Hier wird uns ein buntes Sammelsurium an Speisen geboten, mit Poutine als Hauptattraktion. »Kanadas größte Erfindung«, witzelt Beasey. »Quasi Pommes mit Soße, nur besser.«

Am frühen Nachmittag nehmen wir einen Bus an den Strand, wo wir trotz Kälte eine ganze Weile bleiben. Die Jungs spielen Frisbee und ich zeichne. Ich versuche, meine Gefühle aufs Papier zu bringen, die Art, wie sich meine

Seele vor Freude in die Luft schwingt und Funken sprüht wie eine Fackel im Wind. Keiner von ihnen findet mich komisch, weil ich hier mit meinem Skizzenbuch sitze, statt mitzuspielen, oder verlangt, dass ich ein Porträt von ihm male.

Als wir abends zurück ins Hostel kommen, treffen wir dort Sewa und Maja beim Billardspielen mit ein paar von den Australiern. Bierflaschen werden herumgereicht, auch mir wird eine hingehalten, doch ich schüttele den Kopf. Auf die Frage, warum ich nicht trinke, antworte ich bloß, dass ich minderjährig bin. Wenn ich aus den Fehlern der Vergangenheit lernen will, dann sollte ich vielleicht mit dem offensichtlichsten anfangen – Alkohol. Ich sollte zumindest probieren, auch ohne Spaß zu haben.

Wir bilden Zweierteams, um gegeneinander Pool zu spielen. Ich lande mit Beasey in einer Mannschaft und wir verlieren haushoch, kommen aber trotzdem aus dem Lachen nicht mehr raus. Fast fühle ich mich doch ein bisschen angetrunken. Ich mache Fotos von uns allen, vom Billardtisch und von Teapot, der Katze, und stelle mir vor, ich würde sie Flick schicken. *Guck mal, wo ich bin!*, würde ich schreiben. *Vermisst du mich?*

Sie würde mir nicht glauben. *Du?*, würde sie sagen, mit einem ungläubigen Lächeln. *Bist du sicher, Pey-Pey?*

Halt. Ich beiße mir auf die Zunge. *Ich bin im Hier und Jetzt.* Ich versuche, den Gedanken an Flick aus dem Kopf zu kriegen.

»Hey«, ertönt eine Stimme mit schottischem Akzent neben meinem Ohr. Ich lächele und drehe mich um. Beasey hält mir eine Cola hin. »Hast du Durst?«

»Ja, danke!« Ich nehme sie ihm aus der Hand.

Den ganzen Tag über habe ich mir schon verboten, Folgendes zu denken: Beasey sieht gut aus. *Wirklich* gut. Er hat so ein Gesicht, das aus der Menge heraussticht, bei dem man direkt denkt: *Wow!* Dazu hat er einen richtigen Wuschelkopf. Also, seine braunen Haare sind nicht verfilzt oder so, aber auch nicht ordentlich. Die rote Brille, die er aufhat, könnte genauso gut einer Comicfigur oder einem Kind gehören, aber irgendwie steht sie ihm, er kann sie tragen. Seine Vorderzähne stehen ein kleines bisschen schief und diese Lippen …

Okay, stopp! Hör auf damit. Ich nehme einen großen Schluck Cola. Sie prickelt im Mund und es fühlt sich so vertraut an, genau wie auf der anderen Seite des Atlantiks.

Plötzlich bricht Stefan in Triumphgebrüll aus, reckt seinen Queue in die Luft und macht einen Satz zurück. Fast springt er mich über den Haufen, aber Beasey nimmt mich am Arm und zieht mich in letzter Sekunde aus der Gefahrenzone. Er lacht. »Sollen wir uns lieber setzen?«

Ich nicke und folge ihm zu einem der Sofas. Jetzt sitzen wir uns gegenüber, beide mit angezogenen Knien. Beinahe berühren sie sich. Irgendwie kommt er darauf, dass superviele Filme in Vancouver gedreht werden. Man hat die Stadt offenbar schon als Set benutzt, um L. A., New York oder Boston darzustellen. Die Chamäleon-Stadt, so nennt er Vancouver. Beim Sprechen leuchten seine Augen und er gestikuliert angeregt. Unbewusst zucken auch seine Finger, während er Filme aufzählt. Ich höre gebannt zu, stelle Fragen. Nicht, weil ich will, dass er mich mag, sondern weil ich es tatsächlich spannend finde, was er erzählt. Sich mit ihm zu unterhalten, fühlt sich so unheimlich natürlich an, so normal. Und wirklich, wirklich schön.

Auf der anderen Seite des Raumes dreht jemand die Musik lauter. Beasey lächelt und beugt sich vor, damit ich ihn besser verstehe, sein Gesicht ist ganz nah vor meinem, seine Hand liegt leicht auf meinem Knie. In mir flackert etwas auf, etwas rührt sich – ein Bewegungsmelder, der Draht, der den Alarm auslöst. Da ist ein Spalt in meiner Mauer. Ich schaue ihn an, unsere Blicke treffen sich und ich sehe es. Genau da, in seinen Karamellaugen und diesem sanften Lächeln: Er möchte mich küssen. Er *wird* mich küssen und er mag mich. Nein, *mögen* ist nicht das richtige Wort. Er steht auf mich. Dieses jugendliche Konzept, für das ich mal alles gegeben hätte. Für das ich mich unter Wert verkauft habe, weil ich so sehr wollte, dass jemand *auf mich steht*. Weil ich mir davon so viel erhofft habe.

Vor meinen Augen verschwimmt Beaseys Lächeln und ich sehe Travis vor mir. Nicht den Travis von diesem ersten Abend bei Flick, als er mir noch so süß und vielversprechend erschien. Sondern den Travis vom letzten Abend. Diesem abgefuckten letzten Abend, den ich einfach nur vergessen will. Und mit einem einzigen, blöden Kuss hat alles angefangen.

Ich zucke zurück und in meiner Hast schubse ich Beasey fast vom Sofa. »Nein«, sage ich scharf und viel zu laut.

»Was ist los?«, fragt er beunruhigt.

»Nein«, wiederhole ich. »Das halte ich nicht noch mal aus.«

»Was *noch mal*?« Er ist völlig verwirrt.

Aber ich bin schon weg. Drängele mich an allen vorbei,

finde die Tür und stolpere auf den Flur. Zu kribbelig, um auf den Aufzug zu warten, nehme ich zwei, drei Treppenstufen auf einmal. Das Zimmer ist zum Glück leer. Ich ziehe nur schnell die Schuhe aus, dann klettere ich ins Bett, komplett bekleidet, vergrabe mich unter der Decke und kneife die Augen fest zu. Ich kann das nicht noch mal ertragen. Und das werde ich auch nicht. Auf keinen Fall.

WAS ZUVOR GESCHAH

aka

ERSTE MALE: GRAS, ALKOHOL UND KÜSSE

aka

UM HIMMELS WILLEN, PEYTON,
STOPP, KÜSS DIESEN JUNGEN NICHT,
DU MAGST IHN NICHT MAL

Vor diesem allerersten Abend bei Flick verbrachte ich zwei
Stunden vor dem Spiegel und probierte verschiedene Out-
fits und Frisuren aus. Flick war nie sonderlich stark ge-
schminkt und Casey verwendete höchstens Mascara, deshalb wollte ich es nicht übertreiben und mich nachher
völlig overdressed fühlen. Im Gesicht beschränkte ich mich
also auf ein absolutes Minimum und steckte für alle Fälle
einen Lipgloss ein. Die Haare ließ ich schließlich einfach
offen, sie fielen in sanften Wellen auf meine Schultern. Ich
zog die schwarze Jeans an, die ich kurz nach Beginn des
Schuljahres gekauft hatte, und ein schwarzes Shirt mit
U-Boot-Ausschnitt, dazu die Herzchenkette, die ich von
Mum zum Geburtstag bekommen hatte. Dann betrachtete
ich mich aus jedem möglichen Winkel und suchte nach
Fehlern. Ich durfte weder nach zu wenig noch nach zu viel
aussehen.

Seit Anfang der siebten Klasse war ich nicht mehr bei einer Freundin zu Hause gewesen, seit die Tatsache, dass ich keine Freunde hatte, zu einer Art Krankheit geworden war, mit der man sich lieber nicht anstecken wollte. Das hier hinzukriegen, war überlebenswichtig, es war der Schlüssel zu meiner Zukunft.

Als Flick mir die Tür öffnete, trug sie einen Kapuzenpulli und dazu etwas, das aussah wie eine Schlafanzughose. Sie wirkte so tiefenentspannt, wie ich schon immer sein wollte, aber ich konnte mir nicht vorstellen, jemals an diesen Punkt zu kommen.

»Ich würde dir ja das Haus zeigen«, sagte sie mit einer wegwerfenden Handbewegung, »aber es gibt echt nicht viel zu sehen. Willst du was trinken?«

Was meinte sie? Wasser? Tee? Saft? *Alkohol?* »Nein, danke, ich brauche nichts.« Zwar hatte ich Durst, aber nichts zu nehmen war vorerst die sicherste Wahl.

Zum Lernen setzten wir uns an den Küchentisch, wo sie Bücher und Unterlagen für uns bereitgelegt hatte, und ich ging mit ihr einige der Aufgaben durch, mit denen sie Probleme hatte. Ich selbst hatte mich schon heute Morgen auf den Stoff vorbereitet und versuchte nun, nicht zu lehrermäßig zu klingen. Am Anfang war sie sehr still, doch irgendwann taute sie auf und fragte mich, ob ich eine Comicversion von ihr zeichnen könnte, die den totalen Plan von Wirtschaftsrecht hat. Ich gehorchte und brachte eine Mini-Flick aufs Papier, die in einem schicken Hosenanzug einen Vortrag hielt, darüber ein Schild mit der Aufschrift: OXFORD UNIVERSITY. Flick gefiel sich offenbar und lachte erfreut.

»Meganiedlich! Kannst du auch Eric malen?«

Eric hatte ich vorher noch nie gezeichnet, weshalb seine Figur nicht so gut werden würde, aber ich gab natürlich trotzdem mein Bestes. Völlig verzaubert und voller Hingabe starrte mein Mini-Eric seine Mini-Flick an. Flicks Lächeln wurde breiter, ihr Blick huschte zwischen den Comicgesichtern hin und her, als würde sie das Bild in sich aufsaugen.

»Das musst du nachher mit allen machen«, sagte sie. »Sie werden begeistert sein!«

Ich hatte plötzlich eine Vision von mir vor einem Whiteboard, umringt von den anderen, die mich beäugten, als wäre ich die Attraktion des Abends statt eine potenzielle neue Freundin. Mir wurde ein bisschen flau. »Was macht ihr denn sonst so, wenn ihr euch trefft?«, fragte ich, in der Hoffnung auf ein alternatives Szenario.

Sie sah mich verständnislos an. »Na ja ... wir hängen zusammen rum?«

»Ich meine, was ... ihr so ... macht.« Beim Anblick ihrer Miene geriet ich ins Stocken. Benahm ich mich sehr seltsam?

»Na, ganz normales Zeug halt.« Sie zuckte mit den Schultern. »Meistens rauchen wir was. Manchmal bringt Eric noch was Besseres mit, aber das hängt von seinem Bruder Tyler ab.«

»Rauchen?«, wiederholte ich überrascht. Ich hatte noch keinen von ihnen in der Schule mit Zigaretten gesehen.

»Ja.« Flick schob sich einen Bleistift in die Haare und spielte daran herum. »Gras.«

»Ah. Klar, okay.«

»Hast du damit ein Problem?«

»Nein, nein.« Von mir aus hätten sie heimlich Uran anreichern können und ich hätte kein Problem damit gehabt.

»Meistens gucken wir einfach irgendwas oder Travis bringt seine Xbox mit oder … keine Ahnung.« Sie zuckte wieder mit den Schultern. »Darüber habe ich noch nie nachgedacht. Was machst du denn mit deinen Freunden?«

Mir schnürte sich die Kehle zu und ich schluckte. Offenbar nahm sie tatsächlich an, ich hätte irgendwelche Freunde. War es ein gutes Zeichen, dass sie keinen Verdacht schöpfte? Sollte ich ehrlich sein, um ihr klarzumachen, warum meine Aufnahme in ihren Freundeskreis so besonders war? Nein. Undenkbar.

»Ach, wir sind größtenteils Kunst-Nerds«, antwortete ich und beschwor die Freunde herauf, die ich mir mal für mich gewünscht hatte. »Heißt, wir … malen viel zusammen.«

»Cool! Hm, vielleicht können wir das auch ausprobieren – ich habe *Pictionary* hier.«

All das ist jetzt so lang her und seitdem ist so viel passiert. Ich kann Flick heute nicht mehr mit dem gleichen hoffnungsvoll-naiven Blick betrachten wie damals, aber bei der Erinnerung an diesen Moment habe ich sie immer noch gern: Sie war ihrer neuen Freundin – mir – gegenüber auf so unschuldige, liebenswürdige Art großzügig.

»Uff«, fuhr sie damals fort, »dieser Kram ist so langweilig.« Zur Bekräftigung tippte sie mit dem Bleistift auf ihren Block. »Warum tue ich mir das an, Peyton?« Sie riss dramatisch die Augen auf. »Das Schuljahr läuft seit … was, zwei Wochen? Und es bringt mich jetzt schon fast um.«

»Eines Tages wird dir das hier furchtbar weit weg vorkommen.« In meinem Kopf hatte sich der Satz vorher irgendwie wie ein lockerer, geistreicher Kommentar angehört, aber laut ausgesprochen bekam er eine neue, unbeabsichtigte Tiefe. Schnell fügte ich hinzu: »Zum Beispiel, wenn du dein Abschlusszeugnis überreicht bekommst und du in VWL mit Bestnote abgeschlossen hast.«

Sie grinste. »O Gott, kannst du dir das vorstellen? Meine Mum würde völlig durchdrehen vor Stolz.« Ein wehmütiger Ausdruck huschte über ihr Gesicht. »Ich schätze, du kriegst ständig gute Noten, hm?«

»Jap, voll lästig, sie werden mir fast schon hinterhergeschmissen.« Ich musste den richtigen Ton getroffen haben, denn sie lachte. »Es sind genug für uns beide da«, fügte ich hinzu, »ich teil sie mit dir.«

»O Gott, das macht dich zur allerbesten Freundin auf Lebenszeit.« Wie es wohl war, so selbstbewusst zu sein, dass man über etwas so ungeheuer Wichtiges wie beste Freundinnen Scherze machen konnte? Trotzdem ging mir ihr Ausruf natürlich runter wie Öl. »Okay, lass uns weitermachen, die anderen kommen so in ner Stunde und ich muss mich noch fertig machen. Ich will vorher das Kapitel schaffen. Hilfe!«

Als der Rest der Gruppe eine Stunde später eintrudelte, saß ich mit einem Becher Weißwein auf Flicks Sofa, als gehörte ich dorthin. Meine gespielte Gelassenheit schien zu wirken, denn sie nahmen meine Anwesenheit gar nicht groß zur Kenntnis, lächelten, nickten oder winkten mir bloß zu. Travis ließ sich neben mir auf das Sofa fallen – »Hey, Mathe-Kumpel« – und zog eine Rolle POLO-Pfefferminzbonbons aus der Tasche. Er hielt sie mir hin. Ich griff zu – ich hätte bereitwillig alles von ihnen angenommen, egal was – und rückblickend betrachtet, stellte dieser kleine Austausch die Weichen für alles Weitere. Wahrscheinlich wusste ein Teil von mir längst, was passieren würde.

Flick und Eric fielen zur Begrüßung übereinander her, Casey verdrehte die Augen, Callum und Nico machten sich ein Bier auf. Und mittendrin saß ich, neben Travis, lutschte ein Pfefferminz und versuchte, nicht zu breit zu grinsen, denn *ich hatte es geschafft*. Ich befand mich in einem normalen sozialen Umfeld, unter Menschen, sogar potenziellen neuen Freunden. Ich war bei jemandem *zu Hause*, einfach so, als wäre es für mich das Normalste der Welt.

»Und, sonst alles klar bei dir?«, fragte Travis.

Klar ist gar kein Ausdruck!, dachte ich. »Ja, und bei dir?«

Er nickte bedächtig. »Joah, ganz okay.«

»Leute, Mum sagt, wir dürfen Essen über ihren Deliveroo-Account bestellen«, verkündete Flick. »Aber freut euch nicht zu früh – das ist bloß ne einmalige Sache, um den Beginn des Schuljahres zu feiern, und wir sollen nicht viel mehr als dreißig Pfund insgesamt ausgeben. Außerdem müssen wir Pommes nehmen, darauf habe ich nämlich extrem Bock.«

Dieses Angebot machte mich total nervös. Ich war ja auch noch da und Flicks Mutter hatte mich bestimmt nicht eingerechnet. Sollte ich direkt anbieten, was beizusteuern? Hm, lieber nicht vor allen. Ich würde Flick später allein erwischen und nachfragen.

Wir bestellten bei Flicks Lieblingsburgerladen. Als das Essen kam und verteilt wurde, redeten sie gerade darüber, was sie bisher so übers College dachten, wie es im Vergleich mit der Eastridge abschnitt und wie ihre Zukunftspläne aussahen. Ich selbst hielt mich zurück, hörte zu und überlegte, was ich antworten sollte, wenn sie mich fragten, was ich werden wollte. Fänden sie wohl Anwältin oder Künstlerin cooler?

»Mum hätte eigentlich gern, dass ich Krankenschwester werde, wie sie.« Flick hatte den Mund voll Pommes. »Aber ganz ehrlich? Auf keinen Fall. Sie arbeitet zu beschissenen Zeiten. Ich meine, *echt* beschissen. Und sie hat gefühlt nie Feierabend, ich schwör's. Sie kann einfach nie still sitzen. *Ich* möchte einen Job, mit dem ich auch Freizeit haben kann. Vielleicht irgendwas mit Finanzen. Jobs, die mit Geld zu tun haben, bringen auch am meisten Geld, stimmt's?« Sie schaute erwartungsvoll zu Eric, der wissend nickte. »Siehst du?«, sagte sie, an mich gewandt, als hätte ich ihr widersprochen. »Deshalb mache ich nicht nur Wirtschaft, sondern habe noch das Mathe-Vertiefungsmodul gewählt, obwohl ich Mathe hasse. Damit kann man sich später auf ne Menge guter Jobs bewerben.« Sie tippte sich mit dem Zeigefinger an die Stirn. »Schlau, was?«

»Aber meinst du nicht, du fällst durch?«, fragte Callum.

»Nein, du Penner, das werde ich nicht.« Sie war wirklich sauer. »Warum haltet ihr mich eigentlich alle für dumm?«

»Wir hatten gerade mal drei Wochen Schule«, sagte Eric tiefenentspannt. »Noch fällt hier niemand durch.«

In vielerlei Hinsicht erinnerte Eric mich an meinen Bruder. Er hatte dieses leicht überhebliche, ultralässige Auftreten weißer Mittelschichtjungs, die – Eric durch seinen Bruder, Dillon durch seine Freunde – risikofreien Zugang zu Drogen haben. Außerdem behandelte er mich mit der gleichen brüderlichen Herablassung. Bei ihm wirkte das allerdings deutlich weniger liebevoll. Im Gegensatz zu Dillon war er schließlich nicht mit mir verwandt, weshalb er nicht automatisch das Recht besaß, sich über mich lustig zu machen. Dillon würde mir niemals wehtun, und wenn es hart auf hart käme, würde er sich für mich vor einen fahrenden Bus stürzen. Erics Beschützerinstinkt galt nur für Flick.

Später am Abend wurde der erste Joint rumgegeben – winzig in Erics Pranke –, und als er bei mir ankam, überlegte ich nicht lange.

»Bist du ganz sicher?«, fragte Eric leicht amüsiert.

Ich verdrehte die Augen und schloss die Lippen um den Filter. Auf diese coole Reaktion war ich richtig stolz. Inzwischen hatte ich schon herausgefunden, wie ich mit Eric umgehen musste. Offensichtlich hielt er mich für ziemlich brav und langweilig, was ich unfreiwilligerweise bisher ja auch war. Ich hatte keine besonderen moralischen Einwände gegen Gras oder Alkohol. Und ich war nur deshalb noch nie betrunken gewesen, weil es in meinem Leben niemanden gab, mit dem ich mich hätte betrinken können. (Mit Grandma in ihrem Garten in Cornwall Bellinis zu trinken, zählte nicht, egal, wie lustig das war.) Und ich hatte noch nie gekifft, weil mir noch nie jemand einen Joint angeboten hatte. (Von dem, was Dillon nahm oder rauchte, bekam ich als kleine Schwester nichts ab – entweder war sein Beschützerinstinkt zu ausgeprägt oder er war einfach zu geizig.) Hätte sich die Gelegenheit ergeben, hätte ich sicher schon viel früher solche Erfahrungen gesammelt.

An diesem Abend hatte ich die anderen beim Rauchen genau beobachtet, um alles richtig zu machen, sobald ich an der Reihe war. Ich war fest entschlossen, nicht zu husten. Tja, nützte nix, ich verkackte es trotzdem, krächzte, keuchte und spuckte Qualm.

»Oooooh, wie süß, eine Weed-Jungfrau«, witzelte Callum.

»Hey«, ermahnte ihn Flick, »Peyton ist neu, sei nett zu ihr.« Sie klang fast besitzergreifend, was ich natürlich innerlich feierte.

Danach wurde alles leichter. Das Gras machte uns lockerer und dazu gab es noch mehr Alkohol. Jemand holte eine Konsole und schloss sie an, damit wir etwas zu tun hatten. Ich unterhielt mich eine Weile mit Travis auf dem Sofa, aber ich kann mich nicht erinnern, worüber wir gesprochen haben. Möglicherweise über die Pfefferminzbonbons. Warum genau sie ein Loch in der Mitte haben und ob das so ein kapitalistischer Trick ist, Abzocke, um weniger Inhalt in die Verpackung zu stecken. Hatten wir wirklich über *so* etwas geredet? Fragwürdig, aber dieser ganze Abend, diese ganze Phase meines Lebens, kommt mir jetzt im Nachhinein fragwürdig vor.

Wir landeten schließlich in der Küche, Travis und ich. Er zeigte mir, wo das Geschirr stand, damit ich mir Wasser holen konnte. Ich brachte irgendeinen furchtbar schlechten Spruch über Longdrinkgläser und dass ich »too long« keinen »Drink« gehabt hätte, aber er lachte trotzdem. Und dann sagte er: »Du bist echt witzig«, als hätte er das nicht erwartet. Ich ließ mir Zeit beim Einschenken, nahm ein paar Schlucke und überlegte, was ich erwidern sollte.

Ich konnte seinen Blick auf mir fühlen, und als ich ihn ansah, lächelte er. Irgendwo tief in mir drin erwachte ein Instinkt, den Jahre ohne Einsatz eingeschläfert hatten. Und in meinem Kopf lief ungefähr Folgendes ab: *Wenn ich jetzt*

mit Travis flirte und so tue, als würde ich ihn total mögen,
wenn ich ihm das Gefühl gebe, dass ich was von ihm will,
dann flirtet er wahrscheinlich zurück, wird mich mögen und
auch was von mir wollen. Und wenn das passiert, kommen
wir vielleicht zusammen. Und wenn wir zusammenkommen,
dann sind seine Freunde auch meine Freunde. Dann muss ich
mir nicht mehr ständig Sorgen machen, ob ich für Flick span-
nend genug bin, oder dass sie und die anderen das Interesse an
mir verlieren könnten. Als Travis' Freundin wäre ich Teil der
Gruppe.

Also lächelte ich zurück. Lehnte mich an die Arbeits-
platte, ließ ihn größer wirken.

»Tja, hinter der ordentlichen Handschrift verbirgt sich
noch so einiges.«

Er lachte wieder. Seine Augen wanderten zu meinen Lippen – vermutlich weil ich ständig mit der Zunge darüber-
fuhr, damit sie schön glänzten.

»Sieht ganz so aus«, sagte er.

»Überrascht dich das?«

Er nickte.

»Gefällt mir, dich zu überraschen.«

»Ach ja?«

In diesem Moment kam ich mir wahnsinnig mächtig vor.
Ich schien ihn vollkommen in der Hand zu haben. Das las
ich aus der Art, wie er mich ansah, dem Knistern zwischen
uns. Aus all der Verheißung und der Spannung, die unter-
schwellig in der Luft lagen, jenseits unserer Worte. Wir würden uns küssen, es war unvermeidlich, ich war kurz davor,
alles zu bekommen, was ich je gewollt hatte. Er brauchte
nur meine Hand zu nehmen und mich hinüberzuführen.

Ich kam mir draufgängerisch vor, war ganz aufgedreht. Ich könnte behaupten, ich sei in diesem Moment nicht ich selbst gewesen, aber das wäre gelogen. Denn in diesem Augenblick war ich mehr ich selbst als in den ganzen Jahren zuvor. So fühlte es sich damals zumindest an. Also sagte ich: »Küsst du mich jetzt endlich?«

Episch war er nicht gerade, dieser erste Kuss. (Der nicht nur unser erster *gemeinsamer* Kuss, sondern mein allererster Kuss *überhaupt* war.) Mehr oder weniger unsanft prallten unsere Münder aufeinander und dann drängte sich auch schon etwas Glitschiges in meinen. Keine sanften Berührungen mit geschlossenen Lippen, kein zärtliches Knabbern oder vorsichtiges Herantasten an DIE ZUNGE – nein, er wühlte sofort damit herum, als suchte er etwas. In den ersten Sekunden war ich nur damit beschäftigt, dagegenzuhalten. Ich hatte eine vage Vorstellung davon, dass ich den Kuss erwidern müsste, aber in dem Moment war ich mir nicht sicher, wie genau ich das bewerkstelligen sollte, nicht, wenn mein Mund so vollständig von seiner Zunge ausgefüllt wurde und ich meine kaum bewegen konnte. Stattdessen schob ich mich näher an ihn heran und presste mich gegen ihn. Das musste irgendwie richtig gewesen sein, denn er legte mir die Hand in den Nacken und zog mich noch weiter zu sich.

Keine Ahnung, wie lange wir da standen und uns küssten, aber vermutlich eine ganze Weile. Zwischendurch kam jemand in die Küche gestolpert, rief laut: »Uuuups! Sorry!«, und huschte wieder raus. Ich glaube, es war Flick. Irgendwann gingen wir Händchen haltend zurück ins Wohnzimmer, und bevor Travis sich neben Nico auf den Boden hockte und meine Hand losließ, drückte er sie noch mal fest. Nico klopfte ihm wissend auf die Schulter und reichte ihm dann kommentarlos einen Controller.

Von Flick und Eric keine Spur. Als ich Casey fragte, wo die beiden seien, brachen alle in schallendes Gelächter aus.

Es wurde später und ich schläfriger. Wenn Travis gerade nicht zockte, setzte er sich aufs Sofa und zog mich auf seinen Schoß, wo ich mich so selbstverständlich zusammenrollte, als gehörte ich dorthin. Flick und Eric kamen zurück, beide ein breites Grinsen auf dem Gesicht. Halbherzig diskutierten sie über die Uhrzeit. Als Travis aufstand, um Eric ein Bier rüberzureichen, ließ Flick sich mit einem wohligen Seufzer neben mir auf die Couch plumpsen, zog die Füße an und lehnte sich an meine Beine. Ich fühlte mich so wohl, dass mir vor Freude fast die Tränen kamen. Und ich wollte nie wieder aufstehen. Die ganze Welt war warm und flauschig. Ich war von Freunden – Freunden! – umgeben und das Summen ihrer halblauten Gespräche lullte mich ein. Eine Stimme – ich weiß nicht mehr, wessen – rief »Hey, Pey-Pey, lebst du noch?«, und ich hob matt die Hand, um zu winken. Alle lachten. Und dann Flick, ganz sanft: »Schhhh, lasst sie schlafen.«

Ich war angekommen. Ich hatte es geschafft.

Vancouver

Am nächsten Morgen ist der Adrenalinrausch, der mich aus dem Billardzimmer hat stürzen lassen, abgeklungen und ich muss mich der harten Realität stellen. Und die sieht folgendermaßen aus: Ich liege in Straßenklamotten unter einer dünnen Decke auf der falschen Seite der Erde und bin immer noch die alte Peyton, dieselbe, die ich auch immer sein werde. Die vor den tollsten Leuten, die sie je getroffen hat, völlig ausgetickt ist. Vor den Leuten, die mich für vollkommen normal gehalten haben – womöglich sogar für cool –, impulsiv vielleicht, aber nicht auf eine schlechte Art.

Und ich hatte nichts Besseres zu tun, als sie vom Gegenteil zu überzeugen. Ich bin nämlich nur ein Teeniemädchen, das absolut gar nichts auf die Reihe kriegt. Ich komme weder damit klar, keine Freunde zu haben, noch damit, neue Freunde kennenzulernen, geschweige denn, sie zu behalten. Hat Beasey überhaupt wirklich versucht, mich zu küssen? Oder habe ich bloß voreilige, total unwahrscheinliche Schlüsse gezogen, während er angenommen hat, dass wir eine normale Unterhaltung führen?

O Gott, ich habe ihn förmlich von mir gestoßen, oder? Und ihn angeschrien. Und dann bin ich abgehauen. Und habe mich verkrochen.

Warum bin ich noch mal hierhergeflogen? Um zu fliehen. Aber das größte Problem habe ich mitgenommen: Mich selbst. Ich vergrabe mein Gesicht noch tiefer im Kissen. Es brennt vor Scham. Ich bin eine unrettbare, wandelnde Katastrophe.

Nach ein paar Minuten Selbsthass und Selbstmitleid entdecke ich zwischen Matratze und Bettgestell mein Handy. Ich entsperre es und checke meine Nachrichten. Obwohl keiner von der Vancouver-Crew meine Nummer hat, hoffe ich trotzdem auf ein Zeichen von ihnen. Aber die Nachrichten sind alle von Dillon, der mich fragt, wie es mir geht und ob ich schon Wale gesehen oder Französisch gelernt habe.

Ich:

War das Ganze eine Schnapsidee? Soll ich lieber nach Hause fliegen?

Dillon:

Ja. Nein.

Ich:

In welcher Reihenfolge?

Dillon:

Als ob du das nicht ganz genau wüsstest. Alles gut bei dir, P.?

Ich überlege, wie ich darauf antworten soll. Nein, es ist nicht alles gut, aber ich kann mich auch nicht daran erinnern, wann das jemals so gewesen wäre, jedenfalls nicht vor Kanada. Und hier hätte alles gut werden können, ist es aber nicht, und das ist ganz allein meine Schuld. Vielleicht ist das der rote Faden, der sich für immer durch mein Leben ziehen wird. Der Gedanke ist so erschreckend, dass ich nicht weiß, wie ich damit umgehen soll.

Ich:

> Keine Ahnung, was ich hier eigentlich mache.

Dillon:

> Dann find's raus. Mach einen Plan. Wenn ich jetzt gerade in Kanada wäre, würde ich bei Tim Hortons frühstücken gehen und mir danach ein Eishockeyspiel angucken.

Ich:

> Alleine?

Dillon:

> Nein, natürlich mit dir zusammen, du Blindbirne.

Ich:

Mit Dillon zu texten, ist so vertraut. Im Grunde ist er mein einziger echter Freund, was nicht mal richtig zählt, weil er ja mein Bruder ist. Trotzdem habe ich immer mit ihm geredet, wenn ich Angst hatte oder traurig war oder wenn es mich fertiggemacht hat, keine Freunde zu haben. Ihm habe ich auch erzählt, wie sehr ich die Fächer hasse, die ich auf dem College gewählt habe, wie verloren ich mich da gefühlt habe. Jetzt bin ich einmal um die halbe Welt geflogen und unsere Beziehung ist immer noch die gleiche: Er gibt mir Ratschläge, ich hadere mit meinem Leben.

Aber er hat recht: Ich sollte mir einen Plan zurechtlegen. Erst mal einen kleinen, für heute, und dann einen richtigen, für diese ganze chaotische Reise, die ich hier unternehmen will. Ich werde mir überlegen, wohin es als Nächstes gehen soll und wie ich da hinkomme. Das wäre immerhin ein Anfang. Keine Ablenkung mehr in Gestalt potenzieller Freunde. Und vor allem nicht in Gestalt süßer Jungs mit schottischem Akzent, die vermutlich so gut küssen können, wie sie lächeln, und …

Halt. Peyton! Hör auf damit, um Himmels willen.

Das Frühstück lasse ich ausfallen, um niemanden zu treffen. Stattdessen mache ich mich mit Skizzenbuch und Handy auf den Weg zu *Starbucks*, wo ich mir zehn Minuten lang Verbindungen nach Calgary anschaue und dann für die nächsten fünfzig Minuten eine Cartoon-Peyton zeichne, die auf einem Elch die Rocky Mountains überquert. Das wirkt jetzt vielleicht nicht sonderlich produktiv, ist aber deutlich angenehmer als das Herzklopfen, was mich angesichts der Fahrpreise nach Calgary überfallen hat. Und das ist noch nicht mal ein Drittel der Strecke, die ich insgesamt zurücklegen will.

Irgendwie fühle ich mich verlorener als zu Beginn meines Abenteuers und versuche, mir in Erinnerung zu rufen, was der Sinn dieser Reise war. Bisher war sie nämlich ganz und gar nicht das, was ich mir davon erhofft hatte. Aber Vancouver ist auch einfach eine hektische, moderne Großstadt, und Calgary wahrscheinlich ebenso, weshalb also will ich da hin? Vielleicht sollte ich lieber … nach Norden aufbrechen? Oder bin ich hier schon im Norden? Wie weit nördlich muss man sein, um wirklich *im Norden* angekommen zu sein?

»Entschuldigung?«, ertönt eine Stimme über mir. Ich zucke zusammen und lasse mein Telefon auf den Tisch poltern. Als ich verschreckt hochschaue, bemerke ich die Frau, die versucht hat, an meinem Stuhl vorbeizukommen.

»Oh«, stammele ich, »tut mir leid, Verzeihung.«

Als sie nach einem »Ich liebe deinen Akzent« weg ist, blinzele ich mich zurück in die Realität. Selbstverständlich kann ich nicht einfach irgendwie »nach Norden« wandern, was auch immer das bedeuten mag. *Reiß dich mal zusammen, Peyton.* Ich muss doch bloß einen Plan machen, einen kleinen, wie Dillon gesagt hat, um wieder auf den richtigen Weg zu kommen. Mir fällt ein, dass die Jungs im Hostel über Vancouver Island geredet haben und meinten, das würde sich lohnen. Natürlich kann ich sie jetzt nicht mehr begleiten, aber ich kann doch genauso gut auf eigene Faust dort hinfahren, oder? Bäm, das ist die Lösung. Ich organisiere einen Mini-Trip-im-Trip. Vancouver ist riesig und so überwältigend *urban*, Vancouver Island dagegen ist kleiner und übersichtlicher. Da bekomme ich alle Vorteile – tolle Landschaft, Wildtiere, Strände, Orte zum Entdecken – ohne den ganzen Stress. Oder halt zumindest mit weniger Stress. Und da kann ich endlich lernen, wie man am besten unabhängig reist, wie geplant. Und sobald ich darin ein bisschen geübter bin, werde ich das Gelernte anwenden und mich auf den Weg quer durch Kanada machen.

Das ist doch ein super Plan! Allein bei dem Gedanken daran geht's mir schon besser und ich fange an, Sehenswürdigkeiten rauszusuchen und mir eine Route zurechtzulegen. Um ehrlich zu sein, bin ich ziemlich stolz auf mich und die Planerei lenkt mich noch dazu von den anderen ab, die ich sorgfältig zu meiden versuche, als ich am frühen Abend ins Hostel zurückkomme. Ich rede mir ein, dass sie meine Abwesenheit bestimmt gar nicht bemerkt haben, immerhin bin ich nur eine flüchtige Reisebekanntschaft, stimmt's? Wir sind ja nicht verpflichtet, Zeit miteinander zu verbringen. Ich bin bloß irgendein Mädchen in einem Hostel.

»Hey, Peyton!«

Ich erstarre, das Gesicht zu dem Automaten gewandt, vor dem ich stehe, um mich zwischen einem *Wunderbar* und einem *Mr. Big* zu entscheiden – beide sehen verführerisch aus. Ich zwinge mich zu lächeln, ehe ich mich umdrehe. Khalil kommt auf mich zu.

»Oh«, sage ich. »Hi.«

»Hey«, wiederholt er, mit einem fragenden Lächeln. »Wo warst du? Du bist einfach verschwunden.«

»Ach, hier und da …« Mein Versuch, ganz locker zu klingen, schlägt katastrophal fehl. »Bisschen in der Stadt, auf Erkundungstour …«

Seine Augenbrauen schnellen in die Höhe. Vor Peinlichkeit laufe ich knallrot an. Er hat mich gestern Abend aus dem Raum rennen sehen, hat mich bestimmt auch brüllen hören wie eine Irre. Und zweifellos hat Beasey ihm haarklein erzählt, wie krass ich auf diesen Vielleicht-aber-wahrscheinlich-eher-nicht-Kussversuch reagiert habe. Vermutlich haben sie sich ausgiebig darüber kaputtgelacht.

»Aber geht's dir gut?«, hakt er nach. »Ist alles in Ordnung? Beasey hat –«

»Ja, alles gut, ehrlich«, unterbreche ich ihn hastig und ein bisschen zu laut. »Ich habe meine Reise organisiert. Mir einen Plan gemacht, wie ihr es alle vorgeschlagen habt.«

Er nickt. »Cool. Aber wir können dir wirklich dabei helfen. Sewa kennt sich ziemlich gut aus in Kanada und Lars und Stefan informieren sich gerade, wie man am besten nach Banff kommt —«

»Ich krieg das schon hin«, schneide ich ihm wieder das Wort ab. Ich habe kaum zugehört, weil es so schwer ist, sich zu konzentrieren, während mich die ganze Peinlichkeit meiner Aktion von gestern mit voller Wucht überschwemmt. »Morgen fahre ich zum Beispiel nach Vancouver Island.«

Das überrascht ihn. »Oh, echt?«

»Ja, ihr habt so davon geschwärmt.«

»Willst du nicht noch einen Tag warten und mit uns zusammen da hin?«

»Ich hab das Gefühl, ich muss das für mich allein machen. Dafür bin ich schließlich hier.«

Khalil schweigt, als wüsste er nicht genau, was er darauf antworten soll. Als er es tut, hat seine Stimme einen seltsamen, aber freundlichen Unterton. »Um allein zu sein?«

Ich nicke, schlucke. »Ja, irgendwie schon.«

»Okay, na gut. Aber speicher dir wenigstens meine Nummer ein, damit du jemanden hast, den du im Notfall anrufen kannst. Und gib du mir am besten auch deine, dann kann ich mich ab und zu vergewissern, dass es dir gut geht. Sonst mache ich mir nämlich Sorgen. Und die anderen genauso.« Er holt sein Handy aus der Tasche.

»Warum?«, frage ich nur.

Jetzt verdreht er die Augen. »Pff, Peyton, keine Ahnung, vielleicht, weil wir keine Unmenschen sind?«

Ich stelle mich albern an und er verliert offenbar allmählich die Geduld. Aber noch nie hat jemand gesagt, dass er sich Sorgen um mich macht – zumindest niemand, der nicht den gleichen Nachnamen hat wie ich. Kann man mir da vorwerfen, dass ich nicht weiß, wie ich darauf reagieren soll? Ich habe es eben nie gelernt.

Natürlich sage ich ihm das nicht. Ich zücke mein Handy und wir tauschen Nummern aus. Er wünscht mir eine gute Reise und ich ihm auch. Danach entsteht eine unangenehme Pause, also frage ich: »Was soll ich nehmen: *Mr Big* oder *Wunderbar*?«

»Beide«, antwortet er. »Das Leben ist zu kurz für nur einen Schokoriegel.«

Am nächsten Morgen, bevor ich aus dem Hostel auschecke, will ich noch schnell ins Lesezimmer, um zu sehen, ob da irgendwelches Infomaterial über Vancouver Island rumliegt. Ich stehe schon mitten im Raum, als ich Sewa bemerke, der mit seinem Laptop an einem der Tische sitzt. Er lächelt mir zu und sagt ganz normal Hallo, als hätte ich ihn und die anderen nicht gemieden wie der letzte Freak.

»Hi«, sage ich. »Ähm, darf ich fragen, was es mit deinem Outfit auf sich hat?«

Er sieht an sich hinab und lacht. Über einem piekfeinen Hemd mit Krawatte trägt er eine Anzugjacke, als wäre er Manager in einer großen Firma. Kombiniert hat er das allerdings mit einer lockeren, ausgewaschenen Jeans.

»Ich habe gleich ein Bewerbungsgespräch über Skype«, erklärt er. »Mit einem Unternehmen in Toronto.«

»Oh, cool, was ist das für ein Job?«

»Ach, nicht allzu spannend.« Sewa lacht wieder. »Webdesign, ein befristetes Projekt, für ein paar Monate.«

»Ist das dein Beruf? Webdesigner?«

Er nickt. »Auch.«

»Ich dachte, du würdest herumreisen. Wie die anderen.«

»Das tue ich«, antwortet er. »Ich arbeite *und* reise. Ohne das eine kann ich das andere nicht machen.« Mein Gesichtsausdruck entlockt ihm ein Lächeln. »Wir alle müssen irgendwann erwachsen werden. Was hast du gestern so gemacht?«

»Ich war auf Entdeckungstour«, sage ich. Ob er wohl mit Khalil und Beasey gesprochen hat? Ich stelle mir vor, wie sie zusammensitzen – wie normale Menschen –, während ich mich aus für sie völlig unverständlichen Gründen abgeschottet habe. Ich versuche, den leisen Schmerz in meiner Brust zu ignorieren. »Heute fahre ich nach Vancouver Island.«

»Mit Beasey und Khalil?«

Ich schüttele den Kopf und beschwöre meine Wangen, nicht knallrot anzulaufen. »Nope, nur ich allein.«

Er runzelt die Stirn und wirkt verwirrt, hakt aber nicht weiter nach, sondern sagt bloß: »Das wird bestimmt cool. Ich wünschte, ich könnte auch dorthin.«

»Was hindert dich daran?«

»Zeit, Geld ...« Er hebt die Hände, zuckt mit den Schultern und lässt sie wieder sinken. »Wenn ich diesen Job in Toronto bekomme, dann weiß ich, dass ich bald etwas verdiene, und kann mich ein bisschen entspannen. Aber falls nicht, muss ich neue Stellenanzeigen durchgucken, mich wieder bewerben, Gesprächstermine vereinbaren und so weiter. Das kostet Zeit.«

All das klingt so erwachsen, dass ich mir furchtbar jung und dumm vorkomme. Ich taumele hier einfach durch die

Weltgeschichte und versuche herauszufinden, was ich vom Leben will. Er muss mich unglaublich kindisch finden.

»Na dann, viel Erfolg«, sage ich unbeholfen, »beim Bewerbungsgespräch.«

Er lächelt. »Danke, Peyton. Und dir viel Spaß auf Vancouver Island!«

Zurück in meinem Zimmer, wo ich meinen Rucksack packe und noch mal überprüfe, ob ich auch wirklich nichts vergessen habe, fällt mir ein, dass ich Sewa vielleicht nie wiedersehen werde. Oder Khalil, oder irgendeinen von den anderen. Es ist so komisch, wie flüchtig diese Bekanntschaften sind. Selbst wenn ich mir mehr Mühe gegeben hätte, mich mit ihnen anzufreunden, hätten wir uns irgendwann trennen müssen. Und das spricht eigentlich umso mehr dafür, mir keine Mühe zu geben. Denn worin liegt der Sinn, Freundschaften zu schließen, wenn sie eh nicht von Dauer sind?

Später, als ich auf den Bus warte, ruft Mum an. Ihre Stimme klingt so vertraut. Sie will alles wissen – wo ich unterkomme, wohin genau ich fahre. Sie hat sich von ihrem ersten Schock erholt, ist aber immer noch skeptisch, dass ich allein zurechtkomme, und bittet mich natürlich wieder, doch einfach nach Hause zu fliegen. Geduldig höre ich mir all ihre Sorgen an.

»Ist Dad da?«, frage ich, nachdem wir ein bisschen gequatscht haben.

Stille. Dann sagt sie: »Er ist gerade nicht in Plauderlaune.«

»Oh.«

»Genau genommen ist er ziemlich sauer. Solange er in dieser Stimmung ist, ist es vermutlich keine gute Idee, mit ihm zu reden.«

»Wegen Vancouver Island?«

»Nein, es ist mehr die Gesamtsituation. Wir haben heute eine E-Mail von deiner Schule bekommen. Sie erwarten dich immer noch jeden Moment zurück.«

»Warum das denn?!« Ich bemühe mich, nicht zu wütend zu klingen. »Warum sollten sie? Ich habe doch klar gesagt, dass ich nie wieder dahin gehe, und schon gar nicht ›jeden Moment‹. Ich komme ja vorerst nicht mal nach England zurück.«

»Okay, Peyton«, sagt sie erschöpft, »kein Grund für diesen Ton.«

»Kannst du ihm bitte erklären, dass es mir ernst ist? Dass ich definitiv mit dieser Schule abgeschlossen habe?«

»Nein, das werde ich nicht tun. Weil ich genauso wenig will, dass du einfach so alles hinschmeißt. Es kann doch nicht schaden, wenn du dir das alles noch mal in Ruhe durch den Kopf gehen lässt.«

Ich schließe die Augen und beiße die Zähne zusammen. Dann seufze ich. »Na schön.«

»Ich weiß, dass du das als eine Art ... Auszeit betrachtest, Peyton«, fährt Mum fort. »Aber so funktioniert das nicht. Man kann sich nicht einfach eine Auszeit vom Leben nehmen. Hier geht es um deine Zukunft. Du kannst sie nicht für einen Urlaub in Kanada aufs Spiel setzen.«

»Das ist kein Urlaub.«

»Von dieser Seite der Welt sieht es aber ganz danach aus«, sagt sie. Ich verdrehe die Augen so heftig, dass es fast wehtut. »Dein Vater und ich waren bisher mehr als fair und hatten sehr viel Verständnis. Aber du kannst nicht von uns erwarten, dass wir es gutheißen, wenn du deine Ausbildung abbrichst und völlig vom Weg abkommst. Wir sind deine Eltern. Es ist unsere Aufgabe, das Beste für dich zu wollen. Auf lange Sicht.«

»Mir geht es auch um die lange Sicht. Und ich weiß, dass es ein sehr *langes*, unglückliches Leben wird, wenn ich weiter diese Fächer lerne und danach etwas studiere, was mir überhaupt keinen Spaß macht, um einen Job zu kriegen, den ich nicht haben will. Warum hört ihr mir nicht zu? Ich komme nicht vom Weg ab – ich nehme nur eine andere Abzweigung.« Ich bin so stolz, dass mir spontan dieses passende Bild eingefallen ist, ich würde es am liebsten direkt aufschreiben. »Und wenn ich noch viel länger wegbleiben muss, damit ihr das endlich einseht, dann ist das so.«

»Tu das nicht, Peyton. Tu uns das nicht an.«

»Ich tue euch nichts an. Ihr sollt mir bloß zuhören. Und das macht ihr einfach nicht.«

Eine ganze Weile erwidert sie nichts. Als sie wieder spricht, klingt sie niedergeschlagen. »Okay. Ich merke schon, wir kommen so nicht weiter. Ich hoffe, du hast eine schöne Zeit auf Vancouver Island.«

Ich schlucke. Meine Augen brennen. »Ich schicke euch noch eine Postkarte.«

»Noch eine?«

»Ja, ich habe gleich am ersten Tag eine losgeschickt. Ist sie nicht angekommen?«

»Die Post war heute noch nicht da. Aber ich freu mich drauf.«

Schweigen.

»Okay«, sage ich schließlich. »Ich hab dich lieb.«

»Ich hab dich auch lieb«, antwortet sie.

Vancouver Island

Vancouver Island, stelle ich fest, ist wunderschön. Die ersten paar Tage, die ich dort bin, regnet es beinahe ununterbrochen, doch selbst das kann die Schönheit nicht trüben. Vor mir entfaltet sich die bezaubernde Landschaft unter dem Rand meines Regenschirms, mit dem ich mich und mein Skizzenbuch vor den Tropfen schütze, während ich darunter zusammengekauert zu zeichnen versuche. Victoria, die Hauptstadt von British Columbia, ist zwar eine Großstadt, wirkt aber im Vergleich zu dem geschäftigen Gewusel in Vancouver regelrecht gemütlich. Kein einziges Mal nehme ich den falschen Bus und im Süden der Insel finde ich mich so gut zurecht, dass ich leicht ein Ziel nach dem anderen auf meiner Liste abhaken kann. Theoretisch ist alles perfekt: Ich mache genau das, was ich mir auf dem Hinflug vorgenommen habe. Ich bin eine furchtlose Abenteurerin, tapfer und unabhängig.

Die Sache ist nur die – wenn man allein reist, ist man … allein. So richtig allein. Und um ehrlich zu sein, ist es auch ein bisschen langweilig. Nach drei Tagen nur mit mir und meinen Gedanken, ohne irgendwen zum Reden, erscheint mir die Idee, so ganz auf eigene Faust das Land bis zur anderen Küste zu durchqueren, gar nicht mehr so verlockend.

Und das, obwohl alles um mich herum so atemberaubend schön ist. Ich hatte gehofft, ich würde mich da schon irgendwie reinfinden, aber das ist bisher nicht passiert. In manchen Momenten frage ich mich sogar, ob ich nicht lieber wieder nach Hause fliegen sollte. Aber das kommt mir immer unmöglicher vor. Was mache ich denn, wenn ich zurück bin? Mich bei meinen Eltern entschuldigen und mich von ihnen zwingen lassen, wieder aufs College zu gehen, um dann in der gleichen beschissenen Situation zu landen, aus der ich so dringend ausbrechen musste? Ich hätte rein gar nichts gewonnen.

Also mache ich weiter und erkunde verbissen Victoria und Umgebung.

Täglich bekomme ich eine Nachricht von Khalil – **Und, lebst du noch?** –, die mich jedes Mal zum Lächeln bringt. Ich antworte so was wie: **Ja, Khalil, immer noch**, aber wenn ich ganz ehrlich zu mir bin, weiß ich, dass nur mein Stolz mich davon abhält, zu tun, was ich mir insgeheim tief im Inneren wirklich, wirklich wünsche: nämlich Khalil zu schreiben, dass er recht hatte und ich einsam bin und ob wir bitte Freunde sein können.

Nach ein paar Tagen kehrt das rastlose Gefühl zurück, das ich schon in Vancouver hatte, diesmal sogar stärker als zuvor. Ich will raus aus meiner Haut, mich mit Anlauf und Fallschirm aus meinem Leben katapultieren, jemand anderes sein. Ein Ortswechsel hat offensichtlich nicht gereicht. Was bedeutet, ich bin das Problem. Aber mir selbst kann ich nicht entfliehen.

Ich beschließe, einen Ausflug nach Salt Spring Island zu unternehmen, das ist eine der kleineren Inseln vor der

Küste. Während der Busfahrt zum Hafen frage ich mich, ob ich nicht gerade der gleichen Logik folge, die mich überhaupt erst nach Vancouver Island gebracht hat: meiner Annahme, eine Insel wäre übersichtlicher, besser zu bewältigen. Und dass ich dort herausfinden würde, was ich eigentlich mache. Und jetzt ist das vermutlich derselbe Grund, aus dem ich mir überlegt habe, auf eine *noch* überschaubarere Insel zu fahren. Wo soll das hinführen? Soll ich mir immer kleinere und kleinere Inseln suchen, bis mein Leben übersichtlich genug geworden ist, dass selbst ich damit klarkomme?

Ich schüttele den Gedanken ab. Das wird bloß ein Ausflug an einen hübschen Ort. Ein stinknormaler Trip für Touristen auf Vancouver Island. Tatsächlich wäre es eher komisch, wenn ich Salt Spring Island *nicht* besuchen würde, wo ich schon mal hier bin. *Na bitte, das ist die richtige Logik. Gut so, Peyton.*

Bevor die Fähre ablegt, habe ich noch etwas Zeit totzuschlagen und so schlendere ich durch die Hafengebäude — die ich mit einer riesigen Portion Popcorn wieder verlasse. Der Verkäufer hat es mich probieren lassen, weil er meinen Akzent niedlich fand, und es war so unwiderstehlich, dass ich unmöglich *nicht* die größte Tüte kaufen konnte. Ich fand es außerdem irgendwie lustig — schräg, aber lustig. Bis jetzt, wo ich im Boot sitze, ganz allein, mit einer gigantischen Tüte Popcorn auf dem Schoß und niemandem, mit dem ich es teilen kann. Wäre ich mit einer Freundin unterwegs, könnten wir uns unterhalten, uns dabei ganze Hände voll Popcorn reinschaufeln, uns damit abwerfen und versuchen, den Mund zu treffen. Wir würden Fotos mit der Tüte machen und sie auf Insta posten, mit Captions wie: **Wenn es doch auf die Größe ankommt #popcornporn**

Aber ich bin nicht mit einer Freundin unterwegs und es schmeckt mir plötzlich auch nicht mehr so gut wie im Gespräch mit dem freundlichen Verkäufer. Und jetzt muss ich das doofe Zeug den ganzen Tag mit mir rumschleppen. Warum habe ich nicht bis zum Rückweg gewartet? Warum kann ich nicht ein Mal etwas richtig machen?

Mein Blick fällt auf einen Typen im vorderen Teil des Bootes. Ich sehe ihn nur von hinten, aber er ist groß und hat schwarze Locken. Mein Herz macht einen Freudensprung, so sehr, dass es mich selbst überrascht. *Khalil?* Wenn er das ist, kann ich hingehen, ihn angrinsen und so was sagen wie: »Na, sieh mal einer an, du auch hier?« Und wenn *er* hier ist, kann auch Beasey nicht weit sein. Die beiden helfen mir bestimmt beim Popcornessen, und wenn sie mich auslachen, weil ich so eine Riesentüte gekauft habe, lache ich einfach mit. Wir könnten uns gemeinsam die Insel anschauen und ich müsste, *Gott sei Dank*, nicht noch einen Tag mutterseelenallein verbringen!

Da dreht sich der Besitzer der schwarzen Locken um. Und es ist nicht Khalil. Natürlich ist es nicht Khalil. Vor lauter Enttäuschung sacke ich in mich zusammen, und meine ganze Vorfreude auf den Ausflug ist mit einem Mal verpufft. Der richtige Khalil hat mir heute Morgen geschrieben, pünktlich wie immer, wie jeden Tag, seit ich hier bin. **Und, lebst du noch?** Ich habe **Jahaaa!** geantwortet, woraufhin er hinzufügte: **Liebe Grüße von Beasey!**

Die Einsamkeit versetzt mir einen Stich und ich stopfe schnell eine Handvoll Popcorn in den Mund.

Neben mir auf dem Schiff ist ein Pärchen, ungefähr in meinem Alter. Mit zusammengebissenen Zähnen führen sie die Art gedämpfte, hektische Diskussion, zu der man gezwungen ist, wenn man sich in der Öffentlichkeit nicht ungestört anbrüllen kann. Als sie sich aufgebracht abwendet und aufs Meer hinausschaut, verdreht er hinter ihrem Rücken die Augen. Nicht an irgendwen gerichtet – er weiß ja nicht, dass ich ihn beobachte –, er macht das bloß, weil seine Gefühle ein Ventil brauchen.

Irgendwie nur logisch, dass mich das an Travis und mich erinnert. In dem Jahr, in dem wir in einer Beziehung waren, müssen wir Hunderte solcher Gespräche geführt haben. Gott, ein Jahr. Fast ein ganzes Jahr! Wie kann das sein?

Aber natürlich weiß ich, wie das sein kann. Ganz genau sogar. Weil ich alles darangesetzt habe, mit ihm zusammenzukommen – und zu bleiben. Schließlich war ich überzeugt, dass er meine Eintrittskarte zu einem Freundeskreis war. Zu Flick, Eric, Casey, Callum und Nico. Diesem Haufen richtiger Goldstücke.

Jetzt verdrehe *ich* die Augen, nur dass ich es nicht mal hinter dem Rücken einer anderen Person tue. Vielleicht gilt es mir selbst. Habe ich wirklich geglaubt, es wäre so einfach? Habe ich mich nicht mal eine Sekunde lang gefragt: *Sind das überhaupt die Freunde, die ich mir wünsche?*

Nein. Habe ich nicht.

WAS ZUVOR GESCHAH

aka

PEYTON UND TRAVIS:
DIE GROSSE LIEBE(SLÜGE)

aka

PEYTON, WAS ZUR HÖLLE
HAST DU DIR DABEI GEDACHT?

Die Wahrheit ist: Ich habe mich in die Sache mit Travis geradezu hineingestürzt. Mit voller Wucht und unbändiger Hoffnung. Nach dem ersten Rumgeknutsche in Flicks Küche befanden wir uns in dieser Zwischenphase, die rückblickend betrachtet sehr kurz war, mir aber damals natürlich endlos vorkam. Wir schrieben uns ständig bei WhatsApp – auch wenn ich keine Ahnung mehr habe, was wir uns zu erzählen hatten. Woran ich mich allerdings sehr gut erinnere, sind diese Hoffnungsschimmer, jedes Mal, wenn ich auf mein Handy schaute, und daran, wie sehnsüchtig ich auf neue Nachrichten von ihm wartete. In der Schule tauschten wir verstohlene, vielsagende Blicke. Er stupste mich im Vorbeigehen mit dem Ellbogen an, zwinkerte mir in Mathe zu. Ein paar Mal gingen wir nach dem Unterricht »spazieren«, heißt, wir eilten in den nächstbesten Park und legten uns zum Knutschen auf die Wiese. Das waren die besseren Küsse, langsam und intensiv, und sie ließen mein Herz schneller schlagen. Im Grunde lief alles super, aber ich war noch immer nervös, wollte die Verlässlichkeit einer festen Beziehung so unbedingt.

Travis findet dich total gut!, schrieb Flick mir ungefähr eine Woche nach der Party bei ihr zu Hause.

Ich antwortete: **Ich hab ihn auch megagern!** Aber stimmte das? Ich kann es mir heute eigentlich kaum vorstellen, doch wahrscheinlich meinte ich es damals ernst. Konzentrierte mich darauf, wie süß sein Lächeln war, wie gut sich unsere Küsse nach diesem ersten unbeholfenen Versuch inzwischen anfühlten und dass mir immer ganz warm wurde, wenn er beim Gehen meine Hand nahm.

Flick schickte mir Herzchenaugen zurück. Ermutigt schrieb ich Travis.

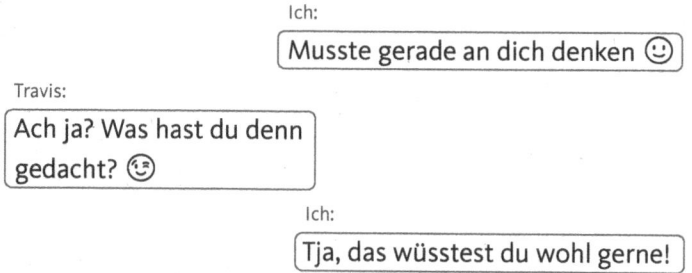

Ich:

Musste gerade an dich denken ☺

Travis:

Ach ja? Was hast du denn gedacht? 😊

Ich:

Tja, das wüsstest du wohl gerne!

Ich war selbst überrascht, wie gut ich in diesem Spiel war. Aus Büchern und Filmen hatte ich so vieles gelernt, was ich jetzt bei Travis anwenden konnte. Und es funktionierte. Fast *zu* gut. Ich glaube, ich war so damit beschäftigt, einem Drehbuch zu folgen, dass ich Travis und mich zwischendurch gar nicht mehr als reale Personen sah. Ich weiß noch, wie ich in dieser Anfangszeit manchmal hochschaute und ihn plötzlich neben mir bemerkte. Und diese physische Realität des Ganzen ließ mich vor Schreck zusammenzucken. Im Prinzip mochte ich ihn lieber am anderen Ende unserer WhatsApp-Nachrichten: nur Worte, Emojis und Verheißung.

Nach ein paar Wochen in dieser Zwischenphase lud Travis mich eines Samstags zu sich nach Hause ein (und versicherte mir, seine Eltern würden nicht da sein). Als ich ankam, schenkte er mir ein Glas Orangensaft ein und führte mich ins Wohnzimmer. Eine sehr viel nettere Alternative zu dem Bier-und-Schlafzimmer-Szenario, mit dem ich halb gerechnet hatte. Er schaltete irgendwas auf Netflix ein und fing an, mich zu küssen. Und so verbrachten wir die nächste Stunde, ließen Fernseher und Saft links liegen, ganz versunken ineinander.

Ich will nicht behaupten, es wäre nicht schön gewesen, denn es war sehr schön. Er küsste immer noch mit zu viel Zunge, aber ich hatte gelernt, meine eigene sanft genug zu bewegen, um ihn etwas zu bremsen. Wir hielten die Augen geschlossen und so vergaß ich zwischendurch fast, wen ich überhaupt küsste, und verlor mich stattdessen in meinen Tagträumen. Doch es war auch nicht wichtig, *wen* ich küsste, wichtig war, *dass* ich es tat. Und als seine Hände sich tastend vorwagten, gefiel mir auch das.

Irgendwann brauchten wir eine Pause zum Luftholen. Ich stürzte den O-Saft runter und er lächelte. Vielleicht haben wir uns ein bisschen unterhalten, aber falls ja, weiß ich nicht mehr, worüber. Sobald ich das Glas abgestellt hatte, zog er mich wieder zu sich. Dann machte er sich am Reißverschluss meiner Jeans zu schaffen, während sich seine

Zunge in meinem Mund immer schneller bewegte, noch schneller als sonst, allein durch die Aussicht, mich unter meiner Hose berühren zu können. Sich so begehrt zu fühlen, war auf seltsame Art befriedigend. Auch wenn mein Herz vor Aufregung und Nervosität wie verrückt klopfte, und auch wenn ich mir insgeheim wünschte, diesen Moment mit jemandem zu erleben, der etwas sensibler und einfühlsamer oder ... irgendwie *anders* wäre, wollte ich trotzdem nicht, dass er aufhörte. Ich wollte an *seinen* Berührungen spüren, welchen Effekt es auf ihn hatte, *mich* zu berühren. Es war berauschend. So fühlte es sich also an, *erregt* zu sein. In diesem Augenblick dachte ich, ich hätte alles verstanden.

Seine Hand war jetzt unter meine Jeans vorgedrungen, rieb durch meine Unterwäsche und überraschenderweise fühlte sich das echt gut an. *Richtig* gut. Doch dann zerrte er mein Höschen zur Seite. Seine Küsse verwandelten sich in so etwas wie Grunzer und seine Finger kamen mir auf einmal so viel größer vor als beim Händchenhalten, so ... fingerig. Irgendwie komisch und unangenehm. Sie pikten, grabbelten und – *autsch!* – stießen in mich hinein. Das fühlte sich überhaupt nicht mehr gut an. Ich wollte das Rubbeln zurück.

Er lehnte sich leicht nach hinten, um mir in die Augen zu sehen, und seinem Gesichtsausdruck entnahm ich, dass das hier der richtig geile Teil sein sollte, dass er etwas von mir erwartete. Finger rein, Finger raus, rein, raus ... »Oh ja, du liebst es«, sagte er.

Ganz im Gegenteil. Das Ding ist nur, ich war verwirrt. Ich hatte so etwas noch nie gemacht, er aber schon, also musste er es ja besser wissen, oder? Das hier hätte sich ganz klar megakrass anfühlen sollen, und wenn es das nicht tat, musste es meine Schuld sein.

»Mmmmm«, machte ich.

Er sah mich so intensiv an, so erwartungsvoll – aber all mein Verlangen, der ganze Rausch, war verflogen und geblieben waren nur die sehr körperliche, sehr seltsame Realität und sein Finger, der in mich eindrang. Ihm schien es offensichtlich nicht so zu gehen, er war noch voll bei der Sache. Was, wenn ihm auffiele, dass ich es nicht mehr war?!

Ablenkung. Das war's. Ich legte ihm die Hand auf die Jeans, zwischen die Beine. Er atmete hörbar aus und nickte heftig. Ich öffnete den Reißverschluss, glitt mit der Hand hinein und fand seinen harten Penis. Ich wollte, dass er mir sagt, was ich tun soll, aber er sah mich bloß weiter erwartungsvoll an. Ich bewegte die Hand, zögerlich, fragend. Er stöhnte leise und biss sich auf die Lippe. Alles daran war komisch und ungewohnt, aber ich machte weiter, ermutigt von seinem Atem, der immer schneller wurde, von der Art, wie er den Kopf an meinen Hals presste, als würde er sich mir und meiner Berührung ergeben.

Es dauerte nicht besonders lange. Ich nahm wahr, wie er sich versteifte, hörte ihn noch einmal stöhnen, spürte etwas Feuchtes, Warmes an meiner Hand. Er wandte mir sein Gesicht zu und küsste mich, schlabberig und nass. »Du bist der Wahnsinn.«

Noch nie zuvor war ich »der Wahnsinn« gewesen. Ich küsste ihn zurück, und es fühlte sich wieder gut an.

Zwei Wochen und ein paar Abende bei Flick später – weitere Experimente in ihrem dunklen Badezimmer bei abgeschlossener Tür inklusive – lud er mich erneut zu sich nach Hause ein. Seine Eltern waren auch damals irgendwo anders (er schien meine Besuche immer so zu timen). Diesmal landeten wir in seinem Zimmer – und auf seinem Bett. Zuerst *auf* der Decke, ich unter ihm, die Matratze unter mir. Mein Körper stand praktisch in Flammen vor Aufregung und Vorfreude. *Unter* der Decke ging es weiter, wo wir uns aus mehreren Lagen Kleidung schälten, er mit zunehmender Ungeduld, die er zu verstecken versuchte. Und dann: Sex, kurz und schmerzhaft. Statt Höhe- der ultimative Tiefpunkt. Hinterher nahm er mich in den Arm und streichelte mir über den Kopf, versicherte mir, wie leid es ihm tue, dass er mir wehgetan habe, und dass es besser werden würde. Er fragte: »Willst du mit mir zusammen sein?«

Und ich strahlte übers ganze Gesicht und sagte Ja und er küsste mich und das war die ganze Sache mehr als wert.

Falls das jetzt so wirkt, als sei alles sehr schnell gegangen – stimmt. Zwischen *komplett ungeküsst* und *im Bett meines festen Freundes entjungfert* lag kaum mehr als ein Monat. Aber zu der Zeit kam es mir nicht überstürzt vor. Es fühlte sich alles genau richtig an, nicht nur, weil es unvermeidlich war, sondern auch, weil ich es exakt so gewollt hatte. Das war mein Weg, um den Deal perfekt zu machen. Als hätte ich eine Anzahlung auf ein Haus geleistet. Oh Mann, ich weiß, wie schrecklich das klingt, oder wie lächerlich. Aber ich muss ehrlich sein, wenn es darum geht, wie ich damals drauf war und was in meinem Kopf vorging. Ich schätze, ich hätte alles getan, um zu bekommen, was ich glaubte zu wollen.

Und ich bekam es. Alles, was ich je gewollt hatte. Es war besser gelaufen, als ich es mir in meinen kühnsten Träumen hätte ausmalen können. Ich hatte eine Beziehung und einen Freundeskreis, Menschen, die mir zulächelten, wenn sie mich sahen, rutschten, damit ich mich neben sie setzen konnte, und die mich zu ihrer WhatsApp-Gruppe hinzufügten. Niemand verspottete oder ärgerte mich. Peyton das Opfer gehörte der Vergangenheit an, war ein Relikt aus der Claridge-Ära. Ich hatte es geschafft!

Es gab nur einen Haken: Ich war nicht *glücklich*. Nicht wirklich. Oberflächlich betrachtet schon, keine Frage. Aber mein Glück war getrübt, weil ich mir vorkam wie ein Kleinkind, das Schmetterlingen hinterherjagt und sie nicht fangen kann. Das Glück war zu flüchtig, ich hatte keine Möglichkeit, es zu kontrollieren und für immer festzuhalten.

Wenn ich das »Ach, hätte ich doch«-Spiel spielen wollte, dann wäre das der Moment, an dem ich beginnen müsste. Zunächst einmal *hätte* ich in der Lage sein sollen, mit meinem Partner über meine Gefühle zu sprechen. Und definitiv auch mit meinen Freunden. Wozu hat man denn Freunde? Gut, vielleicht nicht mit allen, aber wenigstens mit Flick, die ich – wenn auch nur klammheimlich und im Stillen, als wäre das etwas Verbotenes – als meine engste Freundin betrachtete. Keine Ahnung, wie Flick reagiert hätte, wenn ich tatsächlich mutig genug gewesen wäre, ganz ehrlich zu ihr zu sein. Aber ich hätte zumindest versuchen sollen, es herauszufinden. Doch das habe ich nie getan. Unter anderem, weil ich dann hätte preisgeben müssen, was ich erlebt hatte, wer ich früher gewesen war. Und das war undenkbar. Denn wie erklärt man jemandem, von dem man so verzweifelt gemocht werden will, dass einen in der Vergangenheit niemand mochte? Warum sollte man das Risiko eingehen, jemandem den Gedanken einzuflüstern, dass man es womöglich gar nicht wert ist, gemocht zu werden, und dass er oder sie vielleicht besser daran täte, einen auch nicht zu mögen?

Sie wussten alle, dass ich vorher auf der Claridge Academy gewesen war, und sogar, dass ich gewechselt hatte, weil ich es dort schrecklich fand. Aber sie wussten nicht, dass ich gnadenlos gemobbt worden war, und sie fragten mich auch nie, warum ich nichts von früheren Freunden erzählte. Möglicherweise aus Taktgefühl, aber genauso gut kann es sein, dass es sie einfach nicht interessierte. Nur Casey hätte ich fast mal etwas anvertraut, doch sie drängte mich nicht, und soweit ich weiß, hat sie das vor den anderen nie erwähnt. Das ist auch so ein »*Ach, hätte ich doch*«-Ding. Casey. Warum habe ich all meine Hoffnungen in Flick gesetzt? Casey war doch direkt vor meiner Nase.

Das Glück jener Zeit war wie eine Flamme, die man in der hohlen Hand zu fangen versucht. Strahlend und schön, aber vergänglich, zu gefährlich eigentlich, um es aus nächster Nähe zu betrachten oder gar zu berühren. Um es festzuhalten, muss man zulassen, dass es sich einbrennt, dass es einen Teil seiner selbst versengt, den man nicht sehen kann, der aber für immer schmerzen wird, sodass man das Glück nie vergisst, auch nachdem es längst ausgebrannt ist.

Und natürlich tat ich genau das.

HIER & JETZT

Salt Spring Island

Salt Spring Island ist traumhaft schön. So schön, dass es mein aufgewühltes Gemüt beruhigt und meine hitzigen Gedanken kühlt. Wenn diese Reise zu etwas gut ist, dann, um Orte wie diesen hier zu sehen. Genau deshalb bin ich hier.

Bis zum letzten Boot zurück nach Vancouver Island ist es noch ewig hin, also kann ich mir Zeit lassen. Zuerst statte ich den Lädchen und Buden in Hafennähe einen Besuch ab, um dann einen Bus nach Ganges zu nehmen, dem größten Dorf auf der Insel. Ein paar entspannte Stunden schlendere ich dort durch die Gassen, kaufe eine Postkarte für meine Eltern und zeichne mich selbst für sie glücklicher, als ich bin. Ich esse allein in einem Café zu Mittag und starre hinaus auf die Straße.

Ich habe es nicht eilig, zurück zum Hafen zu kommen, denn das Schiff legt noch lange nicht ab, also steige ich auf dem Rückweg ein paar Stationen vorher aus, um noch mal an den Strand zu gehen. Dafür muss ich ein Stück durch den Wald laufen und ich versuche, diese Wanderung in vollen Zügen zu genießen, ganz im Moment zu sein, wie es uns die Achtsamkeit lehrt. Ich atme die wahrscheinlich reinste Luft, mit der meine Lunge je in Berührung gekommen ist, und lausche den Vögeln.

Am Strand angelangt, erkunde ich Rockpools und setze mich schließlich auf einen großen Stein mit Blick aufs Meer und hole mein Skizzenbuch raus. Der Bleistift streift übers Papier, mein Kopf wird freier. Mit schnellen, kräftigen Strichen gebe ich wieder, was ich sehe. Dann blättere ich um und karikiere mich selbst, auf dem Boot, mit der Popcorntüte auf dem Schoß, mit mürrischer Miene vor mich hin mampfend. Und als Nächstes skizziere ich mich hier auf diesem Felsbrocken vor der Inselkulisse. Ich gehe auch die Skizzen der letzten Tage durch, ergänze hier und da ein Detail. Ich beschließe, eine Karte von Vancouver Island zu erstellen und jedem Ort darauf ein kleines Bild zu widmen. Und danach – je nachdem, wie weit ich es schaffe – zeichne ich eine Karte von ganz Kanada, wie Joni Mitchell in diesem Song, den meine Mum so gern hört.

Mum und mich verewige ich auf einer separaten Seite, in ihrem Auto. Sie am Steuer, ich auf dem Beifahrersitz, beide lauthals singend. Davon bekomme ich Heimweh und ich blättere schnell weiter.

Lange sitze ich einfach da, so lange, dass ich ganz steif bin, als ich aufstehe, um zu dem Pfad zurückzulaufen, auf dem ich vorhin hergekommen bin. Das Skizzenbuch, meinen einzigen treuen Begleiter, halte ich dabei fest im Arm. Egal, wo ich bin, allein oder nicht, meine Hände zeichnen immer auf die gleiche Weise, diese Bilder gehören ganz mir, mein Wesen steckt darin. Das ist doch was, oder? Mag sein, dass ich einsam bin, aber immerhin habe ich die Kunst. Was hat Amber Monroe mir damals vorgeschlagen? *Vielleicht solltest du dir ein paar Freunde malen.* Tja, womöglich war das gar kein so schlechter Rat.

Gedankenverloren wandere ich so durch den Wald, auf der Suche nach dem Weg, und erst nach einer Weile fällt mir auf, dass ich ihn inzwischen längst gefunden haben müsste. Verunsichert blicke ich mich um. War ich hier schon mal? Diese Bäume kommen mir jedenfalls bekannt vor. Andererseits sind es halt Bäume. Wahrscheinlich kämen sie mir alle bekannt vor.

»Keine Panik«, sage ich laut zu mir selbst. Zu laut in dieser Stille, denn beim Klang meiner eigenen Stimme zucke ich zusammen. Ganz schön peinlich.

Ich drehe mich langsam im Kreis und versuche, vernünftig an die Sache heranzugehen. Das hier ist eine Insel. Man kann sich nicht unendlich weit verlaufen. Ich beschließe, zurück in Richtung Wasser zu gehen und mich von da aus neu zu orientieren.

Nur, dass ich nicht ans Wasser komme. Eine gefühlte Ewigkeit bin ich unterwegs, ohne dass die Küste auch nur in Sichtweite rückt. Resigniert gebe ich endlich nach und schalte meinen Standort und das Daten-Roaming ein, was ich bisher in Kanada noch gar nicht gemacht habe, weil ich keine Ahnung habe, wie viel mich das hier kostet. Ich kann mir ungefähr vorstellen, wie mein Dad reagiert, wenn er das auf der nächsten Handyrechnung entdeckt. Aber mittlerweile ist es ein Notfall. Ich bin schon ganz außer Puste und mein Hals brennt. WhatsApp-Nachrichten und E-Mails ploppen auf, ich wische sie alle zur Seite, öffne Google Maps und suche die Route von mir bis zum Hafen.

Vierzig Minuten. Es dauert *vierzig* Minuten? O Gott! Ich schaue noch mal auf die Uhr, obwohl ich genau weiß, wie spät es ist: 16:28 Uhr. Ich habe exakt 32 Minuten, um auf dieses Schiff zu kommen. Das *letzte* Schiff. Wenn es ohne mich abfährt, sitze ich hier fest, ohne Unterkunft und ohne jemanden zu kennen.

»Wie kann das sein?«, quietsche ich atemlos, als hätte das einen Einfluss auf die Uhrzeit oder die Entfernung zum Hafen. Und dann nehme ich die Beine in die Hand. Mein Rucksack wippt auf und ab und stößt mir dabei schmerzhaft in den Rücken und mein Skizzenbuch droht mir aus den schweißfeuchten Fingern zu rutschen. Nach ein paar Minuten halte ich kurz an, schnaufend und weinend, um das Buch sicher im Rucksack zu verstauen. Die Riesentüte Popcorn muss dafür aber raus.

Um 17:04 Uhr sprinte ich auf die Anlegestelle zu, völlig durchgeschwitzt und mit der Popcorntüte in der Hand. Jeglicher Stolz und all meine sonstige Zurückhaltung sind vergessen und ich brülle: »Warten Sie! Warten Sie!« Die Fähre hat zwar noch nicht abgelegt, ist aber randvoll mit Leuten und eindeutig klar zur Abfahrt. Die Augen aller Passagiere sind auf mich gerichtet. Ich sehe schadenfrohes Grinsen, mitleidige und missbilligende Mienen.

»Kein Grund zur Panik«, sagt der Mann auf dem Boot gut gelaunt und streckt mir die Hand hin. »Du hast es geschafft.«

Ich ergreife sie, stolpere an Deck und breche in Tränen aus. Erschrocken macht der Mann einen Schritt zurück. »Danke«, presse ich hervor, »vielen, vielen Dank.«

Völlig erschöpft lasse ich mich auf einen der Sitze fallen. Um mich vor den neugierigen Blicken abzuschirmen, ziehe ich mir die Kapuze weit ins Gesicht, obwohl ich keuche wie eine Asthmatikerin und noch nie im Leben so geschwitzt habe. Oder mich geschämt. Und ich habe es *so* satt, allein in Kanada unterwegs zu sein. Niemanden zu haben, mit dem ich in den schönen Momenten zusammen lachen oder den ich anbrüllen kann, wenn etwas schiefgeht, niemanden, mit dem ich Geschichten und Erinnerungen sammele.

Weißt du noch, wie du mal fast die Fähre auf Salt Spring Island verpasst hast? Werde ich später mal zu … mir selbst sagen. Was für ne Anekdote. Ein richtiger Brüller.

Beinahe fange ich an zu kichern, aber stattdessen schluchze ich nur umso heftiger. Ich bin diesen ganzen weiten Weg gekommen. Und wofür? Was habe ich erreicht? *Nichts.* Gar nichts. Ich sitze auf irgendeinem Boot, heule unter meiner Kapuze und umklammere eine Popcorntüte mit meinen noch immer schweißnassen Händen.

Die Idee war, zu gucken, wie weit ich es nach Osten schaffe, und jetzt bin ich weiter westlich als am Anfang. Habe mich vor dem gigantischen Ausmaß dieses Landes auf vermeintlich sichere kleine Inseln an dessen Rand geflüchtet. Was habe ich gelernt? Was habe ich gewonnen? All die Dinge, die ich gesehen, die Fotos, die ich gemacht habe … wozu? Wenn überhaupt, dann bin ich allein darauf zu sehen, habe niemanden, mit dem ich mir den hübschen Hintergrund teilen könnte. Ich sammle Erinnerungen, ja, aber es sind nur *meine* Erinnerungen. Nur ich allein kann darin schwelgen, niemand sonst kann meine Anekdoten ergänzen oder bereichern.

Ich hätte diesen Ausflug mit Khalil und Beasey unternehmen sollen, wie sie es vorgeschlagen haben. Der einzige Grund, warum ich mich dagegen entschieden habe, bin ich. Und jetzt sitze ich einsam und schwitzend auf diesem

Schiff, ein Häufchen Elend, und trauere dieser vertanen Chance hinterher. Sogar der peinliche Vorfall mit Beasey kommt mir mit einem Mal ziemlich unbedeutend vor. Ist er auch. Ich meine, okay, vermutlich war es schon ein bisschen übertrieben, loszukreischen und davonzustürmen. Aber kein Grund, mich selbst um eine Erfahrung zu bringen, die großartig hätte werden können. Eine Freundschaft wird nicht durch ein einziges Ereignis bestimmt. Wenn ich das schon zu Schulzeiten herausgefunden hätte, statt jedes Mal öffentlich auszuticken, sobald irgendetwas schieflief, wäre vielleicht alles leichter gewesen.

Aber es ist nicht zu spät, diese Lektion noch zu lernen, oder? *Na los, Peyton. Lerne und wachse über dich hinaus (oder so ähnlich). Es muss nicht immer so weitergehen.*

Also ziehe ich mein Handy aus der Tasche und lese – dem Schiffs-WLAN sei Dank – noch mal Khalils fröhliche Whats-App-Nachrichten. **Und, lebst du noch?** Und: **Liebe Grüße von Beasey!** Ich beiße mir auf die Lippe. *Komm schon, Peyton. Frag wenigstens.* **Hey,** schreibe ich. **Wie geht's euch so in Victoria?** ☺

Ich sehe zu, wie sich ein Häkchen in zwei verwandelt und dann beide blau werden.

Hey! *Khalil schreibt* … ich warte gespannt. **Wir sind schon in Tofino!**

Mir sackt das Herz in die Hose. Zu spät. **Oh, cool! Dann viel Spaß da!**

Wir sind heute erst angekommen, bleiben ein paar Tage. Wenn du nichts vorhast, komm doch vorbei! Es gibt einen Bus von Victoria nach Tofino. Und wir haben Platz im Airbnb.

Sofort höre ich die Stimme in meinem Kopf, die sagt: *Das schreibt er nur aus Mitleid. Sie wollen dich eigentlich überhaupt nicht dabeihaben.* Und: *Das ist irgendein Trick.*

Ich kneife die Augen zusammen. Fest. Öffne sie wieder. Und tippe: **Ich schau mal nach diesem Bus** ...

Tofino

Die Fahrt nach Tofino am nächsten Tag dauert fast sieben Stunden, aber das macht nichts. Mich stört nicht mal die Tatsache, dass es zu holprig ist, um zu zeichnen. Ich lehne mich im Sitz zurück und beobachte, wie Vancouver Island an mir vorbeizieht. Irgendwann schlafe ich ein und habe eine Reihe seltsamer kurzer Träume. Flick und Eric im Streit auf der Hängebrücke im Capilano Suspension Bridge Park. Beasey auf einem der Sofas im Aufenthaltsraum am College, die Brille lässig auf die Stirn geschoben. Ein Flugzeug im Sinkflug über dem Hafen von Vancouver, das mit der Flügelspitze ins Wasser taucht. Ich, alleine auf einer Straße im Regen, auf der Suche nach jemandem, aber nach wem, weiß ich nicht. Irgendwo in der Ferne rot und blau blinkende Lichter.

Als ich aufwache, habe ich keine Ahnung, wo ich bin. Ich brauche einen Moment, um mich selbst in dem Bus zu verorten, in Kanada, auf Vancouver Island. Wir halten auf einem Rastplatz und die meisten der Mitreisenden sind ausgestiegen, um Kaffee zu holen. Ich bleibe sitzen. Meine Knie fühlen sich weich an und mein Hals ganz rau.

Bei Einbruch der Dämmerung erreichen wir schließlich Tofino. Mittlerweile tut mir alles weh und ich bin müde und schlecht gelaunt. Ich habe Khalil geschrieben, wann der Bus ankommt, und er meinte, er würde mich abholen. Da wir etwas Verspätung haben, vermute ich aber, dass er wieder gegangen ist und ich ihn anrufen muss. Doch als ich aus dem Bus wanke, sehe ich nicht nur ihn und Beasey, sondern auch Lars und Stefan. Neben Khalil steht noch ein Mädchen. Das muss Heather sein, für die er den Umweg nach Kanada gemacht hat. Sie hat knallrote Haare und ein breites Lächeln.

Als sie mich entdecken, brechen sie in Jubel und Hallorufe aus, dann in Lachen. Ich weiß, dass das alles größtenteils Show ist, dass sie nur Spaß machen und ihre Wiedersehensfreude übertreiben. Trotzdem strahle ich übers ganze Gesicht, als ich mir den Rucksack über die Schulter werfe und auf sie zulaufe. Am liebsten würde ich rufen: *Ihr seid hier! Ihr seid wirklich alle gekommen, um* mich *abzuholen, um* mich *zu sehen! Danke, danke, danke, danke!!!*

»Hi!«, sage ich stattdessen.

»Selber hi«, antwortet Khalil, immer noch lachend. »Willkommen in Tofino!«

»Soll ich dir das abnehmen?«, fragt Beasey und streckt die Hand nach meinem Gepäck aus.

»Nein, das schaff ich schon, danke.« Ich erlaube mir, ihn richtig anzusehen, und warte auf den seltsamen Moment zwischen uns, vor dem ich mich so gefürchtet habe. Doch als sich unsere Blicke treffen, lächelt er bloß, locker und herzlich. Neben der Nase hat er einen kleinen braunen Fleck, wie von Ruß oder Asche, und seine rote Brille sitzt leicht schief.

Da beginnt es irgendwo in mir zu kribbeln. Entweder im Bauch oder im Herzen.

Oh nein.

Meine vorübergehende neue Heimat, das Airbnb, liegt nur zehn Minuten zu Fuß vom Busbahnhof entfernt. Den ganzen Weg sprudeln die anderen vor sich hin, erzählen mir von ihrer Zeit auf der Insel und was sie die nächsten Tage geplant haben. Lars und Stefan sind direkt von Vancouver nach Tofino gekommen, weil sie sich Victoria bereits vorher angeschaut hatten.

»Die Gegend ist einfach umwerfend – ich bin erst zwei Tage hier und will schon hier wohnen«, schwärmt Khalil.

»Das hast du über Neuseeland auch gesagt«, wirft Beasey ein. »Und nicht nur über einen Ort da, sondern über ganz Neuseeland.«

»Und dazu stehe ich nach wie vor«, gibt Khalil zurück.

Die Wohnung liegt am Meer und mir wird für den Morgen ein fantastischer Ausblick aufs Wasser versprochen. In dem freien Zimmer hätte theoretisch Khalil schlafen sollen, der sich aber wohl sowieso eins mit Heather teilt. (Von wegen »nur Freunde«. Davon ist keine Rede mehr.) Heather ist supernett und führt mich gut gelaunt herum. Sie erklärt mir, sie sei froh, ein zweites Mädchen im Haus zu haben, und ich muss versprechen, Bescheid zu geben, falls ich irgendetwas brauche.

Beim Auspacken leistet mir Stefan Gesellschaft. Er sitzt dabei auf meinem Bett, erzählt unbekümmert, was in den letzten Tagen noch so passiert ist, und will wissen, wie meine Zeit in Victoria war. Irgendwann fragt er, ob ich mich einsam gefühlt hätte oder gern allein gewesen sei. Aber während ich bloß große Augen mache und es in mir rattert, weil ich keine Ahnung habe, wie viel genau ich preisgeben soll, spricht er schon weiter. »Ich freu mich jedenfalls total, dass du gekommen bist!«, sagt er leichthin und es klingt aufrichtig. »Lars und ich haben neulich noch drüber geredet, dass es cool wäre, mehr Zeit mit dir zu verbringen.«

Einen Augenblick lang macht mein Hirn das, was es immer tut: Es zweifelt, ob er das ernst meint, ob die zwei dieses Gespräch wirklich geführt haben, ob das wahr sein kann. Aber im selben Moment lächele ich Stefan an und er lächelt zurück und auf einmal wird mir klar – ernsthaft, so eine Art Minioffenbarung –, dass es überhaupt keine Rolle spielt. Das ist seine Art, mich in dieser neuen Stadt willkommen zu heißen, in diesem Land, in dem wir beide zu Gast sind. Und auch wenn nicht mehr dahintersteckt, so ist es doch auf jeden Fall eine freundliche Geste und ich kann sie dankbar annehmen. Das ist erlaubt.

»Danke«, antworte ich. »Ich freu mich auch drauf, euch besser kennenzulernen.«

Er grinst. »Abenteurer sind die besten Menschen.«

Da steckt Heather den Kopf zur Tür rein. »Peyton, wie ist denn so deine Stimmung, möchtest du zum Essen rausgehen oder lieber hierbleiben? Khalil meinte, du wärst vielleicht müde, und hat vorgeschlagen, einfach Essen zu bestellen. Ganz in der Nähe gibt es einen Imbiss, die machen einem da alles zum Mitnehmen fertig. Was denkst du?«

»Das klingt super! Ich geh es auch gern abholen. Ich saß so lang in diesem Bus, ich müsste mir eigentlich unbedingt mal ein bisschen die Beine vertreten.«

»Cool. Beasey kann dich begleiten – er kennt den Weg.« Bei diesem Satz zuckt ihr Mundwinkel, aber sie sagt nichts weiter, sondern flitzt zurück ins Wohnzimmer und ruft nach den Jungs.

Die Vorstellung, allein mit Beasey irgendwo hinzulaufen, ist ebenso aufregend wie Furcht einflößend. Bevor wir losgehen, verbringe ich geraume Zeit damit, mir vor dem Badezimmerspiegel zurechtzulegen, was ich sagen, oder besser, wie ich mich entschuldigen soll. Doch sobald ich ihn im Flur stehen sehe, wo er lächelnd auf mich wartet und fragt: »Na, startklar?«, fällt die Anspannung von mir ab. Einfach so. Denn er strahlt irgendwie Sicherheit und Geborgenheit aus. Als ich an jenem peinlichen Abend im Hostel geglaubt habe, etwas von Travis in seinem Gesicht zu erkennen, war das nichts anderes als ein Produkt meiner Fantasie.

Bis zum Imbiss dauert es kaum zehn Minuten und wir haben noch reichlich Zeit, ehe unsere Bestellung abholbereit ist, also schlendern wir gemächlich vor uns hin. Keiner von uns erwähnt meine krasse Reaktion im Hostel, stattdessen reden wir über unsere Reiseeindrücke von Victoria und der Umgebung. Er und Khalil haben dort bei Heather übernachtet und er erzählt mir von ihrer Uni und ihren Freunden. Ich erzähle ihm von Salt Spring Island und dass ich fast die Fähre verpasst hätte. Er lacht und meint, dass man für genau solche Fälle eine Reisebegleitung braucht.

Ich seufze. »Schon klar.«

Unter dem Rand seiner Mütze, die er sich in Vancouver gekauft und die er heute tief über Stirn und Ohren gezogen hat, wirft er mir einen Seitenblick zu. Ihm steht eine Frage ins Gesicht geschrieben und ich weiß, was jetzt kommt. Also setze ich ein Lächeln auf und wappne mich.

»Ist es okay, wenn ich dich etwas frage?« Er klingt sehr vorsichtig.

»Warum ich mich neulich so bescheuert aufgeführt

habe?« Ich will auf lässig-ironische Art selbstkritisch klingen, aber ich bin nicht sicher, ob es auch so rüberkommt.

Er zuckt mit den Schultern und schiebt die Hände in die Manteltaschen. »Hm, ja, ungefähr das. Ich dachte eigentlich, wir kämen alle total gut miteinander klar. Und dann plötzlich ...« Wieder zuckt er die Schultern, unsicherer, als ich ihn bisher erlebt habe. »Na ja, plötzlich sah es aus, als ... wäre es für dich nicht so. Du bist einfach verschwunden.«

Eine sehr nette Art auszudrücken: *Du bist wie eine Irre davongerannt und hast uns danach tagelang gemieden.*

»Es tut mir leid, wenn du dich meinetwegen irgendwie ... unwohl gefühlt hast, oder so«, fährt er fort, und als ich nichts erwidere, fügt er hinzu: »Ich hätte nie ... na ja, irgendwas versucht. Nichts, was du nicht gewollt hättest, meine ich.«

»Ich weiß«, sage ich hastig.

»Aber du bist total abgetaucht.«

»Das hatte nichts mit dir zu tun.« Im Dämmerlicht kann er hoffentlich meine knallroten Wangen nicht sehen. »Das war alles meine eigene Schuld. Es war mir so peinlich, dass ich so ... na ja, überreagiert habe. Und dann wusste ich nicht genau, wie ich das wieder in Ordnung bringen soll, also habe ich Abstand gesucht.«

»Also doch meinetwegen.«

»Nein, eben nicht! Guck mal, das ist alles ziemlich seltsam für mich. Diese ganze Situation. Hier zu sein, mit euch rumzuhängen. Ich weiß, für euch ist das überhaupt kein Ding, aber für mich schon. Ich muss mich erst daran gewöhnen.«

Ich sehe ihm an, dass er mich nicht versteht, trotzdem nickt er. »Okay. Kann ich dir dabei irgendwie helfen?«

»Es hilft schon, dass du so ein netter Typ bist.« Mist, das klingt, als würde ich flirten. »Genau wie ihr alle, meine ich. Ihr seid alle wirklich nette Leute.« O Gott, ich klinge vollkommen lächerlich. »Wie richtige Freunde.«

Er versucht, ein Lächeln zu unterdrücken, und mein Gesicht fängt noch mehr an zu glühen.

»Wir sind ja auch deine Freunde.«

»Obwohl ich mich so seltsam benommen habe?«

»Schwamm drüber, Peyton, das interessiert doch keinen mehr. Ist keine große Sache. Und jetzt sind wir eh hier, also mach dir keinen Kopf. Okay?« Er wartet, bis ich nicke, ehe er fortfährt. »Ist irgendwas passiert, bevor du losgeflogen bist? Wurdest du … enttäuscht und machst dir deshalb Sorgen um solche Dinge?«

Ich frage mich, was er wohl mit »solche Dinge« meint. »Ja«, antworte ich leise.

»Willst du drüber reden?«

Ich öffne den Mund, bringe aber keinen Ton raus. Ich kann das nicht. Echt nicht. Das Gefühl vergangener Demütigung durchflutet meinen Körper. Aber das ist alles vorbei. Es ist vorbei. *Vorbei.*

»Oh, hey.« Beaseys Stimme ist ganz sanft. »Tut mir leid, du musst es mir nicht erzählen.«

Ich bräuchte nur so was zu sagen wie: *Ich hatte ein paar Freunde, die sich als Arschlöcher entpuppt haben, tja, blöd gelaufen.* Das würde klingen, als wäre es keine große Sache, und ich müsste nicht weiter ins Detail gehen. Manche Menschen leben sich auseinander, das ist doch völlig normal, oder? Ich könnte es so wirken lassen, als wäre das der Fall gewesen. Aber ich kann nicht. Es tut zu sehr weh.

»Ist das der Laden?«, frage ich stattdessen, obwohl es total überflüssig ist. Wir stehen praktisch vor der Tür.

Beasey nickt und fällt zurück in seinen unbeschwerten Plauderton. »Zum Glück. Ich sterbe vor Hunger.« Er schenkt mir ein Lächeln und es liegt so viel Verständnis darin, dass ich den Blick abwenden muss. Dann hält er mir die Tür auf, damit ich vor ihm hineingehen kann.

WAS ZUVOR GESCHAH

aka

DAS KAPITEL, IN DEM PEYTON ENDLICH
FREUNDE HAT

aka

UND ALLES LÄUFT WIE AM SCHNÜRCHEN

aka

LOL, NICHT

»Hier bist du also«, brummte Flick, warf sich auf den Stuhl neben mir im Aufenthaltsraum und knallte ihre Tasche auf den Tisch. Es war der Beginn der Mittagspause, an einem ungewöhnlich warmen Oktobernachmittag. Sie trug ein Oasis-T-Shirt im Used-Look, was, wie ich später herausfand, ihrer Mutter gehörte. »Ich habe dich überall gesucht.«

»Echt?« Ich war überrascht, weil ich mich noch nicht an all das gewöhnt hatte. Nicht nur, Freunde zu haben, sondern auch, eine Freundin zu *sein*. Jemand, den man suchen könnte. »Warum?«

»Äh, weil ich nicht wusste, wo du bist?«, sagte Flick in diesem typischen Tonfall, den sie draufhatte, wenn irgendetwas ihrer Ansicht nach völlig klar war. »Eric ist krank. Also, nicht richtig krank, er schwänzt bloß, weil ihn die

Schule nervt. Das macht er manchmal.« Sie verdrehte die Augen. »Und ich so zu ihm: Dann komm doch meinetwegen, und er so: Du bist mir keine Doppelstunde Englisch wert, und ...«

Ich hörte nur mit halbem Ohr zu, auch wenn ich verständnisvoll nickte. Flick brauchte nur ein Publikum, keine Meinung. Mich verwirrte es immer noch, wie offen sie damit umging, dass Eric sie ständig scheiße behandelte, als wäre ihr nicht bewusst, wie eigenartig das war. Anfangs hatte ich angenommen, es wäre eine Art Hilferuf. Als ich aber nachgehakt hatte, war sie direkt pissig geworden und hatte abgeblockt, also ließ ich die Sache auf sich beruhen.

»Wo ist eigentlich Travis?«, fragte sie.

»Hatte eine Freistunde und ist kurz nach Hause gegangen. Vor Ende der Mittagspause kommt er nicht zurück.«

»Ach, cool, also nur wir beide heute.« Sie lächelte und der Moment war so perfekt, dass ich ihn mir einrahmen wollte, um ihn jeden Tag angucken zu können. »Sollen wir zum Mittagessen rausgehen?«

»Gute Idee. Ins *Deli*?« Dort gab es köstliche Sandwiches, die so dick belegt waren, dass man sie mit beiden Händen essen musste. Flick und ich könnten uns in der Stadt auf ein Mäuerchen setzen, futtern und quatschen. Ich könnte sie damit aufziehen, dass sie nie die Rinde mitisst, wie Eric sonst, nur netter.

Flick runzelte die Stirn. »Hm, ich glaube, dafür reicht mein Geld nicht.«

»Kein Problem, geht auf mich.« Mir kam damals gar nicht in den Sinn, dass das *Deli* auch nicht teurer war als die anderen Läden in der Straße. Oder mich zu fragen, was Flick sich überhaupt bei ihrem Vorschlag gedacht hatte. Für mich zählte bloß die Vorstellung von uns beiden, nebeneinander, auf diesem Mäuerchen.

Sie strahlte mich an. »Du bist die Beste! Ich bin echt froh, dass die Jungs nicht hier sind. Na los, gehen wir.«

Zeit mit Flick allein zu verbringen, mochte ich am liebsten. Viel lieber, als mit der ganzen Gruppe zusammen zu sein. Oder mit Travis. Die Leute reden ständig davon, Mädchen bräuchten feste Freunde, um ihr Selbstwertgefühl zu pushen. Aber keiner spricht je darüber, dass sie aus dem gleichen Grund beste Freundinnen brauchen. Dass Flick mich auserkoren hatte, bedeutete mir so viel mehr, als Travis' Auserwählte zu sein. (Vielleicht, weil Travis mich weniger auserwählt hatte, als vielmehr von mir verführt worden war, wer weiß?) Nicht dass Flick und ich viel gemeinsam gehabt hätten. Oder überhaupt irgendetwas, wenn ich genauer darüber nachdenke. Aber das war irgendwie nie wichtig. Ihre Aufmerksamkeit war wie das Licht der Sonne, und sobald es auf mich fiel, wurde mir wohlig warm.

Womöglich lag es daran, dass es sie sonst meist nicht sonderlich zu interessieren schien, ob ich da war oder nicht. Selbst wenn ich direkt neben ihr stand, selbst wenn wir miteinander redeten, suchte ihr Blick Eric. Vor allem außerhalb der Schule. War er nicht da, wurde sie fahrig, kaute auf ihrer Lippe und zupfte an ihren Ärmeln oder an der Haut ihrer Handgelenke herum. Aber auch wenn er da war, wirkte sie nicht entspannter, sondern vielmehr überdreht und ihr Lächeln zu breit. Stürmisch fielen sie auf dem Sofa oder in irgendeiner Ecke übereinander her, während Eric sie überall befummelte oder seine Hände in ihre Haare grub.

Dann wiederum stritten sie manchmal so laut, dass ihr Gebrüll durchs ganze Haus hallte. Danach heulte Flick sich bei mir aus und ich tröstete sie, sagte ihr, dass Eric ein Idiot war, ein Penner, ein Arschloch, während Casey hinter Flicks Rücken die Augen verdrehte und den Kopf schüttelte. Damals dachte ich, Casey würde sich einfach nicht genug für Flick interessieren, wäre gemein und selbstgerecht. Mir *gefiel* es, dass Flick sich bei *mir* ausheulte, denn es schien viel über mich und meinen Wert als Freundin auszusagen. Ich brauchte ein paar Monate – in denen sich das Drama mit der Präzision eines Uhrwerks wiederholte –, bis ich nicht nur begann, Caseys und Flicks Beziehung zu verstehen, sondern die ganze Dynamik.

In der Anfangszeit wünschte ich mir manchmal, Flick würde mit Eric Schluss machen. Dann könnte ich mich auch von Travis trennen und Flick und ich könnten einfach so befreundet sein. Meinetwegen sogar mit Casey, ich hätte bloß noch herausfinden müssen, ob sie mich mochte. Aber natürlich machte Flick nie Schluss. Und nie zeigte sie größeres Interesse an mir als in diesen Momenten nach einem Streit. Doch das war okay. Das war es mir trotz allem wert. Seit Travis und ich fest zusammen waren, hatte sich meine Nervosität gelegt. Ich befürchtete nicht mehr dauernd, ich könnte eines Tages in den Aufenthaltsraum kommen und die anderen würden mich alle ignorieren und ohne mich in die Mensa gehen. Wir verbrachten sämtliche Wochenenden miteinander und sogar Abende und Nachmittage unter der Woche.

Meistens trafen wir uns bei Flick, weil sie so oft sturmfrei hatte. Ihre Mum schien ständig zu arbeiten. Und wenn nicht, gingen wir zu Eric. Er hatte ein größeres Haus, dafür aber Eltern, die häufiger da waren – alles hat Vor- und Nachteile, wie er zu sagen pflegte –, und das war's. Woanders waren wir nie.

Sich bei mir zu treffen, war keine Option. Hauptsächlich lag das daran, dass meine Eltern normalerweise zu Hause waren, aber auch an Flicks Reaktion, als ich sie zum ersten Mal allein zu mir eingeladen hatte. Das war ein paar Wochen nachdem ich mit Travis zusammengekommen war. Schon als wir in die Einfahrt einbogen, spürte ich förmlich, wie sie sich versteifte, bemerkte das leichte Stirnrunzeln und ihren veränderten Tonfall.

In meinem Zimmer zeigte ich ihr stolz das kleine Atelier, das Dad mir hergerichtet hatte. Ursprünglich war der Raum als angrenzendes Badezimmer gedacht gewesen, doch Dad hatte ihn in meine gemütliche, weiß getünchte Wohlfühloase verwandelt. Ich dachte, Flick wäre vielleicht neugierig, was ich darin so malte, aber während sie sich umsah, wurde sie bloß immer stiller. Das Schweigen war schon fast unangenehm, als wir Seite an Seite zurück in mein Zimmer gingen. Schließlich sagte sie: »Mir war nicht klar, dass ihr Geld habt.«

Geld haben. So richtig verstand ich nicht, wie sie das meinte, denn ich hatte uns nie so gesehen. Meine Familie war nicht reich, nicht nach irgendeiner Auffassung, die ich vorher von dem Wort gehabt hatte. Wir hatten ein schönes Haus, konnten in den Urlaub fahren und meine Eltern hatten beide gute Jobs, aber wir führten kein Luxusleben. Inzwischen ist mir bewusst, dass *Geld haben* und *reich sein* nicht das Gleiche ist und dass es für diese Unterscheidung eine Lebenserfahrung braucht, die ich damals noch nicht besaß. Die Claridge Academy war eine »gute« Schule und die meisten Schülerinnen und Schüler kamen aus ähnlichen Verhältnissen wie ich – oder sie waren halt *wirklich* reich, wie Amber Monroe.

Damals sagte ich zu Flick jedenfalls so was wie »Ach, so viel haben wir gar nicht«. Nicht die richtige Antwort, aber das ahnte ich zu dem Zeitpunkt noch nicht.

Sie verzog das Gesicht. »Na ja, schon.« Sie breitete die Arme aus, als wollte sie sagen: *Schau dich doch mal um.* Aber ich sah einfach mein Zimmer. »Du hast echt Glück.« Ihr Tonfall gab mir nicht das Gefühl, außergewöhnlich viel Glück zu haben. Davon abgesehen hatte ich gerade fünf Schuljahre reinste Folter hinter mir. Besonders glücklich konnte man das nicht nennen.

Das hätte ich ihr erzählen können, tat ich aber nicht. Ich zuckte bloß mit den Schultern und sie tat es mir nach.

Freundschaft, so stellte ich fest, war nicht so, wie ich sie mir vorgestellt hatte. Ich hatte mir gemeinsame Abenteuer ausgemalt, durch dick und dünn, Geheimnisse, Träume, Wünsche, die man sich anvertraute und teilte, eine tiefe emotionale Verbindung und unzählige Insiderwitze. Ich dachte, meine Freunde – und vor allem Flick – würden mich so gut kennen wie niemand sonst, und ich sie genauso.

Aber so war es nicht. Zum einen unternahmen wir als Gruppe nie richtig was zusammen – wir hingen bloß ständig bei Flick oder Eric zu Hause rum. Und zum anderen schienen sich die Interessen der anderen auf Alkohol, Drogen und Videospiele zu beschränken. Eigentlich redeten sie auch kaum miteinander, es sei denn, der Rausch löste ihre

Zunge, und dann drifteten die Gespräche meist ab, nicht selten ins Lächerliche. Eine Stunde lang ging es mal nur darum, welche Vorzüge ein Schokoriegel einem anderen gegenüber besaß und warum der zweite überhaupt existierte. Ein andermal führten wir eine zweistündige Diskussion darüber, ob es ein Leben nach dem Tod gab, und wenn ja, welches Szenario das wahrscheinlichste wäre. Was durchaus interessant hätte sein können, nur dass das Gespräch – wie immer – sehr oberflächlich blieb und sich größtenteils darum drehte, wo wir selbst landen würden. (»In der Hölle natürlich«, sagte Eric entschieden. »Wir alle?«, protestierte Flick. »Sogar ich?« »Vor allem du.«) Niemand sprach je über Gefühle oder Probleme oder fragte mal, wie es den anderen ernsthaft ging.

Oft hatte ich den Eindruck, dass sie sich untereinander eigentlich gar nicht so furchtbar gern mochten. Besonders Casey wirkte immer irgendwie distanziert, auch wenn wir uns alle im selben Zimmer befanden. Manchmal fragte ich mich, ob ich mein gesamtes bisheriges Leben einem riesigen Irrtum aufgesessen war. Möglicherweise war Freundschaft nicht mehr als ein Riesenschwindel. Oder ich hatte wirklich zu viele Bücher gelesen.

»Ich bin so froh, dass es auf dem College so viel besser für dich läuft«, gestand Mum mir einmal, während wir zusammen auf dem Sofa saßen und uns die Quizshow *University Challenge* ansahen.

»Hast du dir denn Sorgen gemacht?«

»Ja«, antwortete sie. Mir wäre es lieber gewesen, sie hätte gelogen. »Aber offenbar umsonst. Jetzt hast du ja nette Freunde gefunden. Sie sind doch nett?«

»Oh ja, klar, auf jeden Fall.«

Nett war kein Wort, das ich selbst gewählt hätte, um sie zu beschreiben, aber ich hätte sie auch nicht als nicht-nett bezeichnet, also war es keine Lüge. Nur … welchen Ausdruck hätte ich stattdessen benutzt? Ich war nicht sicher. »Lustig« vielleicht. »Sympathisch«, auf ihre Art. »Meine«, das war es, was zählte.

Denn die Sache war die: Es war mir egal. Egal, dass diese Freunde meine Erwartungen nicht erfüllten. Wichtig war, dass ich sie *hatte*. Bereitwillig saß ich Abend für Abend in Flicks stickigem Wohnzimmer – das ich nur kurz verließ, um mit Travis in den Garten zu verschwinden oder Ausflüge zu den Kiosken und Minimärkten zu unternehmen, wo man uns Alkohol verkaufte, ohne sich darum zu scheren, dass wir minderjährig waren. Die Hauptsache war, dass ich mit ihnen zusammen und nicht allein war. Für sie hätte ich mich in jede beliebige Person verwandelt. Mir war egal, welche Klamotten ich trug, welche Musik ich hörte, welche Drogen wir nahmen oder dass ich ab und an unerklärlich traurig wurde, wenn ich zwischendurch dann doch mal für mich war.

Und es war mir deshalb egal, weil es dafür die besonderen Momente gab. Augenblicke wie den in den frühen Morgenstunden eines Sonntags: Wie so oft waren wir alle in Flicks Wohnzimmer versammelt. Es war der Teil unserer gemeinsamen Nächte, in dem wir vollkommen albern waren und alles zum Brüllen komisch fanden. In diesen Momenten war es unvorstellbar, dass irgendjemand mehr Spaß haben könnte als wir.

»Was für ein Name ist das überhaupt, *Peyton*?«, fragte

Flick irgendwann. Sie wurde lauter, wenn sie high war, gestikulierte affektierter.

»Ein großartiger Name«, erwiderte ich. Ich war so viel selbstbewusster geworden. Und ich gefiel mir sogar richtig, wenn ich high war. Im benebelten Zustand war ich überzeugt davon, ich wäre auf Drogen die wahre Peyton, die Peyton, die ich ohne Amber Monroe und ihre fröhliche Rasselbande von Arschlöchern geworden wäre. (Dabei hielt ich den Namen gar nicht für großartig. Im Grunde hasste ich ihn noch immer, weil ich ihn mit für meine Probleme auf der Claridge verantwortlich machte. Dort war ich die einzige Peyton der ganzen Schule gewesen, was mich herausstechen ließ, obwohl es so viel gnädiger gewesen wäre, in der Masse unterzugehen.)

»Oh ja, findest du?«, fragte Flick. » *Wirklich?*«

»Also, *dein* Name ist zufällig Flick. Wie Flickflack im Zirkus.«

»Das ist er zufällig nicht, *zufällig* lautet mein Name nämlich Felicity.« Sie grinste, war total überdreht und wippte auf Knien und mit aufgerissenen Augen auf der Couch.

»Oh, Verzeihung, das *tut* mir aber leid!« Ich schnappte in gespielter Empörung nach Luft. » *Felicity!*« Dann versuchte ich, einen Handstand gegen die Sofalehne zu machen, und kippte gegen Flick.

Zu dem Zeitpunkt konnten wir alle kaum noch vor Lachen, vor allem wir beide – wir turnten und hüpften auf dem Sofa herum, riefen abwechselnd »Flickflack« und unsere Namen, in immer gekünstelterem Tonfall.

Das waren die Momente, in denen ich glücklich war, in denen sich alles richtig und gut anfühlte, so, wie ich mir

Freundschaft immer erträumt hatte. Wenn wir lachten wie die Blöden, uns billige Tiefkühlpizza teilten und Fotos von Flick und mir machten, auf denen wir uns die Haare als Bärte vors Gesicht hielten, wenn Casey Elvis anstellte und wir irgendwann alle zu dem JXL-Remix von *A little less conversation* tanzten, als gäbe es jetzt und in Zukunft kein Übel auf dieser Welt.

Momentaufnahmen. Das ist alles, was diese Freundschaft letztendlich war.

HIER & JETZT

Tofino

Tofino ist bisher mein Lieblingsort in Kanada. Das hat ziemlich sicher mit den Menschen zu tun, mit denen ich hier bin. Es liegt aber auch daran, dass dieser Ort inmitten von unberührter Natur und mit dem Pazifik direkt vor der Haustür genau so ist, wie man sich eine kleine Küstenstadt am westlichsten Rand Nordamerikas vorstellen würde. Als liefen die Uhren langsamer, als zählten die richtigen Dinge mehr und die falschen weniger.

»Ich hatte ja keine Ahnung, dass es hier in Kanada solche Orte gibt!«, sage ich zu Heather. Es ist mein erster Tag hier und sie und die Jungs zeigen mir die Stadt.

»Nicht?« Sie lächelt. »Aber ich weiß, was du meinst. Man erwartet überall Eis und Schnee, oder?«

Ich lasse meinen Blick über das in herbstliche Farben getauchte Tofino schweifen, mit den dichten grünen Baumwipfeln dazwischen. »Genau.«

Nicht nur die rauen Wälder und das Meer machen die Stadt besonders. Man findet hier auch keine großen Ketten. Nicht einmal ein *Tim Hortons*. Neben Boutiquen und Souvenirlädchen gibt es unzählige Kunstgalerien, so viele, dass ich später noch einmal allein zurückgehe, um sie mir in Ruhe anzuschauen. Ich nehme mir Zeit und lasse alles auf mich wirken. Mit einem der Künstler komme ich sogar ins Gespräch. Er heißt Patrice, ist Illustrator und hat das Leben, von dem ich nur träumen kann: diese Natur, freundliche Menschen um sich herum und seine Kunst. Und einen Labrador namens Salvador, der sich in einer Ecke des Ateliers zusammengerollt hat. *Eines Tages*, denke ich, als ich mich auf den Weg zurück zum Airbnb mache, *eines Tages, vielleicht …*

Die Zeit in Tofino vergeht in einem Wirbel aus Fahrradtouren und Strandbesuchen, Entdeckungen und Abenteuern. Und vor allem: *Menschen*. Witzigen, netten Menschen, für die ich kein nerviger Freak bin. Die meiste Zeit haben wir keinen festen Plan, sondern fahren einfach mit Mieträdern von einem Strand zum anderen, bleiben dann ein paar Stunden dort und alle machen das, worauf sie Lust haben. Im Sand liegen, auf dem Pazifik herumpaddeln, Rockpools bestaunen. Am Chesterman Beach gehen Lars, Heather und Khalil surfen. Stefan kauft einen Drachen und abwechselnd rennen er und ich damit über den Strand in dem Versuch, die richtige Brise zu erwischen, während Beasey Fotos macht.

An diesem Abend – meinem zweiten in Tofino – zünden wir uns bei Sonnenuntergang ein kleines Lagerfeuer am Tonquin Beach an. Alles ist in sanfte Farben getaucht und so schön, dass ich wünschte, wir befänden uns in einer Zeitschleife, die uns für immer hier festhielte. Als es abkühlt, gibt Beasey mir seinen Pulli. Ich habe nicht danach gefragt und brauche ihn auch nicht wirklich, aber ich ziehe ihn natürlich trotzdem an. Er riecht nach ihm.

Es wird spät, und zurück in der Wohnung, bin ich müde, aber ich bleibe wach, um den anderen Gesellschaft zu leisten, während sie mit einem Stapel Karten und einer Flasche Sambuca Trinkspiele spielen. Als Heather mir einen Shot einschenken will, schüttele ich den Kopf.

Sie lacht. »Wir verraten keinem, dass du minderjährig bist.«

»Ich trinke so gut wie keinen Alkohol«, erkläre ich. Und mittlerweile stimmt das ja auch. Natürlich erzähle ich ihnen nicht die ganze Wahrheit, nämlich dass ich nicht so sein will wie früher, als ich bloß getrunken habe, weil meine Freunde es auch taten, und um meinen Kummer zu betäuben. Der Alkohol, das Gras, die anderen Drogen später ... damit habe ich mich selbst verarscht, habe mein wachsendes Elend unter etwas begraben, das ich für Spaß hielt. Nur war nichts davon echt. *Nichts.*

Aber das hier ist echt. Heather versucht weder, mich zu überreden, noch geben sie oder die anderen mir das Gefühl, ich wäre komisch, weil ich ablehne. Ich bleibe noch ein paar Stunden wach und spiele Schiedsrichter bei unzähligen Runden King's Cup, doch irgendwann werde ich zu müde und es ist nicht mehr ganz so reizvoll, die einzig Nüchterne in der Gruppe zu sein. Als ich Gute Nacht sage, winken sie mir nach und fangen an, ein misstönendes Potpourri verschiedener Abschiedslieder zu schmettern – eines davon klingt wie der Song aus *The Sound of Music*, vorgetragen von einer tiefen schottischen Stimme, die sowohl Beasey als auch Khalil gehören könnte – bis sie schließlich in zufriedenes Gelächter ausbrechen. Ich verdrehe die Augen, schüttele den Kopf und lächele.

Im Bett liege ich noch eine Weile wach und höre, dass sie versuchen, aus Rücksicht auf mich etwas leiser zu sein ...

und natürlich kläglich scheitern. Ich muss an meine Nicht-Freunde von zu Hause denken, was nur logisch ist, weil ich mich von ihnen nie freiwillig entfernt hätte, um schlafen zu gehen. Denn das hätte bedeutet, darauf vertrauen zu müssen, dass es am nächsten Morgen noch einen Platz für mich geben würde. Außerdem wäre ich auch nie freiwillig nüchtern geblieben.

Vielleicht ist es Zufall, vielleicht beschwöre ich es mit diesen Gedanken herauf, aber als ich auf mein Handy schaue, um auf die Uhr zu gucken, sticht mir eine Benachrichtigung ins Auge und katapultiert mich in die Senkrechte. Mein ganzer Körper wird stocksteif vor Anspannung. Eine E-Mail von Casey. *Casey.* Mein Herz rast allein beim Anblick ihres Namens. Als ich sie das letzte Mal gesehen habe, hat sie Joints gerollt. Und ihre Stimme habe ich zum letzten Mal gehört, als sie panisch wieder und wieder meinen Namen gerufen hat. Seitdem: kein weiteres Wort. Funkstille. Und jetzt, da ich mich hier in Kanada endlich glücklich und geborgen fühle, eine E-Mail.

Hey, Peyton,

ich hoffe, es ist okay, dass ich dir einfach so schreibe. Ich war mir nicht sicher, ob meine Nachricht dich über WhatsApp erreichen würde. Außerdem habe ich dafür eh zu viel zu sagen.

Und zwar zuallererst natürlich, dass es mir leidtut. Es tut mir so, so leid, was passiert ist! Das war das Schlimmste, was ich je getan habe. Ich weiß, es ist keine Entschuldigung

für unser Verhalten, aber wir hatten alle Megapanik.
(Danke, dass du uns nicht verpfiffen hast. Ganz im Ernst!)

Ich hatte gehofft, du kommst zurück in die Schule
und wir könnten darüber reden, aber du bist nicht
wiederaufgetaucht. Irgendwann bin ich mal bei dir
vorbeigegangen und habe mit deiner Mutter gesprochen.
Sie hat mir erzählt, dass du jetzt durch Kanada reist. Hast
du Freunde da? Bist du deswegen dorthin geflogen?
Warst du schon bei den Niagarafällen, und wenn ja, war's
cool? Schickst du mir eine Postkarte? Ich war noch nie im
Ausland. Und erst recht nicht allein. Du bist krass mutig,
dass du das einfach so durchziehst! (Meine Mum hat
mich gewarnt, sollte ich so was auch versuchen, fliegt sie
hinterher und schleift mich am Ohrläppchen zurück ...)

Wenn du nicht antwortest, weil du mir nicht verzeihen
kannst, verstehe ich das. Ich schätze, ich selbst würde mir
auch nicht verzeihen.

Noch mal: Es tut mir wirklich leid.

Casey :*

Auf eine gemeine, unfaire Art bin ich enttäuscht, dass die
Mail nicht von Flick kommt. Auch wenn ich durch den
Abstand allmählich vieles klarer sehe, betrachte ich Flick
immer noch durch eine rosarote Brille. Bescheuert. Wahrscheinlich verschwendet sie keinen Gedanken an mich.

Ich antworte Casey nicht, weil ich nicht weiß, was ich

schreiben soll. Es spielt keine Rolle, ob es ihr leidtut; es ändert nichts. Was passiert ist, ist passiert, und es bringt nichts, wenn ich zulasse, dass mich die Vergangenheit jetzt wieder runterzieht.

Über meinen Erinnerungen an das letzte Jahr liegt längst ein trüber, schmieriger Filter. Alles erscheint mir rückblickend farblos und trist, als schaute man in ein Zimmer ohne Licht.

Hier dagegen ist alles bunt und leuchtend hell. Und so werden auch die Bilder in meinem Kopf sein, wenn ich mich eines Tages an dieses Abenteuer hier zurückerinnern werde: bunt. Wenn überhaupt, dann wird mein innerer Filter sie nur noch strahlender aussehen lassen.

Nun schließe ich die Augen und versuche, mich ganz auf das Hier und Jetzt zu konzentrieren. Ich befinde mich in einem Bett in einem Airbnb auf einer kleinen kanadischen Insel, so westlich, wie es nur geht, am Ende der Welt. Die Vergangenheit ist vergangen, verbannt in eine andere Zeit, auf einen anderen Kontinent. Ich finde meinen Weg, ich schaffe das.

Entschlossen schalte ich mein Handy aus, lege es mit dem Display nach unten auf den Nachtschrank und schlafe ein.

WAS ZUVOR GESCHAH

aka
AMBER MONROE IST UND BLEIBT EIN RICHTIGES MISTSTÜCK

aka
DER RAT, AUF DEN ICH HÄTTE HÖREN SOLLEN

aka
NIEMAND MAG LEICHTE OPFER, PEYTON!

Eines Tages – wir waren ungefähr seit zwei, drei Monaten befreundet, Travis und ich hatten uns ans Pärchendasein gewöhnt und alles lief ziemlich okay – gingen Casey, Flick und ich zusammen shoppen. So was kam inzwischen häufiger vor, aber für mich war es immer noch neu und aufregend und ich war total froh, dabei sein zu dürfen.

Wir wollten einfach ein bisschen durch die Stadt schlendern und dann zurück zu Flick, ehe wir zu Eric weiterziehen würden. Da verbrachten die Jungs gerade einen »mädelsfreien Nachmittag«. (So wie ich das sah, taten sie die gleichen Dinge wie sonst auch: Videospiele zocken und Gras rauchen.) Fast eine halbe Stunde hatten wir in einem Schreibwarenladen damit zugebracht, ein Geschenk für Caseys Dad auszusuchen, und waren dann im Drogeriemarkt gelandet. Flick flitzte fröhlich umher und begutachtete ausgiebig die verschiedensten Beautyprodukte. Sie war, wie sie das manchmal machte, irgendwo in einem der Gänge verschwunden und hatte Casey und mich in kameradschaftlichem Schweigen zurückgelassen. (Das sage ich jetzt einfach mal so, aber bei Casey weiß man ja nie.)

Stillvergnügt musterte ich eine Auswahl knallbunter Haarfarben. Gerade fragte ich mich, ob ich Flick wohl vorschlagen sollte, dass wir uns zusammen die Haare färben — schon seit Jahren ein Punkt auf meiner Liste von Dingen, die ich mit einer Freundin tun wollte —, da wurde mir klar, dass jemand hinter mir stand.

»O mein *Go-ott*.« Laut, gedehnt und affektiert — und so vertraut, dass mir das Blut in den Adern gefror. »Peyton *King*?«

Ich hätte versuchen können, sie zu ignorieren — aber ich wusste nur zu gut, dass man Amber Monroe unmöglich ignorieren konnte. Also drehte ich mich halb um.

»O mein Gott«, wiederholte sie. Nur die zwei Jungs, die sie flankierten und die einen verwirrten Eindruck machten, waren neu, ansonsten sah sie aus wie immer. Dasselbe fiese Grinsen, dieselben gemeinen Augen. »Du bist es wirklich!«

Ich brachte keinen Ton raus. Ihr Auftauchen hatte mir die Sprache verschlagen, als hätte sich nicht das kleinste bisschen geändert, seit wir uns zum letzten Mal gesehen hatten.

»Willst du nicht Hallo sagen? Wie unhöflich.« Sie schnalzte mit der Zunge und schüttelte den Kopf. »Du läufst also immer noch herum und verbrauchst anderer Leute Sauerstoff? Warum bist du nicht längst von einer Brücke gesprungen?«

»Was soll denn der Scheiß, bitte?« Plötzlich war Casey neben mir, die eben noch ein Stück abseits gestanden hatte, distanziert wie immer. Aber sie war energisch herumgewirbelt und hatte auf einmal eine enorme Ausstrahlung. Dagegen wirkte selbst Amber blass. Außerdem hatte Casey genau den richtigen Tonfall drauf: ungläubig und superselbstbewusst. »Was hast du gerade zu ihr gesagt?«

Einen Moment lang schien Amber überrascht. Ihr Blick wanderte von meinem gequälten Gesichtsausdruck zu Caseys vor Wut blitzenden Augen. Ich sah, wie sie sich kurz sammeln musste, bevor sie wieder ansetzte – das hatte ich noch nie erlebt. »Oooh, Entchen, wie süß, hast du etwa eine Freundin gefunden?«

»O Gott, du bist ja abartig«, sagte Casey angewidert. »Verpiss dich, du miese kleine Schlampe.«

Hätte mir vorher jemand erzählt, dass es zu diesem Duell kommen würde, ich wäre jede Wette eingegangen, dass Amber Casey plattmacht. Aber irgendwie wirkte sie neben Casey kleiner. Und verwirrt. Sie lachte gekünstelt. »*Wow.*«

»Sag mal, denkst du echt, es wäre okay, so mit jemandem zu reden?«, fragte Casey. »Was bitte ist kaputt bei dir?«

»Jo, Amber, scheiß doch drauf«, murmelte einer der beiden Typen, »lass uns gehen.«

Amber verdrehte die Augen zum Abschied, aber ich konnte sehen, dass sie noch immer nicht so recht wusste, wie ihr geschah. Oder warum Casey sich nicht genauso leicht von ihr einschüchtern ließ wie ich. Sie stolzierte hinter den beiden Jungs nach draußen und zeigte uns dann aus sicherer Entfernung den Finger.

»Was für ein blödes Miststück«, sagte Casey verächtlich.

»Mädchen wie die verdienen einen ordentlichen Arschtritt. Mal ehrlich, was denkt die sich?«

Ich atmete tief aus, erlaubte meinem Körper, sich zu entspannen. »Casey, danke, ich —«

»Das habe ich nicht für dich getan«, unterbrach sie mich. »Sondern weil Tussen wie der da mal einer sagen muss, dass es nicht okay ist, wie sie sich aufführen. Sonst machen sie einfach weiter so und ziehen das bei allen rückgratlosen Schissern ab.«

Uff. Recht hatte sie, aber … *Autsch.*

»Hör zu«, fuhr sie fort. »Die Leute respektieren dich mehr, wenn du auch mal Kontra gibst.«

»Das sagt sich so leicht, wenn man nicht fünf Jahre lang mit ihr zur Schule gehen musste.«

»Ich meine nicht nur sie, sondern auch Leute wie Prinzessin Flick.«

Ich blinzelte überrascht. »Oh.«

»Im Ernst, lass dir von ihnen nicht so auf der Nase herumtanzen. Keinem von ihnen. Versuch mal, von Zeit zu Zeit Nein zu sagen. Das wird dir guttun. Und ihnen auch.«

Wow. Und ich hatte gedacht, Casey hätte nichts von dem wahrgenommen, was zwischen mir und der Gruppe so lief.

»Also wurdest du gemobbt?«, fragte Casey und mein Magen zog sich zusammen. »An deiner alten Schule?«

Ich nickte. Es hatte keinen Sinn, es zu leugnen. Sie musterte mich, ihre Miene so unergründlich wie immer. »Das erklärt einiges«, meinte sie schließlich.

Ich hatte keine Ahnung, was ich darauf antworten sollte, doch zum Glück wurde ich von Flick gerettet, die in dem

Moment zurückkam und uns anstrahlte. »Guckt mal!«, rief sie. »Ein Nagellack-Set im Weltall-Style! Wie cool ist das denn?!« Sie hielt es mir hin. »Sternenstaubfinish! Pey-Pey, wenn du das kaufst, lackier ich uns beiden die Nägel im Partnerlook.«

»Okay!«, sagte ich und hörte daraufhin, wie Casey sich vernehmlich räusperte. Ich beachtete sie nicht. Was war so falsch an Fingernägeln im Partnerlook? Ich ließ doch niemanden auf mir herumtrampeln, wenn ich selbst das Gleiche wollte?

Ich bezahlte das Set – plus zwei Nagelfeilen und zwei Flaschen Dr.-Pepper-Cola – und wir verließen den Laden.

»Sollen wir zu mir?«, fragte Flick.

»Wir sind immer bei dir«, brummte Casey. »Sorry, wenn ich das so sage, aber ich kann dein Wohnzimmer langsam nicht mehr sehen.«

»Dann komm halt nicht mit.« Flick zuckte die Achseln.

»Ich hab dich auch lieb«, schoss Casey zurück.

»Lasst uns doch zu mir gehen«, schlug ich vor. »Es ist näher und wir könnten uns in den Garten setzen.«

»Ich hab auch einen Garten«, meinte Flick.

»Aber unserer ist schöner.« Das stimmte, war jedoch ganz offensichtlich nichts, was man laut aussprach. Vermutlich hätte ich das schon früher gelernt, wenn ich Freunde gehabt hätte. So passierte es erst in diesem Moment, als ich in Flicks und Caseys Gesichter blickte.

»Dann geh doch und setz dich in deinen *schönen* Garten«, ätzte Flick, »alleine.«

In den folgenden Monaten fand ich heraus, dass die beste Reaktion gewesen wäre, die Augen zu verdrehen und zu sagen: »Klar, mit Vergnügen, gibst du mir noch kurz die Dr. Pepper und den Nagellack zurück?« Aber zu der Zeit war ich noch nicht so weit und unsere Freundschaft schien noch nicht gefestigt genug, also bekam ich Panik.

»Was? Nein. Warum?«

Flick verschränkte die Arme und zog einen Schmollmund. »Na, wenn dein Garten so toll ist?« Casey sagte nichts dazu, sie beobachtete uns bloß und wartete ab, was passieren würde.

Der Grund für diesen Streit war so absurd, dass ich mindestens genauso verblüfft wie ängstlich war. Ich hatte keine Ahnung, wie ich mich verteidigen sollte oder ob das überhaupt notwendig war. »Na ja, soo toll ist er jetzt auch wieder nicht«, lenkte ich ein.

»Na, das klang aber eben noch ganz anders!« In der Hoffnung auf Schützenhilfe schaute ich zu Casey. Der nächste Fehler. »Was guckst du sie jetzt an?«, wollte Flick wissen.

»Casey«, korrigierte Casey sie geduldig. »Mein Name ist Casey.«

»Ach, du kannst mich mal«, giftete Flick. Sie hatte sich total in die Sache hineingesteigert. Und weswegen? Nichts! Ich wusste nicht, was ich tun sollte.

Aber Casey nahm Flick die Flasche Dr. Pepper ab, schraubte den Deckel auf und drückte sie ihr wieder in die Hand. »Hier. Trink.«

Flick, die Stirn immer noch in tiefe Falten gelegt, gehorchte. Sie sah uns nicht an, nahm aber kleine Schlucke, einen nach dem anderen.

»Lasst uns einfach noch ein bisschen in der Stadt bleiben«, schlug Casey vor. »Wir könnten zu *Homebase* gehen und die ganzen Pflanzen angucken und so tun, als wären wir Riesen in einem Zwergenwald.«

Ich blinzelte und nahm an, das wäre ein Scherz.

»Was denn? Hast du das etwa noch nie gemacht? Dann hast du echt was verpasst. Flick und ich waren da als Kinder ständig.«

»Ihr habt als Kinder eure Freizeit in einem Baumarkt verbracht?« Ich war etwas baff.

»Unsere Mütter sind befreundet«, meinte Casey. »Sie haben superviel zusammen unternommen, als wir klein waren. Daher kennen wir uns. Wusstest du das nicht?«

Nein. Woher denn? Dabei schien es die Art Info zu sein, die ich längst hätte herausfinden müssen.

»Tja, da ist dir echt einiges entgangen«, bemerkte Flick trocken und ein bisschen gehässig.

»*Homebase* war nicht der einzige Baumarkt – wir waren auch oft bei *B&Q*«, fuhr Casey fort. »Die Farbproben. Die riesigen Einkaufswagen ... Erinnerst du dich, wie wir einmal bei einem Rennen diesen Verkaufstisch mit den Campinglampen umgefahren haben? Alter, deine Mum war soo sauer!«

Ein kleines Lächeln. »Das war's wert.«

»Na los. Wir zeigen Pey-Pey, wie man das macht.«

»Und danach gehen wir zu mir.« Flick schob trotzig das Kinn vor.

Casey warf mir einen Blick zu und ihre Augenbrauen hoben sich nur ein winziges Stückchen.

»Klingt gut«, sagte ich.

Tofino

Am nächsten Tag nehmen Beasey, Khalil, Heather und ich an einer Whale-Watching-Tour teil. Die Bootsfahrt durch die Insellandschaft in Küstennähe ist zwar wunderschön, aber nicht besonders erfolgreich. Kein einziger Wal lässt sich blicken. Als wir in die Wohnung zurückkommen, sitzen Lars und Stefan an der Kücheninsel, vor ihnen ein Laptop und auf dem Bildschirm zwei bekannte Gesichter: Sewa und Maja.

»Hallo!« Stefan strahlt uns an. »Wir haben auf euch gewartet.«

»Ach ja?«, fragt Khalil fröhlich, reißt die Kühlschranktür auf und holt eine Packung Orangensaft heraus. Mit fragenden Augen hält er sie Heather hin und sie zeigt ihm einen Daumen hoch.

»Wir haben einen Plan geschmiedet«, verkündet Bildschirm-Sewa. »Eigentlich wollten wir uns zu viert ein Auto für die Fahrt nach Banff teilen.« Durch den Laptop deutet er auf Lars und Stefan, die bestätigend nicken. »Aber dann haben wir an dich gedacht, Peyton.«

Ich zucke zusammen und laufe rot an. »An mich?«

»Ja, an dich und deinen Plan, Kanada zu durchqueren.« Ich rechne es ihm hoch an, dass er bei »Plan« keine ironischen Anführungszeichen in die Luft malt. »Wir dachten, es wäre vielleicht ganz praktisch für dich, mit uns zu kommen. Natürlich nur, wenn du interessiert bist?«

Mein Hirn wird von Worten geflutet, als hätten die verschiedenen Versionen meiner selbst alle gleichzeitig zu reden angefangen.

Ja, auf jeden Fall!

Nein, ich schaff das alleine.

Was? Wir haben ja gesehen, wie gut das klappt!

Was ist mit Beasey?

Und mit Khalil?

Außerdem könnte ich niemanden beim Fahren ablösen, würde bloß rumsitzen, wie ein Kleinkind auf der Rückbank.

Was ist mit Beasey?

»Und dann meinte Lars«, fährt Sewa fort, »falls du mitkommen würdest, wären wir zu fünft und könnten uns direkt ein Wohnmobil mieten.«

»Und ein echtes Abenteuer daraus machen«, ergänzt Lars.

Mein Herz fängt an zu hüpfen, mein Kopf wird still.

»Wir könnten eine Menge Geld sparen«, mischt sich Maja ein. »Und wir sehen auf die Art auch viel mehr von British Columbia und Alberta, weil wir nicht auf Hostels in größeren Städten angewiesen sind. Wir wären völlig frei und könnten halten, wo und wann wir wollen. Das wird bestimmt lustig!«

»Das wird der Hammer!« Lars lacht. »Ein richtiger Roadtrip!«

»Khalil?«, fragt Sewa.

»Anwesend!« Khalil prostet dem Laptop mit seinem O-Saft-Glas zu.

»Du hast doch erzählt, dass ihr ursprünglich auch geplant hattet, nach Banff zu fahren, Beasey und du?«

Ein zögerliches Lächeln breitet sich auf Khalils Gesicht aus. »Jaaa …?«

»Wie sieht es jetzt aus?«, schaltet sich Lars wieder ein. »Wenn ihr eine gute Möglichkeit hättet, hinzukommen, würdet ihr doch noch nach Banff wollen?«

Khalil und Beasey werfen sich einen Blick zu, beide mit fragend hochgezogenen Augenbrauen. Khalil lacht. »Ich meine, klar, wenn ihr uns anbietet, uns hinzufahren, dann würden wir definitiv drüber nachdenken, oder?«

Beasey nickt. »Ich fänd's mega.«

»Wenn wir uns eh ein Wohnmobil holen, dann können wir auch eins nehmen, das groß genug für uns alle ist«, sagt Lars. »Sind eure Pläne flexibel?«

»Ziemlich«, antwortet Khalil. »Wir haben bisher bloß ein Hostel in Portland gebucht, aber das kann man stornieren. Davon abgesehen ist noch nichts fix. Wie viel Zeit habt ihr denn für den Trip angedacht?«

»Zwei, drei Wochen vielleicht?«, meint Lars. »Das hängt von der genauen Route ab und davon, wer mitwill.«

»Zwei oder drei Wochen sind definitiv drin.« Beaseys Augen leuchten, wie bei einem Kind, dem man gerade gesagt hat, dass die Schule ausfällt.

Khalil sieht Heather an und sein Lächeln wirkt beinahe traurig, als wüsste er bereits, wie ihre Antwort lauten wird. »Besteht die Chance, dass du mitkommst?«

Sie lacht wehmütig und schüttelt den Kopf. »Oh Mann, voll gern. Aber ich kann meine Kurse nicht so lange schwänzen. Ich habe doch ganz normal Uni.«

»Peyton, was denkst du denn?«, fragt Sewa. »Wir können dich bis Calgary mitnehmen. Da müssen wir auch das Wohnmobil abgeben. Du meintest, dein Großvater lebt in Edmonton, oder? Das ist sehr nah.«

Sehr nah«, wiederholt Khalil belustigt. »Für kanadische Verhältnisse, ja. Nicht für britische.«

Ich höre kaum, was er sagt. Um ehrlich zu sein, hat es mir total die Sprache verschlagen. Ich glaube immer noch nicht, dass ich Grandad wirklich besuchen werde, aber das ist im Moment unwichtig.

»Und danach …« Sewa breitet die Arme aus und zuckt die Achseln. »Wer weiß. Das können ja alle für sich entscheiden.«

»Ein Roadtrip also?«, frage ich und alle nicken. Ein echter Roadtrip, wie im Film. Und ich dachte, nach Tofino könnte es nicht mehr besser werden. *O mein Gott*, denke ich. Und sage laut: »O mein Gott.«

Stefan lacht. »Heißt das, du findest die Idee gut?«

»Das heißt, ich finde die Idee großartig! Aber ihr sollt nicht alle extra eure Pläne ändern, nur um mich nach Calgary zu kriegen.«

»Wir *ändern* sie nicht, wir passen sie bloß an«, gibt Lars zurück. »Machen sie noch toller.«

»Außerdem haben wir doch alle Bock auf einen gemeinsamen Roadtrip«, ergänzt Stefan.

Und weil ich die Unsicherheit noch nicht vollständig aus meinem Gesicht verbannen kann, schiebt Khalil hinterher: »Nichts gegen dich, aber wenn du nicht mitkommst, fahren wir trotzdem.«

Beasey wirft ihm einen missbilligenden Blick zu, aber ich

lache erleichtert los. Khalil hat genau das Richtige gesagt. »Lust habe ich auf jeden Fall. Was meint ihr, was das kosten wird?«

»Insgesamt? Pro Person ein paar Hundert Dollar«, schätzt Lars. »Kommt darauf an, wie viele wir letztendlich sind. Aber alles in allem wird es günstiger, als die Nächte in Hostels oder Hotels zu verbringen. Wir können Vorräte mitnehmen und selbst kochen und müssen schon mal nicht essen gehen. Und die meisten Unternehmungen sind wahrscheinlich eh gratis. Wandern, Bergseen anschauen und so. Eine Menge der üblichen Touristenattraktionen haben bestimmt sowieso geschlossen, weil die Saison vorbei ist.«

»Ist das schlecht?«

Lars zuckt mit den Schultern. »Na ja, wir werden schon ein paar coole Sachen verpassen.«

»*Teure* coole Sachen«, betont Khalil. »Auf die Art sparen wir wenigstens Geld.«

»Ist es so spät im Jahr denn sicher auf den Straßen?« Ich sehe uns schon auf vereisten Highways und in zwanzig Zentimeter tiefem Schnee.

»Ich denke, ja«, antwortet Sewa. »Momentan ist es ungewöhnlich warm für diese Jahreszeit. Nicht so gut für den Planeten, aber ausnahmsweise gut für uns. Und ich habe viel Erfahrung damit, im Winter hinter dem Steuer zu sitzen, versprochen. Ich bringe euch heil ans Ziel.«

»Wir können uns auch abwechseln«, schlägt Stefan vor. »Diejenigen von uns, die alt genug sind und den richtigen Führerschein haben, jedenfalls. Aber es macht gar nichts, wenn nicht alle fahren. Solange sie ihren Teil zu Miete und Benzin beisteuern, bleibt es fair.«

»Peyton, du musst mitkommen«, wirft Sewa ein. »Du wirst unsere offizielle Reisezeichnerin.«

Ich könnte vor lauter Freude auf der Stelle in Tränen ausbrechen. Gut möglich, dass das hier der glücklichste Moment meines Lebens ist. Und wir sind noch nicht mal losgefahren! Irgendwie schaffe ich es, mich zusammenzureißen. »Alles klar, bin dabei. Wann soll's losgehen?«

»Es gibt noch einiges zu organisieren«, antwortet Sewa. »Es können also alle in Ruhe darüber nachdenken und mir dann noch mal Bescheid geben. Wir müssen ein passendes Wohnmobil finden, die Route planen, Proviant besorgen und so weiter. Das dauert ein paar Tage.«

Ein paar Tage plus zwei oder drei Wochen länger mit diesen Menschen. Es fühlt sich an wie ein Geschenk, wie ein Traum.

An unserem letzten vollständigen Tag in Tofino regnet es den ganzen Morgen, aber das stört uns nicht, denn wir verbringen eh die meiste Zeit damit, Pläne zu schmieden und uns die Reise auszumalen. Wir alle, bis auf Heather und Khalil, die zusammen verschwunden sind, um kurz vor ihrem Abschied noch einen Tag für sich zu haben. Beasey und ich sitzen auf dem Sofa und scrollen durch die Touri-Webseiten von Whistler, Jasper und Banff, um uns schon mal einzustimmen. Aber als ich ein YouTube-Video vom Icefields Parkway abspielen will, entreißt mir Beasey mit einem Aufschrei das Handy. »Nicht spoilern!«

Als wir am Abend Hunger bekommen, gehen wir zum Essen in ein Restaurant direkt am Meer und teilen uns riesige Portionen Chickenwings, Pommes und Nachos. Etwas später verwandelt sich das Restaurant in einen Club, in dem die anderen gern zum Feiern bleiben wollen. Bevor es zum Problem werden kann, dass ich minderjährig bin, verabschiede ich mich. Beasey begleitet mich zurück zur Wohnung. Wir machen einen kleinen Umweg am Strand entlang, reden über die kommenden Wochen, den Roadtrip und was wir auf unserem Weg durch die Provinz Alberta wohl erleben werden.

»Macht es dir gar nichts aus, eure Pläne einfach so zu ändern?«, frage ich.

»Auf keinen Fall«, antwortet er. »Das ist ja gerade das Coole am Reisen! Und ich liebe Kanada! Um ehrlich zu sein, hätte ich nicht gedacht, dass es mir so gut gefällt! Oder dass ich hier so viel Zeit verbringen würde. Aber ich bin froh, dass wir länger bleiben. Es wird mir schwerfallen, das Land zu verlassen.«

»Mir auch«, sage ich. »Aber ich bin ja erst mal noch ein Weilchen hier. Hoffentlich.«

»Ach ja?«, neckt Beasey. »Meinst du, du kommst ohne uns überhaupt vorwärts?«

Ich lache, obwohl mich schon jetzt ab und an die Angst packt, wenn ich daran denke, die Geborgenheit dieser lustigen Truppe aufgeben und wieder allein weiterziehen zu müssen. Seit ich mich auf unser Zusammensein eingelassen habe, ist alles so viel besser geworden. Es ist einfach schön, Menschen um sich zu haben, mit denen man seine Erfahrungen teilen kann, und es ist leichter. Daher ist die Frage berechtigt: Wie soll ich es ohne sie schaffen? Ich schüttele den Gedanken ab. Darum mache ich mir Sorgen, wenn es so weit ist. Nicht jetzt, nicht in dieser kalten, klaren

Nacht in Tofino, unter dem Mond, der das Meer zum Glitzern bringt.

Beim Airbnb angekommen, erwarte ich eigentlich, dass Beasey mir kurz zuwinkt und dann zurück zur Bar stiefelt, doch das tut er nicht. Er lehnt sich gegen den Rahmen der Haustür und erzählt mir mit leuchtenden Augen und ausladenden Gesten von dem Hotel, das sein Vater in der Nähe von Fort William betreibt.

»Warst du schon mal in Schottland?«, fragt er mich.

»Ich war mal in Edinburgh.«

Er wedelt mit der Hand. »Das zählt nicht richtig. Du musst noch mal hin und dir die Highlands anschauen. Es ist fast wie hier. Wunderschön und wild. Ich bin gern dein Tourguide.«

Mein Herz macht einen Hüpfer. Aber mein Lächeln bleibt unverbindlich. »Vielleicht sollten wir erst mal diese eine wahnsinnige, lebensverändernde Reiseerfahrung abschließen, bevor wir direkt die nächste planen.«

Er grinst. »Okay. Hey, fühlst du dich eigentlich wohl, so ganz allein? Ich könnte gern bleiben und dir Gesellschaft leisten.«

Er könnte ... bleiben? Was meint er damit? Als guter Kumpel oder als ... etwas anderes? Bleiben mit Potenzial? Ich denke daran, wie wir beide auf dem Hostelsofa in Vancouver saßen, seine Hand auf meinem Knie, und mit einem Mal weiß ich, was ich im Grunde die ganze Zeit geahnt habe: Das war keine Einbildung. Er wollte mich wirklich küssen. Und jetzt, in diesem Augenblick, sieht er mich wieder genauso an – irgendwie ... als würde ich leuchten.

»Aber die anderen warten doch alle auf dich.«

»Das verstehen die schon.«

Ich frage mich, wie ich *ihn* wohl ansehe. Denn für mich geht auch von ihm ein Leuchten aus. Allerdings eins, das mir Angst macht, von der Sorte, die heller und heller wird, bis sie explodiert und alles um sie herum zerstört.

Einen Moment lang stelle ich mir vor, ich würde nicken, lächeln und vor ihm her ins Haus gehen. Wir würden einen Film aussuchen, auf dem Sofa immer näher aneinanderrücken ... Ich stelle mir den ersten Kuss vor, sanft und vorsichtig, ganz anders als mit Travis und seiner ungeduldigen Zunge. Geflüster im Dunkeln. Zärtlichkeit und Zweisamkeit, wie Heather und Khalil.

Ich will das alles, sehr. Aber noch stärker wünsche ich mir, dass es bei diesem Trip um mehr geht als Schmetterlinge im Bauch, um mehr als einen Jungen, egal, wie toll beides sein mag. Vor allem kann ich nicht riskieren, aufs Spiel zu setzen, was ich hier gefunden habe, nämlich großartige Menschen, die echt gute Freunde werden könnten. Nur für ein bisschen Knutschen mit einem süßen Typen. Denn mehr wäre es nicht, stimmt's? Aus Beasey und mir kann nichts Richtiges werden – er befindet sich mitten auf einer Weltreise und ich muss, irgendwann, wieder zurück nach England.

»Ach nee, alles gut, ich komm echt klar.« Ich versuche, so locker wie möglich zu lächeln. »Du musst nicht auf eine epische Nacht in diesem Club am Meer verzichten, nur weil ich erst siebzehn bin.«

Weder hakt er weiter nach, noch gibt er mir ein blödes Gefühl, weil ich abgelehnt habe. Er nickt bloß und sagt: »Du willst wahrscheinlich gleich noch ein Meisterwerk nach dem anderen zeichnen, was?«

»Na sicher, Hunderte!«

»Na gut. Dann behalt wenigstens dein Handy in Reichweite, damit wir ab und zu ein Lebenszeichen von dir kriegen, okay?«

»Was soll denn passieren?« Ich lächele und schüttele den Kopf. »Ich werde mich einfach aufs Sofa chillen und von Wohnmobilen und Lake Louise träumen.«

Beasey grinst. »Der Trip wird legendär!«

»Versprochen?«, frage ich.

»Versprochen.«

Am nächsten Morgen müssen wir früh los, um den Bus nach Nanaimo zu erwischen, von wo aus wir eine Fähre zurück nach Vancouver nehmen wollen. Ich weiß nicht genau, wann die anderen gestern Nacht nach Hause kamen, aber es muss echt spät gewesen sein, denn sie sehen alle ziemlich gerädert aus. Besonders Heather und Khalil, die zerzaust und todunglücklich aus ihrem Zimmer kommen. Heathers Augen sind ganz rot, so als hätte sie geweint. Sie wird von hier aus direkt nach Victoria zurückfahren, das heißt, sie und Khalil müssen sich gleich trennen und es ist ein Abschied auf unbestimmte Zeit – vielleicht sogar für immer. Wenn das Semester vorbei ist, fliegt sie zurück nach Australien, und wenn er seine Weltreise beendet hat, geht es für ihn wieder nach Schottland. Sofern nicht einer von beiden den krassen Schritt wagt und auswandert, gibt es für sie als Paar keine Zukunft. Mir wird das Herz ganz schwer, so sehr leide ich mit ihnen. Aber das kann ich schlecht in Worte fassen, ohne dass es schräg klingt, daher lasse ich ihnen einfach ihren Freiraum.

In Vancouver haben wir noch eine Nacht im Hostel gebucht, um Zeit für einige letzte Erledigungen zu haben. Lars und Stefan begleiten mich in einen Outdoorladen, damit ich mir ein paar Dinge für den Trip besorgen kann, jetzt, da ich tatsächlich einen Plan und ein Ziel habe. Ein sehr kaltes Ziel. Die beiden Jungs haben angeboten, mir beim Aussuchen des nötigen Equipments zu helfen.

»Wie kommt's, dass du im Oktober nach Kanada fliegst und keine Wintersachen dabeihast?«, fragt Lars ungläubig, als wir das Geschäft betreten.

»Ich habe doch meinen Mantel«, protestiere ich. »Und ich habe mir gedacht … dass ich alles, was ich brauche, auch unterwegs beschaffen kann. Was ich ja gerade tue, guck!« Um meine Worte zu unterstreichen, pflücke ich ein Paar Handschuhe von einem Auslagetisch und halte sie in die Höhe. Oh, fünfundsechzig Dollar. Shit. Betont lässig lege ich sie zurück. »Außerdem«, füge ich hinzu, weil es mir gerade eingefallen ist, »hatte ich nicht genug Platz in meinem Rucksack für so viele dicke Wintersachen.«

»Peyton war halt spontan«, sagt Stefan zu Lars, wirft mir einen Blick zu und grinst. »Ziemlich cool.«

»Ziemlich unverantwortlich, wenn du mich fragst«, entgegnet Lars, meint es aber nicht böse. »Du hast Glück, dass wir hier sind, um dir zu helfen. Mal sehen … für den Anfang brauchst du auf jeden Fall Handschuhe und eine Mütze …«

Über eine halbe Stunde verbringen wir damit, Zeug für mich zusammenzusuchen. Das dauert nicht zuletzt deshalb so lang, weil Stefan und ich gefühlt alle Schals und Mützen anprobieren und eine endlose Selfieserie schießen, während

Lars seinen »Habt ihr's bald?«-Gesichtsausdruck beizubehalten versucht. Schließlich schlüpfe ich in eine Umkleidekabine, um einige Oberteile, Fleecejacken und ein Paar Wanderschuhe anzuprobieren. Dort drinnen überkommt mich mit voller Wucht die Angst, die schon die ganze Zeit über in meinem Hinterkopf saß.

Denn: Scheiße, sind Wintersachen teuer! Auch wenn ich von allem das Billigste nehme, was ich finden kann, summiert es sich ganz schön. Und es ist ja nicht so, als hätte ich unerschöpfliche Reserven. In den letzten Tagen habe ich diese Sorge erfolgreich verdrängt, aber mal ehrlich, mein Geld wird nicht für immer reichen. Erst recht nicht, wenn ich mehrere Hundert Dollar für grundlegende Dinge ausgeben muss, mit denen ich überhaupt nicht gerechnet habe. Wenn das so weiterläuft, werde ich ungefähr bei unserer Ankunft in Banff völlig pleite sein. Und dann? Suche ich mir einen Job in einem der Hostels und hoffe, dass mich niemand an die Einwanderungsbehörde verpfeift?

Ich würde gern so tun, als könnte dieses Abenteuer ewig so weitergehen, als könnte ich es wirklich einmal quer über den Kontinent schaffen und meinen Eltern und allen anderen danach sagen: *Seht ihr, ich habe es geschafft. Ich bin unabhängig und komme allein zurecht. Ich werde nicht zurück ans Wirtschaftscollege gehen, sondern das Leben leben, das ich will.* Aber wie realistisch ist das?

Während ich die Sachen zur Kasse bringe und bezahle, verbanne ich diese Gedanken aus meinem Kopf. Im Hier und Jetzt leben – das war doch die Idee, oder?

Beasey, Khalil, Lars und Stefan nutzen die Extranacht in

Vancouver und gehen was trinken. Ich bleibe gern mit Sewa und Maja im Hostel und helfe, ein paar letzte Einzelheiten auszutüfteln. Es ist ohnehin praktisch, so viele Infos wie möglich über den Trip zu haben. Heißt, ich kann meinen Eltern die komplette Reiseroute schicken. Nach der hat Mum mich natürlich sofort gefragt, als ich ihr von unserem Plan erzählt habe. Sie und Dad sind superskeptisch und wollen das am Telefon mit mir besprechen.

»Soll ich mit ihnen reden?«, fragt Sewa. »Vielleicht hilft es ihnen, zu wissen, dass wir dabei sind?« Er deutet auf Maja und sich selbst.

Mir ist klar, was er meint: Die beiden sind Mitte zwanzig und haben schon etwas mehr Lebenserfahrung, was sie im Prinzip vertrauenswürdiger macht als mich leichtsinnigen Teenager. Aber ich kann mir lebhaft vorstellen, wie mein Vater reagiert, wenn ihn ein wildfremder russischer Mann anruft, um ihm zu erzählen, dass er seine siebzehnjährige Tochter in einem Wohnmobil quer durch die kanadische Wildnis kutschieren wird.

Für Maja scheint mein Gesichtsausdruck Bände zu sprechen. Möglicherweise kann sie auch Gedanken lesen. Jedenfalls bietet sie an: »Oder ich mache das. Wäre das vielleicht eine Idee?«

Es ist sogar eine sehr gute Idee. Als Maja mir mit einem Lächeln das Handy zurückreicht, nachdem sie mit meiner Mutter gesprochen hat, erkenne ich an Mums Tonfall, dass zumindest sie um einiges beruhigter ist.

»Maja wirkt sehr nett«, sagt sie.

»Ja, ist sie«, bestätige ich, »sie ist toll.« Maja schenkt mir ein weiteres Lächeln und signalisiert mir, dass sie jetzt das

Zimmer verlässt, um mir etwas Privatsphäre zu geben. Als sie weg ist, frage ich: »Mum, klingt das nicht wahnsinnig aufregend?«

»Ja, tut es. Mir wäre es trotzdem lieber, wenn du zurückkommen würdest.«

»Echt? Und mir dadurch diese Chance entgehen lasse? Mum, im Ernst?«

Schweigen. »Ach, Peyton.« Sie seufzt tief. »Natürlich will ich nicht, dass du dir Chancen entgehen lässt. Dir soll die ganze Welt offenstehen. Aber ich vermisse dich und ich mache mir Sorgen. Nicht nur, weil du in einem anderen Land bist, sondern wegen allem, was passiert ist. Ich habe das Gefühl, ich kenne dich gar nicht mehr.«

»Ich bin immer noch ich«, erwidere ich, obwohl ich im Grunde selbst kaum weiß, wer ich eigentlich bin. Aber hier in Kanada, mit diesen tollen Menschen, die sich in der kurzen Zeit schon als richtig gute Freunde erwiesen haben, stehen die Chancen besser, es herauszufinden, als zu Hause im stickigen Surrey, mit Freunden, die keine sind. Ich wünschte, ich könnte ihr das irgendwie erklären.

»Wenn ich dich bitten würde, nach Hause zu kommen, würdest du es tun?«, fragt sie.

»Nein.«

Noch ein Seufzer. »Dann bitte ich dich nicht darum.« Kurze Stille. »Ich vermisse dich.«

»Ich vermisse dich auch.«

»Vielleicht hätte ich mich einfach auch ins Flugzeug setzen und mitkommen sollen.« Es klingt fast, als würde sie das an sich selbst richten. »Wir hätten das zusammen machen können.«

Ich weiß nicht, wie ich darauf reagieren soll oder was sie von mir erwartet. Schließlich sage ich: »Nächstes Mal.«

»Nächstes Mal«, wiederholt sie.

WAS ZUVOR GESCHAH

aka
SILVESTER

aka
HINTERHER IST MAN IMMER SCHLAUER

aka
MANCHE DINGE SIND AUS GUTEM GRUND
ILLEGAL, PEYTON! – TEIL 1

Wenn ich zurückschaue auf die vielen, vielen Warnleuchten, die mein Jahr auf dem College praktisch in eine rote Lichterkette verwandelt haben, um herauszufinden, ab wo alles so richtig schiefging, wo ich die Kurve hätte kriegen müssen, dann denke ich immer an Silvester. Rückblickend ist Silvester die reinste Warnblinker-Lightshow, aber damals hätte ich geschworen, dass es ein genialer Abend war. Alles, was ich mir je erträumt hatte, das hätte ich behauptet. Mein Freund, meine Freunde und ich feiern zusammen Silvester. Was will man als Teenager mehr?

Wir trafen uns bei Eric. Sein Bruder veranstaltete eine Party (uns gegenüber verkaufte Eric es so, als würden sie alles gemeinsam organisieren, aber sobald wir ankamen, wurde klar, dass es Tylers Party war und wir schlicht geduldet wurden). Die vielen fremden Menschen um uns herum schweißten uns als Gruppe zusammen. Wir waren den ganzen Abend unzertrennlich und schienen einander mehr zu brauchen als je zuvor – oder je danach. Ich war begeistert: Zum ersten Mal hatte ich das Gefühl, zu ihnen als Gruppe so richtig dazuzugehören.

Aus irgendeinem Grund stand eine Hüpfburg im Garten und wir saßen stundenlang darin, rauchten, tranken und spielten Karten, während die Geräusche der Party gedämpft zu uns herüberwehten. Eric hatte den Arm um Flick gelegt, strich ihr die Haare zurück und flüsterte ihr etwas ins Ohr, das ihr ein breites Lächeln aufs Gesicht zauberte. Casey trug das alberne Diadem, das Callum ihr zu Weihnachten geschenkt hatte (wir hatten gewichtelt), und machte »ironische« Selfies mit Peacezeichen und Joint im Mundwinkel. Nico und ich zockten die fünfzehnte Runde Speed, waren mit Feuereifer dabei und hatten so viel Spaß miteinander wie noch nie. (Ich hatte ihn beim Wichteln gezogen und mein Geschenk – ein Linkachu-T-Shirt – war ein Volltreffer gewesen. Nach dem Auspacken hatte er einen Lachanfall bekommen und seitdem hatte ich das Gefühl, dass er mich wirklich wahrnahm, denn er war auf einmal viel netter als vorher.) Travis war Schiedsrichter, und ich lag in seinem Schoß, während er meinen Arm streichelte.

Als es auf Mitternacht zuging, vertrieben uns ein paar von Tylers Freunden aus der Hüpfburg und wir schlenderten nach drinnen, wo wir uns in einer Ecke des Wohnzimmers zusammendrängten. Die Musik war irre laut, sodass wir einander kaum verstanden, aber wir hatten alle so viel getrunken, dass es uns nichts mehr ausmachte. Eric und Flick verschwanden kurz, und als sie zurückkamen, hatten sie riesige Pupillen, redeten zu schnell und lachten zu schrill. Travis beugte sich zu Eric rüber, sagte irgendwas zu ihm und dann hatte er Pillen in der Hand. Er nahm eine und hielt mir die andere hin. Habe ich auch nur eine Sekunde darüber nachgedacht? Ich bilde mir heute gern ein, dass ich es tat (denn diese Pille hätte echt alles sein können, alles). Aber in Wahrheit folgte ich einfach Travis' Beispiel, wie immer, und schluckte das Ding mit einem Lächeln. Ich glaube, ich habe sogar Danke gesagt, wie ein Kind, dem man Süßigkeiten schenkt.

Danach ist meine Erinnerung nur noch bruchstückhaft vorhanden, eine lose Serie von grellen Eindrücken: ich, wie ich Flick auf die Wange küsse, sie so fest umarme, dass sie quietscht, und ihr sage, wie lieb ich sie habe. Flick, die grinst und mir gegen die Stirn schnippt. Tanzen, lachen. Tyler, der mich hochhebt und herumwirbelt. Die kühle Stille im Badezimmer, Travis, seine Zunge, seine Hände, der Countdown, gedämpft durch die geschlossene Tür. Seine Finger in mir, meine Hand in seiner Jeans, sein Mund an meinem Ohr, er sagt mir, dass er mich liebt, dass ich perfekt bin. Ich *war* perfekt. *Es* war perfekt. *Frohes Neues!*

Als Nächstes erinnere ich mich daran, dass die Welt auf einmal hell war und ich in der Hüpfburg aufwachte. Irgendwie waren wir alle sieben wieder dort gelandet, sogar Flick und Eric. »Alter.« Flick stöhnte. »Ich fühl mich wie'n Stück Scheiße.« Ich selbst sprang auf und schaffte es gerade so um die Hüpfburg herum, bevor ich mich heftig übergeben musste. Das war mein erstes Come-down und es war grässlich.

Um ein Vielfaches ätzender als die Kater, mit denen ich während der letzten Monate umzugehen gelernt hatte. Mir war kalt und ich hatte Schüttelfrost. Trost suchend schmiegte ich mich an Travis, der mir Kaugummi verabreichte und den Kopf schüttelte, als hätte ich ihn blamiert. *Was habe ich genommen?*, wollte ich fragen, aber ich tat es nicht. Es schien besser, es nicht zu wissen.

Als ich heimkam – nachdem ich wieder einigermaßen auf dem Damm war –, strahlte Mum mich an, umarmte mich und fragte, wie mein erstes Silvester mit Freunden gewesen war. Ich erzählte ihr, es sei unglaublich gewesen, perfekt, dass ich mir mehr nicht hätte wünschen können.

Und weil mir nichts Schlimmes zugestoßen war und es mir später wieder gut ging, glaubte ich es selbst. Oder brachte mich zumindest dazu. Überzeugte mich davon, es wäre kein Problem, dass ich irgendwie zu der Art Person geworden war, die auf einer Hausparty irgendeinen x-beliebigen Scheiß schluckte, ohne auch nur einen Moment zu zögern oder wenigstens herauszufinden, was sie da nahm. Ja, die es nicht mal fertigbrachte, hinterher, im harschen Tageslicht, ihren eigenen Freund danach zu fragen. Oder ihm zu gestehen, dass sie sich mit der ganzen Sache nicht wohlfühlte und es ihr lieber wäre, wenn alle einfach bei Gras blieben.

Du kriegst nie mit, wie es passiert, wie du zu jemandem wirst, den du irgendwann selbst nicht wiedererkennst.

Rückblickend sehe ich mich wieder und wieder diese Pille nehmen und weiß, was noch alles auf mich zukommen wird. Die Hälfte der Entscheidungen, die mich dorthin führen werden, wo ich heute bin, habe ich in dieser Nacht schon getroffen. Ich bin nicht sicher, ob ich mein jüngeres Ich umarmen oder ohrfeigen will.

Wahrscheinlich beides.

Von *Vancouver* nach *Whistler*

Früh am Morgen zieht Sewa los, um das Wohnmobil abzuholen, und kommt mit einem breiten Lächeln zurück, als er uns einsammelt. Zwar ist der Wagen größer als erwartet, trotzdem wirkt er längst nicht geräumig genug dafür, dass wir zu siebt für die nächsten zwei, drei Wochen darin wohnen und schlafen könnten. Ich werfe Beasey einen skeptischen Blick zu. Er grinst und zuckt die Schultern.

»Ach, wir finden schon Platz. Er ist für sieben Personen gedacht, oder?«

»Klar«, wirft Khalil ein, »aber wahrscheinlich für Familien mit Kindern. Nicht für sieben Erwachsene.«

Mir fällt alles aus dem Gesicht. »Was?!«

»Tja, wird halt kuschelig«, fährt er fort. »Aber es wird gehen. Und es ist das ganze Geld, das wir sparen, definitiv wert.«

Okay, er hat recht und ich werde jetzt nicht anfangen, mich zu beschweren, vor allem nicht, weil ich selbst nicht hinters Steuer darf, trotzdem …

»Wie viele Schlafplätze gibt es?«, fragt Stefan.

»Vier«, antwortet Maja. »Wir haben das schon ausgeknobelt. Eine Person bekommt einen für sich allein.«

»Und wer kriegt die Extrawurst?«, will Khalil wissen.

»Peyton«, sagt Sewa.

»Huch, warum?«, frage ich alarmiert. Ich verdiene doch keine Sonderbehandlung.

»Du bist die Jüngste«, erklärt er.

»Na und? Es macht mir überhaupt nichts aus, mir mit Maja ein Bett zu teilen.« Ich werfe ihr einen Blick zu. Aber ihr vielleicht? Zu meiner Erleichterung nickt sie, als hätte sie das schon erwartet. »Sewa, du solltest einen Schlafplatz für dich alleine haben«, setze ich nach. »Immerhin fährst du einen Großteil der Strecke.« Eigentlich will ich ergänzen, dass er außerdem am meisten Platz braucht, aber ich halte mich zurück, nachher kränkt ihn das noch.

Wir einigen uns schließlich darauf, dass Maja und ich die schmalen Stockbetten im hinteren Teil belegen. Als einzigem Pärchen steht Lars und Stefan das große Doppelbett im rückwärtigen Schlafzimmer zu. Der Rest kriegt Schlafplätze, die man tagsüber umbauen muss: Sewa in der Küche und Khalil und Beasey auf dem Bettsofa. Jeder Platz im Wohnmobil ist optimal genutzt, so was habe ich noch nie gesehen. Ich mache unzählige Fotos und schicke sie meinem Bruder, denn er weiß sie vermutlich am ehesten zu schätzen.

Wegen der Zeitverschiebung, die ich immer noch nicht auf dem Schirm habe, antwortet er erst Stunden später.

Dillon:

Erinnerst du dich an unseren
Wohnwagenurlaub in Norfolk?
Du hast es gehasst!

Ich:

Das war was völlig anderes.

Dillon:

Ach ja? Warum?

Ich:

Ist einfach so, KLAPPE!

Dillon:

Dillon:

Viel Spaß! Und versuch, nicht zu erfrieren.

Das Wohnmobil hat nicht nur eine funktionierende Toilette, sondern auch eine separate Dusche, was total praktisch ist. Trotzdem frage ich mich jetzt schon, wie wir es schaffen sollen, uns da zu siebt nicht in die Quere zu kommen. Die Küche ist top ausgestattet, mit Kühlschrank und Gefriertruhe, einem Gasherd, einer Mikrowelle und allen Gerätschaften, die man so zum Kochen braucht. Wenn ich ehrlich bin, hatte ich mir den Camper einfach wie eine Art kleinen Reisebus mit größeren Sitzen vorgestellt. Aber er ähnelt wirklich viel mehr dem Wohnwagen, den wir damals für unseren Familienurlaub hatten, nur eben mit Fahrerkabine. Es gibt sogar Handtücher und Bettwäsche für alle.

Mir ist völlig egal, dass es eng ist und wir uns wahrscheinlich nach einem Tag auf die Nerven gehen werden. Das hier ist das Coolste, was ich je in meinem Leben gesehen habe.

Auf dem Weg zum Highway machen wir noch an einem Supermarkt halt, um uns mit Proviant einzudecken. Uns darauf zu einigen, was wir wirklich brauchen – statt einfach das zu kaufen, worauf jeder einzelne Lust hätte –, ist ein ganz schöner Akt. Aber schließlich ist auch das geschafft. Zumindest halbwegs. Irgendwie landet nämlich trotzdem ein gefühlter Jahresvorrat an Marshmallows im Einkaufswagen.

Voll bepackt laufen wir über den Parkplatz zurück. »Guckt euch bloß dieses Ungetüm von einem Wohnmobil an!« Lars grinst. »Der Wahnsinn!«

»Wir sollten ihm einen Namen geben«, schlägt Sewa vor.

»Justin«, sagen Beasey, Stefan und ich wie aus einem Mund. Wir sehen uns an und prusten los.

»Trudeau?«, fragt Beasey.

»Bieber«, entgegnen Stefan und ich, wieder gleichzeitig. Erneutes Gelächter.

»Wir hausen *auf keinen Fall* in einem Wohnmobil namens Justin«, wendet Khalil ein.

»Zu spät.« Beasey zuckt mit den Schultern.

»Alle einsteigen«, ruf Sewa und klopft dem frisch getauften Justin fröhlich mit der Hand gegen die Flanke.

Unser erster Halt für die Nacht ist Whistler, eine Kleinstadt, die für ihr Skigebiet bekannt ist. Die Fahrt dauert ein paar Stunden, inklusive Stopps entlang des Sea-to-Sky-Highways. Ich setze mich neben Sewa auf den Beifahrersitz und er grinst. Auf dem Armaturenbrett hat er eine Straßenkarte bereitgelegt, falls das Navi Aussetzer hat. Ich schnappe sie mir und falte sie auseinander.

»Na, aufgeregt?«, fragt Sewa.

Statt einer Antwort strahle ich ihn bloß an. Das scheint genug zu sagen und er lacht. »Die Strecke bis nach Whistler ist eine gute erste Etappe«, sagt er. »Sie ist nicht zu lang.«

»Damit wir uns behutsam an das Leben im Wohnmobil gewöhnen können?«

Er zwinkert mir zu. »Genau.«

»Du bist so ein Ding schon mal gefahren, oder?« Er nickt und ich hake nach: »Wann denn?«

Er erzählt mir von einem Roadtrip durch die USA, den er vor ein paar Jahren mit einer Ex-Freundin gemacht hat. »Das Wohnmobil war allerdings kleiner, perfekt für zwei Personen.« Ich frage, ob es dort schöner war als hier in Kanada, und er lacht wieder. »Anders. Aber genauso schön, streckenweise.«

Während wir uns unterhalten, fällt mir auf, dass ich mich kein bisschen verstellen muss, wenn ich mit Sewa zusammen bin. Fast wie bei Dillon. Ich mache mir kaum Gedanken, wie ich rüberkomme, ob ich womöglich etwas Falsches sage oder mich blamiere. Vielleicht, weil ich instinktiv weiß, dass es kein Drama wäre. Obwohl der Sitz etwas unbequem ist, lehne ich mich behaglich zurück und genieße die Aussicht. Als wir das städtische Gewusel von Vancouver hinter uns lassen, liegt vor uns nur noch die Straße und British Columbia entfaltet sich vor unseren Augen. Zunächst schlängelt sich der Sea-to-Sky-Highway an der Küste entlang. Auf der einen Seite das Meer, auf der anderen die Berge. Es kommt mir vor, als hätten wir uns mit dem Wohnmobil mitten in eine Postkarte hineingebeamt und würden nun darin umherfahren. Später geht es landeinwärts, höher hinauf, durch den uralten Regenwald.

Unterwegs halten wir bei Porteau Cove, am Ufer des Howe Sound, um Fotos zu machen und uns ein bisschen die Beine zu vertreten. Ich hocke mich auf einen der angeschwemmten

Baumstämme und schaue zu, wie Lars und Stefan sich gegenseitig bei dem Versuch fotografieren, einen Handstand zu machen. Eigentlich wollte ich zeichnen, aber dann sitze ich einfach da und nehme alles in mich auf, bis Beasey sich neben mir niederlässt und mir fröhlich sein Handy hinhält. »Guck mal, ich habe dich ziemlich gut getroffen!«

Das Bild zeigt mich im Profil. Aufmerksam starre ich aufs Wasser und die Berge dahinter. Meine Haare sind zerzaust und die Ärmel meines Hoodies total unordentlich hochgekrempelt, aber obwohl ich nicht lächele, wirke ich ausgeglichen, richtig entspannt. Weil ich nicht weiß, was ich sagen soll, springe ich auf und halte mein eigenes Handy hoch. »Lass mich auch eins von dir machen. Tu einfach so, als wäre ich nicht da.«

Gehorsam schaut er mit Denkermiene auf den Howe Sound hinaus. Ich betrachte ihn einen Augenblick auf meinem Handydisplay und gestehe mir ein, wie sehr ich dieses Gesicht mag, wie glücklich mich allein sein Anblick macht. Das ist die Art Gedanke, den man nicht laut aussprechen kann, nicht mal vor sich selbst, ohne übertrieben kitschig rüberzukommen.

In der Sekunde, in der ich auf den Auslöser drücke, dreht er sich um und grinst mich an und das ist das Foto, mit dem ich belohnt werde: sein Lachen, der Sand und das Meer.

Von Porteau Cove aus brauchen wir noch mal ungefähr eine Stunde bis zu dem Campingplatz bei Whistler, unserem ersten offiziellen Stopp, sechshundert Meter über dem Meeresspiegel.

Ich hatte ihn mir so vorgestellt wie Campingplätze in

Großbritannien, aber zum Glück ist zumindest dieser hier ganz anders. Zum einen gibt es die für Westkanada typische Aussicht auf ein Dach aus Bäumen, während gleichzeitig schneebedeckte Gipfel über uns aufragen, und zum anderen ist es ziemlich ruhig. Keine Gemeinschaftsgebäude mit Restaurant und Karaoke bis spät in die Nacht. Hier oben gibt es bloß eine Handvoll Wohnmobile, Waschräume, einen Minisupermarkt mit dem Allernötigsten und die Wildnis.

Sewa, der Einzige von uns, der Erfahrung mit Wohnmobilen hat, zeigt uns anderen, wie man Strom und Wasser anschließt. Wir schauen aufmerksam zu und nicken. Beasey und Khalil sind richtig heiß drauf, alles zu verstehen, und bitten Sewa, es ihnen so lange vorzumachen, bis sie alles im Schlaf erledigen könnten. Lars und Stefan gehen währenddessen etwas in der Umgebung spazieren und Maja zieht los, um die Räumlichkeiten des Campingplatzes auszukundschaften.

»Passt auf die Bären auf!«, ruft Khalil ihnen nach.

»Bären?!«, frage ich entsetzt.

»Ach, *du* brauchst dir keine Sorgen zu machen«, winkt er ab. »Bären mögen keine englischen Ausreißerinnen. Die sind für ihren Geschmack zu überdreht.«

Ich muss lachen. »Na, vielen Dank auch.«

»Du solltest immer mit einem von uns zusammen sein.« Sewa klingt so ernst, dass ich erschrecke. Auch Khalil hört auf zu grinsen. »Am besten sollte keiner von uns allein unterwegs sein, aber das gilt vor allem für dich.«

»Wo er recht hat, hat er recht«, mischt sich Beasey ein. »Ist allgemein ein guter Ratschlag, nicht allein zu sein.« Er lächelt mir zu. »Stimmt's?«

Ich könnte so was antworten wie: *Manchmal hat man keine Wahl.* Oder: *Das kommt auf die Gesellschaft an.*

Aber ich lächele zurück: »Stimmt.«

WAS ZUVOR GESCHAH

aka

MEIN SIEBZEHNTER GEBURTSTAG

aka

GUTE ZEITEN, SCHLECHTE ENTSCHEIDUNGEN

aka

MANCHE DINGE SIND AUS GUTEM GRUND
ILLEGAL, PEYTON! - TEIL 2

Mein siebzehnter Geburtstag fiel auf einen Mittwoch im Februar. Es war der erste Geburtstag seit der Grundschule, den ich mit Freunden feiern würde. Mum ermunterte mich, sie zu mir einzuladen, aber ich sagte ihr, ich hätte jetzt so oft zu Hause gefeiert, dass es fast fürs ganze Leben reichte, und dass ich den Tag dieses Jahr auf jeden Fall woanders verbringen wollte. Sie hatte Verständnis und steckte mir Geld zu, damit wir irgendwo essen gehen könnten. Doch ich gab das Geld bei der nächstbesten Gelegenheit an Eric weiter, mit dem Auftrag, uns »was richtig Gutes« zu besorgen. Ich gefiel mir total in dieser Rolle als Draufgängerin, bestärkt durch sein beeindrucktes Lächeln und seinen Blick, in dem ich einen neuen Respekt entdeckte.

Im College wickelte Flick mir eine Girlande wie einen

Schal um die Schulter und überreichte mir eine Karte. »Tut mir leid, dass ich kein Geschenk für dich habe«, meinte sie, »also, außer meiner Freundschaft – und die ist ja eindeutig Geschenk genug.«

Natürlich war das ein Scherz, aber mir ging dieses Thema zu nahe, als dass ich ihn hätte lustig finden können. Trotzdem versuchte ich zu lächeln. »Ganz eindeutig.«

Am Freitag trafen wir uns alle bei Flick. Casey hatte einen Schokokuchen gebacken, den sie mit viel zu vielen Kerzen dekoriert hatten. Als sie ihn mir stolz präsentierten und dazu ein Ständchen sangen, traten mir die Tränen in die Augen. Ich behauptete, das läge am Rauch. Nachdem Flicks Mum, die kurz geblieben war, um mir zu gratulieren, zur Arbeit gegangen war, holte Eric wie versprochen das »richtig gute« Zeug hervor. Kokain.

»Ach du Scheiße!«, entfuhr es Nico.

Eric setzte mir einen Partyhut auf. »Nur das Beste für unsere Pey-Pey.«

»Hast du das nicht von *meinem* Geld geholt? Also: Gern geschehen!«

Er lachte. »Dann sagen jetzt alle einmal ›Danke, Pey-Pey, dass du uns zu deinem Geburtstag ein Geschenk machst‹.«

Sie ließen mir den Vortritt. Immerhin war es meine Geburtstagsparty. Und so kniete ich zur Feier meines Siebzehnten auf dem Boden in Flicks Wohnzimmer, den Kopf über den Couchtisch gebeugt, während mein Freund mir die Haare hielt, und zog meine erste Line Koks durch die Nase. Könnte sein, dass noch Kuchenkrümel auf dem Tisch lagen, auf jeden Fall musste ich niesen, woraufhin alle in Gelächter ausbrachen. Es dauerte ein paar Minuten, bis die

Wirkung einsetzte, und ich fragte mich schon, ob ich etwas falsch gemacht hatte. Doch dann verpuffte jeder Hauch von Zweifel und gleichzeitig verstand ich das Wort »Euphorie« besser als irgendjemand sonst auf der Welt. »Ich check's! Ich check's auf einmal!«, wiederholte ich in einer Tour, zusammen mit: »Krasser Scheiß! Warum machen wir das nicht jeden Tag?« Wieder und wieder.

Travis lachte und sah auf einmal umwerfend aus, besser denn je. Als hätte ich neue Augen.

»Du bist zum Anbeißen«, sagte er zu mir.

»Ja, verdammt, das bin ich«, stimmte ich zu.

Der Effekt hielt jedoch nicht lange an. Es kam mir vor, als hätte er kaum eingesetzt, da war – *puff!* – auch schon alles vorbei, viel zu schnell. Ich fühlte mich ausgelaugt und traurig, miserabel wie nie zuvor. Ich wollte mehr, um diesen Glückszustand wiederzuerlangen, aber Travis schüttelte mit einem für ihn ganz untypischen Beschützerinstinkt den Kopf. »Eine Ladung reicht beim ersten Mal.« Dabei küsste er mich auf die Nasenspitze, was er noch nie getan hatte, und hielt meine Hand. Travis war kein Fan von Kokain – er fand, das Zeug war für das kurze Vergnügen viel zu teuer – und in der ganzen Zeit, die wir zusammen waren, habe ich ihn nie was nehmen sehen.

Hat es mir Spaß gemacht zu koksen? Klar. Für ungefähr fünf Minuten. Und danach war es beschissen. Und zwar weitaus länger als nur fünf Minuten. Und es war jedes Mal aufs Neue beschissen, wenn ich darüber nachdachte, wie ich das einfach so hatte tun können, wie entsetzt und enttäuscht meine Eltern wären, sollten sie je davon erfahren, und wie entsetzt und enttäuscht ich selbst von mir war. Ich erkannte mich kaum wieder. Manchmal tauchte ohne Vorwarnung in meinem Kopf der Gedanke auf: *Peyton! Koks?! Im Ernst?*, und ließ meine Haut vor Verwirrung und Scham glühen.

Und trotzdem ist es ja nicht bei dem einen Mal geblieben. Auch wenn eine ganze Weile dazwischenlag, bei der nächstbesten Gelegenheit habe ich es wieder genommen. Und wie die Sache ausgegangen ist, hat man ja gesehen.

Whistler

Ziemlich schnell stellt sich heraus, dass wir zur falschen Zeit in Whistler sind. Eine Menge der Attraktionen – wie zum Beispiel die Seilbahn zwischen den beiden höchsten Gipfeln – sind geschlossen.

»Jammerschade«, flötet Beasey ganz offensichtlich erleichtert. »Wir werden also nicht in fast vierhundertfünfzig Metern Höhe in einem winzigen Käfig herumgondeln. Ich bin untröstlich!«

»Tja, so ist das, wenn man Kanada im Oktober bereist«, erklärt Lars. »Ist halt Nebensaison, weder Sommer noch richtig Winter.«

»Man hätte bestimmt eine Wahnsinnsaussicht von da oben.« Ich seufze. »Ach, ich muss einfach noch mal wiederkommen.«

»Ja, Mann!«, stimmt Stefan zu. »Wir machen ein Wiedersehenstreffen. In fünf Jahren, wir alle sieben plus Justin 2.0. Im Dezember. Mit Weihnachtsbaum und Lichterketten rund um die Windschutzscheibe.«

»Versprochen?«, frage ich mit großen Augen.

Er zerstrubbelt mir die Haare, ich ducke mich weg und gebe ihm einen Klaps.

»Aua, okay, versprochen.« Er lacht.

Dass keine Touristenattraktionen geöffnet sind, hat den Vorteil, dass wir mehr Zeit für die beste aller Sehenswürdigkeiten haben: die Natur. Wir einigen uns darauf, den Train Wreck Trail zu gehen, eine kurze, nicht zu anspruchsvolle Wanderung mit einer Hängebrücke über den Cheakamus River bis zu einer Art Zugfriedhof. An der Brücke schaut Beasey mich skeptisch an, behält aber die Nerven, weil sie nicht allzu hoch ist. Zwischen den Bäumen verstreut liegen sieben Wracks von Güterzugwaggons, als wären auch sie hier gewachsen. Über die Jahre wurden sie mit stilvollen Graffiti verziert und immer mal wieder kommt anscheinend ein neues, leuchtend buntes hinzu. Es ist wunderschön. Ich bin so begeistert von dem Anblick, dass ich auf und ab wippe und mich davon abhalten muss, in die Hände zu klatschen wie ein aufgeregter Seelöwe. Aber es ist einfach so *cool*! So unendlich cool!

»Wie sind sie hierhergekommen?« Ich schaue mich nach einem Plätzchen zum Sitzen oder Anlehnen um und hole mein Skizzenbuch raus.

Bevor jemand antworten kann, protestiert Lars: »Halt, ich will es gar nicht wissen! So hat es etwas Geheimnisvolles.«

»Irgendwie magisch«, sage ich.

Wir machen zig Fotos. Sogar ein Gruppenselfie (nur Sewas Arm ist lang genug, um alle aufs Bild zu kriegen) vor einem Waggon mit neonpinken und orangefarbenen Klecksen auf dem rostigen Braun.

Zurück im Wohnmobil, zeichne ich mich selbst, wie ich mit ausgebreiteten Armen auf einem der Eisenbahnwagen stehe, neben mir Bäume, die bis an den Himmel reichen. Ich nenne die Skizze »Wrack auf Wrack«.

»Darf ich mal sehen?«, fragt eine sanfte Stimme mit deutschem Akzent. Überrascht schaue ich hoch. Maja muss sich irgendwann neben mich aufs Sofa gesetzt haben, ohne dass ich es bemerkt habe. O Gott, wie peinlich. Beim Zeichnen vergesse ich wirklich alles um mich herum.

»Klar.« Ich drehe mein Skizzenbuch so, dass sie besser hineinschauen kann.

Auf ihrem Gesicht breitet sich ein Lächeln aus, eins dieser unbewussten, die deshalb umso echter sind. Sie sind mir am liebsten, vor allem bei Leuten, die meine Bilder betrachten. »Das ist richtig gut. Wobei du natürlich kein Wrack bist«, sagt sie mit Blick auf die Bildunterschrift. »Ich wünschte, ich könnte auch zeichnen.«

»Jeder kann zeichnen.«

»Okay, ich wünschte, ich könnte es *gut*.« Sie lacht. »So wie du.« Sie zeigt auf meine Skizzen. »Deine Bilder sind so lebendig. Was ich früher im Kunstunterricht fabriziert habe, sah immer alles so eindimensional aus. Willst du mal Künstlerin werden?«

»Illustratorin. Das ist mein Traum. Meine Eltern möchten allerdings, dass ich was ›Handfestes‹ mache. Die Kunst als Hobby behalte und einen vernünftigen Beruf lerne.«

Sie verdreht die Augen. »Eltern!«

»Ja, oder? Was tust du, wenn du nicht auf Reisen bist?«

»Von der nächsten Reise träumen.« Sie lächelt. »Ich bin Finanzbuchhalterin. Ach, Peyton, bitte bring mich nicht dazu, über meinen langweiligen Job zu reden.« Sie schlägt sich theatralisch die Hände vors Gesicht.

Ich muss lachen. »Sorry.«

»Für eine Künstlerin muss Kanada der Wahnsinn sein.«
Sie lehnt sich zurück. »Die Landschaft ist echt eine Wucht.«

»Definitiv. Obwohl ich normalerweise lieber Menschen
zeichne.«

»Kein Problem, wir können dir alle Modell stehen.« Lachend zeigt sie auf Lars und Khalil, die gerade quer durch
den ganzen Campingbus mit zwei Bratpfannen und einem
Sockenknäuel eine Partie Impro-Tennis spielen. »Besser
geht's doch gar nicht, oder?«

Ich grinse und könnte mein Skizzenbuch umarmen, so
glücklich bin ich in diesem Moment.

Am frühen Abend gehen wir in ein Bistro in Whistler Village. Nach dem Essen reden alle davon, noch in eine Bar
oder einen Club weiterzuziehen, wodurch ich mich furchtbar minderjährig fühle. Ich sage nichts, um ihnen den Spaß
nicht zu verderben, aber sie kommen von selbst auf das
Thema, wer mich zurück zum Wohnmobil eskortieren muss.
So unfassbar peinlich.

»Ich bring sie gern«, sagt Beasey und ignoriert ein
Schnauben von Khalil.

Aus dem Augenwinkel sehe ich, wie Maja Sewa einen
»Awww, wie süß«-Blick zuwirft, und mir steigt Hitze in
die Wangen. Aber ich kann Beaseys Angebot schlecht ab-
lehnen – und eigentlich will ich das auch gar nicht –, also
nicke ich und lächele.

Bevor er und ich zum Campingplatz zurücklaufen, drehen
wir noch eine kleine Runde durch den Ort und bewundern
die gesamte Palette an Herbsttönen in den Bäumen ringsum:
Rot, Orange, Gold, Grün und sämtliche Schattierungen

dazwischen. Ich versuche, Fotos zu machen, aber es wird immer dunkler und auf dem Display kommt die Farbenpracht einfach nicht richtig raus.

Bei einem *Dairy Queen* legen wir einen kurzen Zwischenstopp ein. Beasey besteht darauf, dass wir uns zwei *Blizzard Treats* holen, und schmettert meinen protestierenden Hinweis auf die Außentemperatur gekonnt ab. »Mal ehrlich, du bist in Kanada. Gewöhn dich dran! Eis im Oktober? Warum nicht?« Wir diskutieren, welche Sorten wir am besten nehmen sollen, bis wir uns schließlich für Reese's Peanut Butter Cups (er) und Mint Oreo (ich) entscheiden. Nachdem wir bereits bestellt haben, fragt er noch, ob ich schon mal einen *Orange Julius* probiert habe, eine Art Orangen-Milchshake. Als ich verneine, ordert er prompt noch zwei hinterher.

»Solltest du nicht sparsamer sein? Hast du nicht noch die halbe Welt vor dir?«

»Manche Dinge sind ihr Geld einfach wert. Und überteuerte nordamerikanische Spezialitäten gehören definitiv dazu.«

»Ach ja?« Ich bin nicht überzeugt.

»Peyton. Die Erfahrung kann dir keiner mehr nehmen. Wenn dich in Zukunft jemand fragt, ob du schon mal einen *Orange Julius* getrunken hast, kannst du antworten: *Ja, habe ich, mit siebzehn, an einem Abend in Whistler Village, zusammen mit meinem guten Freund Beasey, auf dem Rückweg zu unserem Wohnmobil.*«

Ich grinse übers ganze Gesicht. »Aha? Das werde ich also sagen?«

»Jap«, meint er voller Überzeugung. »Betrachte es nicht als Getränk – du kreierst hier gerade eine Erinnerung.«

»Du bist echt ein Spinner.«

»Danke.« Offenbar fasst er das als Kompliment auf.

Zurück am Wohnmobil, rüsten wir uns mit Handschuhen und Mützen aus und schleppen einen Berg Decken nach draußen, um es uns vor der Tür gemütlich zu machen. Mit einem Orange Julius auf dem Schoß lassen wir uns die kalte Nachtluft um die Nasen wehen. Beasey erzählt von Khalils Bungeesprung in Australien und dass er selbst auch kurz davor war, es aber schlussendlich einfach nicht über sich gebracht hat.

»Wünschst du dir, du wärst gesprungen?«

»Voll! Aber das sagt sich im Nachhinein so leicht.«

Gegen elf kriege ich eine Nachricht von Dad. Er fragt, ob ich Zeit zum Telefonieren hätte. Zuerst bin ich bloß überrascht, dann mache ich mir Sorgen. Ob es schlechte Neuigkeiten gibt? Was, wenn Mum, Dillon oder Grandma etwas zugestoßen ist? Je mehr ich darüber nachgrübele, desto panischer werde ich. Meine Gedanken überschlagen sich. Ich bin buchstäblich am anderen Ende der Welt! Wenn irgendetwas Schlimmes ist, kann ich nicht mal eben schnell zu ihnen. O Gott, was mache ich hier? Warum habe ich das vorher nicht bedacht?

Ich gehe ins Wohnmobil und rufe Dad an. Mein Herz klopft wie wild. Auch sein unbekümmertes »Hallo, Peyton« beruhigt mich nicht.

»Was ist los?«, will ich wissen. »Ist was passiert?«

»Nichts ist los. Wovon redest du?«

»Geht es Mum gut?«

»Natürlich. Ich würde dir sagen, wenn nicht.«

»Und Grandma?«

»Sie erfreuen sich alle bester Gesundheit, mein Schatz.«
Das »mein Schatz« rührt uns beide und ich blinzele plötzliche, sinnlose Tränen weg. »Wir sind alle wohlauf.«

»Okay. Gut.« Ich atme erleichtert aus und sinke in den Beifahrersitz. »Weshalb rufst du dann an?«

»Na, es ist schon eine Weile her, dass wir uns unterhalten haben. Ich wollte mal wieder deine Stimme hören und mich davon überzeugen, dass es dir gut geht.«

»Mehr als das. Alles ist perfekt. Wir sind gerade auf einem Campingplatz in Whistler.«

»Im Skigebiet?«

»Nicht direkt, aber in der Nähe, ja.«

»Ich erinnere mich. Ein richtig schönes Fleckchen.«

»Warst du mal hier?«

»Vor Jahren, du warst noch klein. Ich war auf einer Konferenz in Vancouver. Es gab das volle Programm – man hat uns mit einem Wasserflugzeug nach Whistler geflogen.«

»Davon hast du nie erzählt.«

Er lacht. »Du hast nie gefragt.«

»Aber du hättest es mir doch spätestens sagen können, sobald ich in Vancouver war!«

»Da war ich krank vor Angst, weil meine Tochter ausgebüxt ist. Ich hatte Besseres zu tun als praktische Sightseeing-Tipps zu geben. Apropos – wie läuft deine Reise? Passt du gut auf dich auf?«

»Ja, Dad. Die anderen kümmern sich wirklich toll um mich. Du brauchst dir keine Sorgen zu machen.«

»Das tue ich trotzdem. Hör mal ... was ich fragen wollte ... du bist doch nicht etwa nach Kanada geflogen, weil Cannabis da legal ist? Ich habe ein bisschen recherchiert.«

Ich verdrehe die Augen, auch wenn nur das Lenkrad es mitkriegt. »O Gott, Dad, nein!«

»Ganz sicher? Du hast kein Drogenproblem?«

»Das habe ich euch doch schon erklärt. Ich habe das Zeug nur wegen meiner Freunde genommen – die keine echten Freunde waren. Ich habe seitdem nichts mehr angerührt. Und das will ich auch nicht mehr, nie wieder.«

Schweigen. Misstrauisches, skeptisches Schweigen.

»Habt ihr denn gar kein Vertrauen in mich?«

»Nein«, sagt er knapp.

Na super. Der herzliche Plauderton hat ja richtig lange gehalten.

»Dad!«

»Ich hatte Vertrauen in meine vernünftige, ehrliche Tochter. Eine, der nicht im Traum eingefallen wäre, ans andere Ende der Welt zu fliegen und dabei im Vorbeigehen mal eben die Schule zu schmeißen. Und das Ganze auch noch von meinem Geld, ohne zu fragen. Wie sollen wir dir denn vertrauen? Wir haben das Gefühl, wir kennen dich kaum noch.«

Das schon wieder. Als ob sie mich im letzten Jahr *so* besonders gut gekannt hätten. »Du hast doch *genau* das Gleiche gemacht«, entgegne ich. »Als du so alt warst wie ich, bist du auch rumgereist.«

»Nein, das war nicht das Gleiche«, erwidert er angespannt. Mir ist klar, dass er sich gerade schwer zurückhalten muss, um nicht laut zu werden. »Ich hatte einen Plan. Ich habe lange für diese Reise gespart und konnte für alle Kosten selbst aufkommen.«

»Ich zahle dir das Geld für die Flugtickets zurück.«

»Darum geht's nicht.«

»Rufst du deshalb an? Um mir noch eine deiner Standpauken zu halten?«

»Ich wollte einfach mit dir reden. Aber das bedeutet nicht, dass ich es gutheiße, was du da machst. Und das weißt du auch. Wenn es nach mir ginge, wärst du schon auf dem Heimflug.«

»Aber wenn du so drauf bist, will ich gar nicht heimkommen, merkst du das eigentlich?«

»Um Himmels willen, Peyton, du verhältst dich wie ein Kleinkind.«

»Tu ich nicht.«

»Doch, tust du. Wenn ich dich für reif genug halten soll, allein zurechtzukommen, dann darfst du nicht so bockig sein.« Als ich nicht antworte, fährt er fort: »Ich erwarte, dass du von Banff aus sofort nach Hause kommst.«

»Tja, das werde ich aber nicht«, sage ich. Bockig.

»Hast du denn einen Plan, wie es von da aus weitergehen soll? Einen, der was taugt?«

Ich schweige. Von der Zeit, die nach Banff kommt, habe ich nur eine ganz verschwommene Vorstellung, als würde sie gar nicht existieren. Ich will nicht darüber nachdenken, was passiert, wenn das hier vorbei ist, wenn ich nicht mehr mit diesen Menschen zusammen bin, sondern wieder allein, und all das Wunderbare, das ich endlich gefunden habe, ein Ende hat. Ich schlucke. »Noch nicht.«

»Peyton! So nicht.«

»Bitte werd nicht wieder sauer.«

»Ich bin nicht sauer, ich mache mir Sorgen. Du hast wirklich nicht vor, deinen Großvater zu besuchen?«

»Nein.«

»Hm, vielleicht solltest du es tun.« Das überrascht mich. »Womöglich siehst du dann ein paar Dinge klarer – auf die eine oder andere Art.«

Wie meint er das denn jetzt? »Aber ich kenne ihn doch nicht mal.«

»Ich auch nicht«, sagt er gepresst. »Trotzdem gehört er zur Familie. Falls du tatsächlich keine Pläne haben solltest und dich aus irgendeinem Grund weiterhin weigerst, nach Hause zu fliegen, fahr zumindest mal vorbei.«

»Wird er mich nicht wegschicken? Er kennt mich doch auch nicht.«

»Nein. Unter diesen Umständen wird er sich vermutlich sogar über einen Besuch freuen. Egal, vergiss es, ich hätte das lieber gar nicht erst vorschlagen sollen. Komm einfach nach Hause, zurück zu deiner richtigen Familie und in dein echtes Leben. Dein Platz am College hängt nur noch am seidenen Faden ...«

»Dad!« Ich brülle ins Telefon. Laut. Und dabei weiß ich nicht mal, warum. Wahrscheinlich hat es irgendwie mit den Worten »echtes Leben« zu tun und wie sehr sie mich treffen. »Hör zu. Ich habe das College abgebrochen. Und zwar endgültig. Ich werde *nicht* dorthin zurückkehren, um das Schuljahr zu beenden. Okay? Du kannst mich nicht zwingen. Mir sind alle diese Fächer total egal. Und ich werde später auch auf keinen Fall etwas in die Richtung machen. Es hat einfach keinen Sinn, mich zu etwas zu drängen, das ich hasse, nur weil du dir das in den Kopf gesetzt hast.«

»Peyton –«

»Nein, Dad. Wir können dieselbe Diskussion nicht noch

tausendmal führen.« Vor der Windschutzscheibe nehme ich eine Bewegung wahr und plötzlich erkenne ich Beasey, der mich beunruhigt mustert. Ich versuche, meine Stimme unter Kontrolle zu kriegen. »Du, es ist spät hier, ich sollte langsam schlafen gehen.«

»Natürlich.« Dad spricht jetzt leise, als gäbe er sich geschlagen. »Peyton ...« Einen Augenblick lang glaube ich, er möchte sich entschuldigen. Aber das tut er nicht. »Gute Nacht.«

Als ich vors Wohnmobil trete, kommt Beasey auf mich zu. Ihm steht die Sorge ins Gesicht geschrieben. Aber er sagt nichts, sondern wartet auf sein Stichwort.

»Das war mein Vater«, sage ich unnötigerweise. »Er ist ... nicht besonders froh darüber, dass ich durch die Weltgeschichte reise.«

Beasey hebt die Augenbrauen. »Nicht?«

»Nein.«

Als ich mich setze, gesellt er sich wieder zu mir und hört dann geduldig zu, während ich den Gesprächsverlauf für ihn wiedergebe. Jedenfalls bis zu dem Punkt mit Grandad. Da öffnet er den Mund, hält sich dann aber zurück.

»Na, sag schon«, fordere ich ihn auf.

»Ich dachte, deinen Großvater zu besuchen wäre der Sinn der Sache? Hast du das nicht gesagt?«

»Er lebt in Alberta, so viel stimmt. Aber ich werde ihn nicht besuchen.«

»Warum nicht?«

»Weil ich ihn nicht mal kenne. Er ist kein typischer Großvater.«

Beasey wirkt völlig verdutzt. »Aber wieso hast du dann behauptet, du würdest ihn besuchen?«

»Na ja, das habe ich auch den Grenzschutzbeamten erzählt, damit sie mich ins Land lassen. Und nicht glauben, ich würde einreisen, um ... na ja ... zu tun, was auch immer Leute ohne legitime Einreisegründe ihrer Vorstellung nach so treiben. Euch gegenüber habe ich es bloß erwähnt, weil ihr alle so schockiert darüber wart, dass ich keinen Plan habe.«

Einen endlosen Augenblick lang sieht Beasey mich nur an und seine Miene spiegelt halb Ungläubigkeit und halb Verwirrung wider. »Fuck«, sagt er schließlich. »Du hast echt nicht die leiseste Ahnung, was du hier eigentlich tust, oder?«

Das trifft es natürlich ziemlich genau, trotzdem bin ich sofort in Abwehrhaltung, vor allem, weil Beasey »fuck« gesagt hat, was nicht zu ihm passt. »Doch. Ich reise rum.«

Er schüttelt den Kopf. »*Wir* reisen rum. *Du* bist völlig unvorbereitet in ein fremdes Land geflogen und hattest sehr viel Glück.«

Wieder wahr. »Das ist ungerecht.«

»Was machst du denn, wenn wir uns in alle Himmelsrichtungen verteilen? Wie willst du zurechtkommen?«

»Ich kann allein auf mich aufpassen«, erwidere ich gekränkt. »Ich bin nicht vollkommen unfähig. Die Zeit mit euch ist toll, aber ich bin dabei, weil ich euch mag, nicht weil ich euch brauche.«

Er wirkt skeptisch.

»Findest du etwa auch, dass ich nach Hause fliegen sollte?«

»Nein! Natürlich nicht. Aber vielleicht solltest du dir etwas klarer zurechtlegen, was du vorhast. Das schon.«

»Das werde ich. Ich überlege mir was. Aber noch nicht. Gerade will ich einfach das Hier und Jetzt genießen.« Ich zögere. »Mit dir. Und den anderen. Reicht das erst mal?«

Seine Züge werden weich. »Na gut, das reicht für den Augenblick.«

Als die anderen zurückkommen, sehe ich an ihrem Lächeln, dass sie davon ausgehen, zwischen mir und Beasey sei etwas gelaufen. Mir ist das peinlich und ich frage mich, ob Beasey aus genau diesem Grund angeboten hat, mich zu begleiten. Aber er hat nichts versucht, nicht mal ansatzweise. Deshalb beschließe ich, nicht weiter darüber nachzudenken. Wir könnten außerdem ohnehin nicht zusammen sein, weil wir als Paar keine Zukunft hätten, und etwas Unverbindliches ginge auch nicht, schließlich hausen wir mit fünf anderen in einem Wohnmobil. Es ist also total unerheblich, dass meine Haut zu prickeln beginnt, wenn er mir nahe ist, oder dass mir manchmal der kleine, elektrisierende Gedanke kommt, wie es wäre, ihn zu küssen. In einem anderen Leben hätte aus uns vielleicht was werden können, aber in diesem Leben soll es einfach nicht sein.

Während ich im dunklen Wohnmobil liege und nicht einschlafen kann, denke ich über meine letzte Beziehung nach. Ich versuche, die Peyton, die ich mit Travis war, mit der Peyton in Einklang zu bringen, die ich jetzt bin, und der, die ich mit jemandem wie Beasey sein könnte. Das Problem ist, dass ich das alles immer noch nicht ganz kapiere, selbst rückblickend nicht.

Zunächst mal gab es in Travis' und meiner Beziehung keines dieser typischen Stadien, von denen ich gelesen oder die ich in Filmen gesehen habe. Keine »Flitterwochen«-Phase, in der wir nicht genug voneinander bekommen konnten und nur Augen für den anderen hatten, mit rosaroter Brille und Dauergrinsen. Kein ewiges Heckmeck um das »Ich liebe dich« bis hin zu diesem einen, superemotionalen Moment, in dem es plötzlich ausgesprochen wird und alles verändert. Wir hatten keine richtigen Dates und ich habe seine Eltern nie kennengelernt. Wir haben weder Liebesbriefe ausgetauscht noch Küsse unter dem Sternenhimmel.

Doch was hatten wir dann? Immerhin waren wir zusammen, fast ein ganzes Jahr lang, und dabei kann es doch nicht nur um Sex (für ihn) oder um Freunde (für mich) gegangen sein. Einmal habe ich einen Comic über uns gezeichnet, *Die Abenteuer von Travis und Peyton*, von dem er total begeistert war. Seine Ohren und Wangen liefen rosa an, als er auf die kleinen Cartoon-Versionen von uns hinablächelte (die in jedem Fall mehr Spaß hatten als wir im echten Leben, schön innerhalb der Bleistiftrahmen ihres Comic-Daseins). Er konnte sehr sanft sein, richtig süß. Er nannte mich einfach nur Pey, statt Pey-Pey, und mir gefiel das, weil es sich wie etwas anfühlte, das ganz uns gehörte.

Aber ich habe ihn nicht geliebt und er mich nicht. Es war mir die ganze Zeit bewusst, selbst während wir die Worte dennoch aussprachen. Ehrlich gesagt verstehe ich immer noch nicht, wie ich so lange mit jemandem zusammen sein konnte, in den ich nicht verliebt war und den ich als Person gar nicht mal besonders mochte. Jetzt, da in meiner Erinnerung schon alles zu verschwimmen beginnt, frage ich mich oft, worüber wir eigentlich geredet haben. Denn wir müssen uns ja unterhalten haben. Was haben wir in der Zeit gemacht, die wir zu zweit verbracht haben, wenn wir keinen Sex hatten? Aber wahrscheinlich ist genau das der Punkt – denn streng genommen waren wir kaum allein, und wenn, dann hatten wir Sex.

O Gott, Sex mit Travis. Meine Erinnerungen daran sind nicht besonders ... besonders. Und das tut mir leid, leid für ihn. Für uns beide. Er wusste einfach nicht, was er da tat und wie er es hätte besser machen sollen. Und ich habe es ihm nie erklärt, habe ihn die Dinge sagen lassen, von denen er annahm, er müsste sie sagen, und ihn mich so anfassen lassen, wie er es Männer in Videos hatte tun sehen. Ich hätte versuchen sollen, mit ihm zu reden oder es ihm zu zeigen, aber das habe ich nicht. Vielleicht, weil es mir im Grunde egal war. Es ging nie darum, wie gut er als Freund oder Liebhaber war. Darauf kam es mir nicht an. Überhaupt ging es mir nie wirklich um ihn. Womöglich hat er das auf irgendeine Art geahnt.

Deshalb gebe ich mir Mühe, fair zu sein. Ich will mich daran erinnern, dass er gute Momente hatte, in denen er sehr lieb sein konnte. Zum Beispiel hat er mir mal eine mit einem Geschirrtuch ausgelegte Tupperdose voller Brownies mitgebracht, die seine Mutter gebacken hatte, einfach weil er mir eine Freude machen wollte. Und er hat mal seinen Hoodie ausgezogen und damit die nasse Bank abgetrocknet, auf die ich mich gerade setzen wollte. Er hat mir immer über die Haare gestrichen, wenn ich mit dem Kopf in seinem Schoß lag, stoned und schläfrig, während er Videospiele spielte. Und als Eric irgendwann halb scherzhaft meinte, sie könnten mich und Flick ja mal eine Nacht teilen oder tauschen, hat Travis ihn scharf zurechtgewiesen. Er hätte mitlachen, sich mit Eric gegen mich verbünden können, aber das hatte er nicht getan. Und dafür war ich ihm wirklich dankbar. Damit will ich sagen: Es gab diese Momente. Aber wie in der Freundschaft mit den anderen waren sie letzten Endes nur das: Momente. Und auf ein Jahr hochgerechnet, waren es auch nicht besonders viele. Wie eine Handvoll Zuckerstreusel auf einer gigantischen Schüssel voll Scheiße.

Denn wenn ich ehrlich bin, gab es auch zig Situationen, in denen er weder lieb noch süß war. Zum Beispiel damals, als er schlecht gelaunt war und zu mir gesagt hat, ich wäre eine »lästige Klette«, woraufhin ich völlig aufgelöst Entschuldigungen gestammelt habe, denn wenn ich irgendetwas auf gar keinen Fall sein wollte, dann eine lästige Klette. Und wenn wir mit den anderen zusammen waren und ich etwas sagte, was er für dumm hielt, verdrehte er übertrieben die Augen, entweder in meine Richtung oder – schlimmer – in Erics. Schrieb ich ihm Nachrichten, ignorierte er mich manchmal stundenlang und an insgesamt vier unterschiedlichen Tagen, an denen wir ausgemacht hatten, dass er mich abholen und mit zur Schule nehmen würde, vergaß er mich, sodass ich doch mit dem Bus fahren musste und natürlich zu spät kam. Und er hatte diesen Blick, gelangweilt und voller Verachtung, wenn sich meine ganze angestaute Frustration und Enttäuschung einen Weg hinaus bahnte, als ich ihn anschrie und zu weinen anfing. (Später seufzte er dann irgendwann, entschuldigte sich und umarmte und küsste mich, bis ich schließlich nachgab, mit seiner Zunge im Mund und dem Gedanken im Kopf: Er ist mein Freund. Mein Freund. Ein *Freund*.)

Ich versuche, mich zu erinnern, ob es sich damals schon so deprimierend angefühlt hat, wie es aus der Retrospektive wirkt. Einen Großteil der Zeit war ich high und dann war mir vieles einfach egal. Ich glaube aber, vor allem war ich dankbar. So scheißdankbar, dass diese Leute bereit waren, meine Freunde zu sein, auch wenn die Freundschaft möglicherweise nicht so war, wie ich sie mir eigentlich herbeigesehnt hatte. Aber mit Travis Schluss zu machen, hätte bedeutet, sie alle zu verlieren, so viel war mir klar. So war es ja mit seiner Ex-Freundin gewesen. Vielleicht wären die Dinge anders gelaufen, wenn ich ihn damals an diesem ersten Abend bei Flick nicht geküsst und ihn nicht als meine Eintrittskarte in die Gruppe gewählt hätte, statt einfach darauf zu vertrauen, dass sie auch so meine Freunde werden würden. Aber ich hatte ihn geküsst und die Dinge waren nicht anders gelaufen und so musste ich eben glauben, dass es das wert gewesen war. Welche andere Möglichkeit hatte ich?

Ich bleibe noch lange wach, wälze hier in diesem dunklen Wohnmobil Gedanken hin und her, und als ich endlich einschlafe, träume ich von ihm. Er blickt mich mit zusammengekniffenen Augen durch eine Scheibe an – ich sitze in einem Bus. »Pey?« Seine Stimme ist gedämpft. Ich schüttele den Kopf. »Nein, das bin ich nicht.« Ich wende mich vom Fenster ab und sehe, dass der Bus vollkommen leer ist. Nur Reihen um Reihen verwaister Sitzplätze. Als ich mich zurückdrehe, ist auch Travis verschwunden. Ich bin allein.

Maja hat für den nächsten Tag eine Wanderung geplant, und sobald wir alle wach sind, fragt sie uns euphorisch, wer mitkommen möchte.

»Man kann nicht in Whistler sein und nicht wandern gehen«, erklärt sie. »Dieser Ort ist wie gemacht dafür!«

»Ich dachte, fürs Skifahren«, wirft Stefan ein. Er hängt mit noch halb geschlossenen Augen über dem Tisch.

»Nicht im Oktober«, widerspricht Maja gut gelaunt, »jetzt ist Wanderwetter.«

»Was hast du denn angedacht?«, will Khalil wissen. »Wir wollten heute eigentlich Kajak fahren.« Er zeigt auf Lars, Stefan und Beasey, die alle nicken.

»Wir sparen uns unsere Wanderenergie für Jasper und Banff auf«, meldet sich Lars zu Wort.

»Bis dahin könntet ihr eure Energiereserven schon noch wieder auftanken«, wendet Maja ein, »aber na gut.« Sie verdreht die Augen und lächelt Sewa und mich an. »Was ist mit euch beiden?«

»Ich werde mich noch mal hinlegen«, sagt Sewa. »Ich brauche dringend mehr Schlaf.«

Ein Hauch von Enttäuschung huscht über Majas Gesicht.

»Wo soll es hingehen?«, frage ich. »Ich komme mit.«

Sie zeigt mir die Route, die sie sich zurechtgelegt hat und die zum Rainbow Lake führt. »Ich habe ein wenig recherchiert und die Strecke scheint zu dieser Jahreszeit am besten geeignet zu sein. Es ist aber eine ganz ordentliche Wanderung.«

Was bedeutet – wie sie mir erklärt, nachdem wir bereits losgelaufen sind –, dass sie so ungefähr sechs oder sieben Stunden dauern wird. Noch nie habe ich so viel Zeit am

Stück allein mit jemandem verbracht, der nicht zu meiner Familie gehört. Mit Ausnahme von Travis vielleicht, aber Sex und Schlafen zählt eigentlich nicht. Trotz meiner leichten Beunruhigung freue ich mich darauf. Die Bilder, die Maja mir gezeigt hat, sahen toll aus, die Luft ist klar und frisch, und vom Wohnmobil wegzukommen und ein bisschen Zeit ohne die Jungs zu verbringen, ist zur Abwechslung auch mal ganz nett.

Der Weg führt uns durch dichtes Gehölz, über Brücken und an Wasserfällen und gigantischen Bäumen vorbei. Nach ein paar Stunden kriege ich Blasen an den Füßen, aber Maja ist top vorbereitet und hat einen Miniverbandskasten mit Blasenpflastern dabei. Als wir kurz verschnaufen und etwas trinken, schließe ich die Augen, damit ich den Geräuschen des Waldes, der Vögel und des Windes lauschen kann.

»Machst du so was oft?«, frage ich Maja, als wir aufstehen und weiterziehen.

»Wandern?«

Ich nicke.

»Ja, wann immer es geht. Nächstes Jahr würde ich gern den Pacific Crest Trail laufen, falls ich bis dahin fit genug bin und ausreichend Geld gespart habe.«

»Ist der lang?«

Sie lacht. »Oh ja, der ist lang. Über viertausendzweihundert Kilometer. Die Wanderung dauert mehrere Monate.«

»Wow!« Doch was ich eigentlich denke, ist: *Warum?!*

»Das ist ein Traum von mir«, fügt sie hinzu. »Aber mal schauen. Bist du bisher viel gewandert?«

Ich schüttele den Kopf. »Eher nicht. Mit der Familie haben wir früher ausgedehnte Spaziergänge gemacht. Mein

Dad wandert gern. Als ich klein war, waren wir ein paar Mal im Snowdonia-Nationalpark – kennst du den? In Wales? –, aber das letzte Mal ist ewig her.«

Beim Gedanken an Dad und diese Familientouren, bekomme ich ein ganz schlechtes Gewissen. Das war seit Jahren kein Thema für mich. Sobald ich wieder zu Hause bin, könnte ich ja vorschlagen, dass wir mal wieder wandern gehen. Mit der ganzen Familie. Wir könnten den Ben Nevis in Schottland hochlaufen oder so.

»In Snowdonia war ich mit meinem Freund«, sagt Maja. »Wir haben alle Gipfel in Großbritannien bestiegen.«

»Du hast einen Freund?« Ich bin überrascht. Warum hat sie ihn denn bisher gar nicht erwähnt? Ich habe vermutet, dass sich zwischen ihr und Sewa womöglich etwas anbahnt.

»Hatte«, korrigiert sie mich. »Mein damaliger Freund, mittlerweile mein Ex.«

»Oh.«

»Wir waren eine ganze Weile zusammen. Und glücklich. Dachte ich zumindest. Aber er hat eine andere kennengelernt. Passiert.«

»Das tut mir leid.« Etwas Besseres fällt mir nicht ein.

Sie zuckt mit den Schultern, schweigt aber. Ihr Ex muss ein ziemlicher Vollidiot sein, wenn er jemanden wie Maja ziehen lässt.

»Bist du deshalb in Kanada?«

»Ja«, antwortet sie. »Wir hatten schon ewig vor, zum Wandern herzukommen. Freunde von uns wohnen in der Nähe von Banff, die wollten wir besuchen. In dem Leben, was ohne ihn noch übrig war, kam ich mir sehr verloren vor, also habe ich beschlossen, die Reise allein zu unternehmen.

Meine Freunde warten in Banff auf mich und ich glaube, es wird mir guttun, sie zu sehen.« Sie lächelt mich an. »Tolle Menschen machen schlimme Dinge erträglicher.«

Ich nicke.

»Und jetzt zu dir, Peyton. Was hat dich den ganzen Weg nach Kanada geführt?«

Vielleicht liegt es an diesem Ort, daran, wie friedlich es hier ist, oder an Maja, an ihrer Offenheit und der unaufdringlichen Freundlichkeit, mit der sie mir von Anfang an begegnet ist, jedenfalls löst sich eine Sperre in mir und ich rede. Während wir durch den Wald laufen, erzähle ich ihr von dem fiesen Mobbing an der Claridge, von der Einsamkeit, von Travis und Flick und wie die beiden die Einsamkeit auch nicht vertreiben konnten. Mehr kriege ich allerdings nicht heraus. Ich bringe es nicht über mich, ihr anzuvertrauen, wie schlimm es wurde, wie sehr ich mich veränderte und was ich alles getan habe. Ich konzentriere mich auf das Mobbing, wie tief es mich verletzt hat, so sehr, dass ich fürchte, die Narben immer mit mir zu tragen.

»Es sollte ein anderes Wort dafür geben«, füge ich hinzu. »*Mobbing*. Das hört sich so banal an.«

»Nein, gar nicht«, erwidert Maja.

»Doch, irgendwie schon. Es ist so ein weiches Wort, wie etwas, das man belächeln und einfach wegstecken kann. Wenn ich zu meinen Eltern gesagt habe ›*Ein paar von den anderen Kindern mobben mich*‹, hielten sie das für normal. Für etwas, wo alle irgendwann mal durchmüssen. Wenn man erwachsen ist, gibt es noch so viele andere Begriffe – wie ›Belästigung‹, ›Misshandlung‹ oder ›psychische Körperverletzung‹. Aber wenn es unter Kindern passiert, nennt man es bloß Mobbing. Ich versteh nicht, wieso so was geduldet wird. Sie ... sie haben mich kaputt gemacht. Tag für Tag ein bisschen mehr, jahrelang.«

Gerade als ich kurz davor bin, in Tränen auszubrechen, erreichen wir den Rainbow Lake und ich lache stattdessen überwältigt auf. »Oh, wow!«

Maja seufzt zufrieden. »Das war es wert, oder?«

Wir suchen uns ein Plätzchen am Ufer und holen unseren Proviant hervor. Ein paar Minuten lang essen wir in einträchtigem Schweigen, bis Maja sagt: »Es tut mir sehr leid, dass du so verletzt wurdest. Das muss eine schreckliche Erfahrung gewesen sein, vor allem in dem Alter. Wenn man gerade erst herausfindet, wer man eigentlich ist. Das ist wie ...« Sie überlegt. »Wie wenn man einen Kuchen halb fertig aus dem Ofen nimmt und einmal von oben hineinboxt.«

Zu meiner eigenen Überraschung pruste ich laut los. »Ja, so ist es. Ganz genau!«

»Aber der Kuchen schmeckt am Ende trotzdem köstlich.« Sie spinnt die Analogie weiter. »Es wird ein ganz famoser Kuchen.«

Ich lache schon wieder. »Tja, das hoffe ich. Mir tut es übrigens auch sehr leid, dass dein Freund mit einer anderen abgehauen ist.«

»Mir auch«, sagt sie. »Ich war am Boden zerstört. Aber ich versuche, es nicht allzu persönlich zu nehmen. Man darf seinen Selbstwert nicht von anderen Leuten abhängig machen. Es ist nie deine Schuld, wenn andere nicht erkennen, was in dir steckt.« Lässig wischt sie sich die Hand am Gras vor ihr ab, als hätte sie nicht gerade etwas total Tiefsinniges von sich gegeben, das ich abspeichern werde, um es wieder hervorzuholen, wann immer mir Amber Monroes fieses Grinsen in den Kopf kommt.

»Aber es ist so schwer«, erwidere ich. »Nicht darauf zu hören, was andere denken, meine ich.«

»Natürlich ist es schwer. Wandern ist auch schwer. Aber schau doch«, sie breitet die Arme aus, »womit du belohnt wirst.«

Ich muss lächeln. »Stimmt. Ich wünschte nur ... ich wünschte, es wäre alles ein bisschen einfacher. Der Umgang mit Leuten, weißt du?«

»Wenn alles immer leicht wäre, würde niemand je irgendwas lernen.«

»Aber sind die Lektionen das alles wert?«

Sie nickt. »Ja, sind sie. Jede einzelne. Daran glaube ich fest. Du wirst im Laufe deines Lebens viele wunderbare, bereichernde Beziehungen jeglicher Art zu anderen Menschen haben und sie werden alle besser durch das, was du in den vorherigen gelernt hast.«

Mir gefällt die Vorstellung, dass da was Wahres dran sein könnte. Dass es möglicherweise einen Grund für all den Mist gibt, der passiert ist. Lektionen, die man lernt, statt Fehler, die man bereuen muss. Vielleicht sind es eines Tages nur noch Anekdoten, Schnipsel aus einer unglücklichen Phase. Manche davon sind dann womöglich eher lustig als traurig. Vielleicht bin ich in ein paar Jahren in der Lage, darüber zu lachen. Zum Beispiel über die Geschichte vom *Schlag ins Gesicht*. Richtig erzählt, könnte die ein richtiger Brüller sein. Damals hielt ich das ja auch für witzig. Oder zumindest redete ich mir das ein.

aka

DER SCHLAG INS GESICHT

aka

HEY, PEYTON, WEISST DU NOCH,
ALS DU SO RICHTIG SCHÖN EINS IN DIE
FRESSE BEKOMMEN HAST?

aka

MIT DEN GANZEN WARNLÄMPCHEN KÖNNTEST
DU EINEN WEIHNACHTSBAUM SCHMÜCKEN

So ungefähr einen Monat nach meinem Geburtstag muss das mit dem Schlag ins Gesicht passiert sein. Wir waren alle in unserem üblichen Zustand, betrunken und / oder high. Ich erinnere mich vage daran, dass wir Monopoly gespielt haben. Vielleicht sogar Risiko. Wobei das eigentlich eher unwahrscheinlich ist, weil es dafür weit mehr Gehirnzellen gebraucht hätte, als wir an diesen Abenden zur Verfügung hatten. Es war schon spät, bestimmt nach zwei Uhr nachts, und wir hatten gerade die geräuschvollste Phase unserer Treffen erreicht, die, in der Flick und Eric entweder auf der Couch trockenvögelten oder sich quer durch den Raum hinweg anschrien.

In dieser Nacht zogen sie eine richtige Show ab. Eric sagte zu Nico, Flick habe die tollsten Titten in ganz Surrey, woraufhin sie aufkreischte und ihm einen Klaps gab. Sie habe ja wohl die tollsten Titten im ganzen *Land*! Sie wurden immer lauter, Flick grinste süffisant, griff sich an die Brüste und reckte sie uns entgegen, während Eric sie anbrüllte: »Wer hat dir das gesagt, hm? Wer?« Nico meinte, sie müsse sie uns schon zeigen, damit wir das auch beurteilen könnten, und natürlich – weil Flick Flick war und noch dazu betrunken und high – tat sie genau das. Zack, zog sie T-Shirt und BH nach oben, für einen kurzen, aber aussagekräftigen Einblick. Eric reagierte zuerst: »Verdammt noch mal, Flick!« Er stöhnte genervt, aber gleichzeitig lag ein bescheuert-stolzes Grinsen auf seinem Gesicht. Nico folgte: »Stimmt, ziemlich nice.« Dann ich, entsetzt, aber voller Bewunderung: »Flick!« Und schließlich Travis: »Alter, Flick, du bist echt so was von billig.«

Habt ihr eine Ahnung, was für ein Chaos ausbricht, wenn ein Typ die Freundin eines anderen beleidigt, niemand nüchtern ist und keine Erwachsenen anwesend sind? Tja, ich sag's euch: Zunächst entlädt sich eine Salve aus Flüchen des Freundes, gefolgt vom Konter des Beleidigers, und einem Glas – wessen, lässt sich unmöglich mit Sicherheit sagen –, das über unsere Köpfe fliegt und mit dramatischem Klirren an der Wand zerschellt. Währenddessen verharrt die Beleidigte – Flick – mehr oder weniger in Schockstarre und bemüht sich, über den Vorfall zu lachen, auch wenn ihre Miene verrät, wie gekränkt sie ist. Callum ermahnt alle, sie sollten mal runterkommen. Eric stürzt sich mit erhobener Faust auf Travis. Und ich versuche aus einem seltsamen und unbegründeten Beschützerinstinkt heraus, Travis aus der Schusslinie zu ziehen.

Tja, und wer hat bei diesem Manöver natürlich den Schlag ins Gesicht bekommen? Jap, ich! Und damit meine ich, direkt ins Gesicht. Erics komplette Faust traf meinen Wangenknochen mit solcher Wucht, dass ich zurücktaumelte, gegen Flick prallte und zu Boden ging. Auf dem Rücken liegend, starrte ich an die Decke, an der kaleidoskopartig Sterne tanzten.

»Verdammte Scheiße, Eric!« Ich erinnere mich an Caseys Stimme, während sie mir behutsam aufhalf. »Du verblödeter Mistkerl!« Casey setzte mich aufrecht hin. Ganz vorsichtig berührte sie mein Gesicht. »Peyton? Peyton!«

»Es geht mir gut«, presste ich hervor, den Mund voller Blut.

Und das war nicht mal gelogen. Ich war so high, dass ich den Schmerz gar nicht spürte. Genauso wenig wie meine Zunge, die beim Aufprall irgendwie zwischen die Zähne geraten war. Wichtig war bloß, dass alle meine Freunde total aufgewühlt um mich herumstanden, wieder und wieder meinen Namen sagten und sich Sorgen machten. Um mich. Flick war in Tränen aufgelöst, fragte mich im Sekundentakt, wie ich mich fühlte, knabberte abwechselnd an den Fingernägeln oder gab Eric immer wieder einen wütenden Schubs. Der wiederum war sehr still geworden und glotzte mit großen Augen ins Leere. Callum und Nico fachsimpelten derweil übers Boxen. Das Gesicht sei dazu da, Schläge einzustecken. »Das wird schon wieder, Pey-Pey, du bist okay, oder?«, meinten sie. Und: »Pey-Pey ist knallhart, die steckt das weg.« Casey hatte ein improvisiertes Kühlkissen besorgt (gefrorene Erbsen, umwickelt mit einem Geschirrhandtuch), drückte es auf meine Wange und schnauzte, es sollten endlich mal alle die Klappe halten.

Sobald sie irgendwann tatsächlich davon überzeugt waren, dass es mir den Umständen entsprechend gut ging, lachten wir darüber. Viel. *Der Schlag ins Gesicht* wurde mehrmals nachgestellt, hauptsächlich durch Nico und Callum, und ich verteilte Noten von eins bis zehn. Eric entschuldigte sich – einmal vor allen, sehr laut, und noch ein zweites Mal in der Küche, sehr kleinlaut. »Manchmal brennen bei mir die Sicherungen durch. Ich bin echt ein Idiot.« (Später habe ich mich oft gefragt, ob er auf die Art auch Flick um Verzeihung bat, wenn er sie mal wieder scheiße behandelt hatte, oder ob er das einfach nie für nötig hielt.) Nachdem sich alle etwas beruhigt hatten, begutachtete Travis mein Gesicht, küsste mich sanfter als je zuvor und nannte mich seine Königin. Keine Formulierung, die er überzeugend rüberbringen konnte, aber ich war trotzdem hin und weg. Ich fühlte mich sogar wie eine Königin in dieser Nacht – glamourös und mächtig. Begehrenswert. Unbesiegbar.

Aber dann wachte ich am nächsten Morgen in meinem Bett zu Hause auf, mit rasenden Schmerzen im Gesicht. Sie waren so heftig, dass ich panisch zum Spiegel rannte. Der Bluterguss war ein schillernder Strudel aus Blau und Lila und erstreckte sich vom Winkel meines zugeschwollenen Auges über die komplette Wange fast bis zum Kieferknochen. Ich trug noch immer dieselben Klamotten und bemerkte Blutflecken auf meinem T-Shirt, die mir vorher nicht aufgefallen waren. Meine Schminke war verlaufen, meine

Augen waren glasig, mein Schädel dröhnte. Ich sah nicht aus wie eine Königin. Ich sah aus wie ein Totalschaden.

Das hätte mein Weckruf sein können. War es aber nicht. Weil ich das nicht zulassen wollte. Es war alles okay, sagte ich mir. Ich war jetzt die Hauptfigur in einer guten Geschichte, die schnell zu einem Insider wurde. Und genau das genoss ich in vollen Zügen, denn abgesehen von meiner Familie hatte ich noch nie mit jemandem Insiderwitze geteilt. Die hässlichen Details – wieso Eric überhaupt so die Hand ausrutschte, die Tatsache, dass wir alle mit siebzehn völlig zugedröhnt allein zu Hause waren, das Blut auf meinem Oberteil, der Zusammenprall von Faust und Knochen – wurden in den späteren Nacherzählungen und Aufführungen beiseitegelassen. Stattdessen wurden sie immer absurder und hatten immer weniger mit der Realität zu tun. Selbst ich vergaß allmählich, wie ich mich am nächsten Morgen gefühlt hatte, nüchtern und allein, als mir beim Betrachten meines Gesichts das nackte Elend entgegengesprungen war. Man würde nicht meinen, dass man so was vergisst – aber das tat ich. Man kann sich selbst von allem überzeugen, wenn man es nur ganz fest versucht, wenn man ganz fest jemand sein will.

Zumindest für eine Weile.

HIER & JETZT

Von *Whistler* nach *Jasper*

Am nächsten Morgen brechen wir zur nächsten Etappe unserer Reise auf. Die Strecke von Whistler nach Jasper ist deutlich länger als die letzte, aber wir haben uns inzwischen etwas mehr an Justin und aneinander gewöhnt. Es fühlt sich an, als hätte unser Roadtrip-Abenteuer jetzt so richtig Fahrt aufgenommen. Wir lassen uns insgesamt drei Tage Zeit für diesen Abschnitt und halten regelmäßig an, um auf dem Weg so viel wie möglich zu sehen. Das Wasser der Seen im Joffre Lakes Provincial Park hat eine so unwirklich türkisblaue Farbe, dass ich fast glaube zu halluzinieren. Ich versuche gar nicht erst, es in meinem Skizzenbuch abzubilden. Das wäre vergebene Liebesmüh. Also stehe ich einfach nur da und staune.

Unterwegs haben wir meist kein mobiles Internet und einen Fernseher gibt es im Wohnwagen auch nicht, deshalb vertreiben wir uns die Zeit mit Kartenspielen und Gesprächen zu zweit oder in kleinen Grüppchen. Einer sitzt immer vorne bei Sewa – meistens Maja oder ich –, um ihm Gesellschaft zu leisten, und auf irgendeinem Handy läuft ständig die Playlist, die wir gemeinsam vor der Abfahrt erstellt haben. Sie dauert drei Stunden, lang genug, dass es nicht stört, wenn sie sich irgendwann wiederholt. Auf einem der

Campingplätze nutzt Stefan das WLAN und lädt *The Bridge* herunter. In den darauffolgenden Tagen drängen er, Lars, Beasey, Khalil und ich uns um seinen Laptop, um die komplette Serie mit Untertiteln zu bingewatchen.

Natürlich ist nicht alles Friede, Freude, Eierkuchen. Für sieben ausgewachsene Leute ist das Wohnmobil einfach zu klein und wir sind uns ziemlich oft gegenseitig im Weg. Außerdem ärgern wir uns aus den unterschiedlichsten Gründen übereinander. Mich nervt es zum Beispiel, wenn sie mir mein Alter unter die Nase reiben, was regelmäßig vorkommt. Und dass Khalil summt, wenn er Langeweile hat, geht uns allen auf den Geist. Lars und Stefan brechen ab und an in schwedische Wortschwalle aus, deren Tonfall von launisch bis stinksauer reicht. Und Maja wirft uns zwischendurch vor, wir würden uns allesamt total kindisch aufführen. Im Prinzip zicken wir uns also durchgehend an.

Wir versuchen, dem entgegenzuwirken, indem wir so oft wie möglich anhalten, viel häufiger, als in unserem ursprünglichen Plan vorgesehen. Manchmal, wenn dicke Luft herrscht, fährt Sewa rechts ran und bellt: »In die Natur mit euch! Los, geht und habt einen Wow-Moment.« Und dann wuseln wir alle nach draußen und haben wirklich einen Wow-Moment. Denn entlang des Highways gibt es einfach *immer* etwas, was einen mit Staunen erfüllt. Nach kurzer Zeit hat der Ausdruck Meme-Status in unserer kleinen Familie. Ist jemand glücklich? »Ich hab einen Wow-Moment.« Unglücklich? »Ist grad echt kein Wow-Moment.« Willst du, dass jemand dich in Ruhe lässt? »Ey, such dir deinen Wow-Moment woanders.« Und so weiter.

Normalerweise halten wir schon am späten Nachmittag

auf Campingplätzen, statt noch bis weit in den Abend hinein zu fahren. Sewa hat uns erklärt, dass durchaus mal größere Tiere, wie Hirsche oder Elche, die Straßen überqueren, was das Fahren im Dämmerlicht oder bei Dunkelheit gefährlich macht. Auf den Campingplätzen, die wir ansteuern, gibt es oft kleine Lädchen, Waschmaschinen und bessere Duschen als im Wohnmobil. Die Aufgaben, die täglich anfallen, teilen wir unter uns auf – nur Sewa ist ausgenommen, weil er mit Abstand am meisten fährt.

Unser letzter Übernachtungsstopp vor Jasper ist der Wells Gray Provincial Park, in dem es Dutzende Wasserfälle gibt. Der ganze Ort ist so erfüllt von Wasserrauschen, dass er beinahe lebendig wirkt. Zuerst erkunden wir den Park alle gemeinsam, dann ziehen wir in kleinen Grüppchen weiter. Beasey und ich marschieren zusammen los. Sosehr ich unsere Wohnmobil-Familie auch mag, so schön ist es zur Abwechslung mal nur zu zweit. Es ist so still. So leicht. Ohne Eile wandern wir die zwei Stunden zu den Moul Falls. Die Route haben wir uns ausgesucht, weil es einen Pfad geben soll, der direkt hinter dem Wasserfall entlangführt. Hinter einem *echten Wasserfall*, wie in einem Disneyfilm.

Als ich das laut ausspreche, nickt Beasey. »*Robin Hood*«, sagt er.

Und dafür muss man ihn einfach lieben. Er hätte keine bessere Antwort geben können.

»Gut, dass du *daran* gedacht hast«, fügt er hinzu, »und nicht an den zweiten Teil von *Jurassic Park*.« Daraufhin muss ich so heftig lachen, dass ich mich verschlucke.

Ich hatte gehofft, ein paar tolle Aufnahmen von uns hinter dem Wasserfall zu bekommen, aber obwohl wir es beide mit den unterschiedlichsten Kameraeinstellungen versuchen, ist es einfach zu dunkel. Es gibt nur uns zwei, in der feuchten Kälte, und als ich zu zittern beginne, legt er den Arm um mich. Wenn ich diesen Moment vom Rest der Reise und von unseren Leben im Allgemeinen loslösen könnte, würde ich Beasey mein Gesicht zuwenden, das Kinn heben und mich endlich fallen lassen: Wir würden uns küssen und es wäre der perfekteste, romantischste Augenblick aller Zeiten. Wir würden uns gegenseitig wärmen und die Kälte vergessen, seine Brillengläser würden beschlagen, er würde meinen Namen flüstern und … O Gott, ich will das alles! So sehr! Aber man kann Momente nicht loslösen, so was wie Küsse im luftleeren Raum gibt es nicht. Sie hätten unweigerlich Konsequenzen und das würde bedeuten …

»Wir können trotzdem ein Selfie machen«, schlägt Beasey vor und seine Stimme klingt vollkommen normal, was meine vernünftige Seite erleichtert – und den Rest von mir enttäuscht.

»Na dann, los!« Ich stelle mich in Position.

Das Ergebnis ist ein Schnappschuss, auf dem wir beide verkrampft und mit angeklatschten Haaren in die Kamera lächeln. Der Hintergrund sieht nicht nach mystischer Hinter-dem-Wasserfall-Atmosphäre aus, sondern nach einem düsteren, feuchten Keller.

»Tja …«, sage ich.

»Tja …«, wiederholt er und fängt an zu lachen. »Wir müssen die Bilder wohl einfach in unserem Kopf abspeichern. So, wie man das früher gemacht hat …«

Etwas später treffen wir die anderen wieder und gemeinsam schlendern wir durch das nächstgelegene Städtchen,

Clearwater, ehe wir zum Wohnmobil zurückkehren. Wenn man all unsere Touren zusammenrechnet, haben wir insgesamt dreizehn Wasserfälle besichtigt und ich persönlich habe immer noch das Rauschen im Ohr. Am liebsten würde ich allen mitteilen, wie *lebendig* ich mich fühle, lebendiger als je zuvor, ich weiß nur nicht, wie, ohne total kitschig oder übertrieben dramatisch zu klingen. Trotzdem ist es wahr. Es kommt mir vor, als wäre jede einzelne Zelle in mir aufgewacht. Was, wenn ich ganz ehrlich bin, auch irgendwie mit dem Augenblick hinter dem Wasserfall zu tun haben könnte, in dem ich mir vorgestellt habe, Beasey zu küssen, und mein Körper so reagiert hat, als würden wir es tatsächlich tun. Was wäre passiert, wenn ich mich wirklich getraut hätte? Beasey hätte meinen Kuss erwidert, da bin ich ganz sicher. Und wer weiß, vielleicht wären die Konsequenzen davon ja auch gute gewesen …

Ich liege noch lange wach, während die anderen schlafen, und spiele in der Dunkelheit mit diesen immer verführerischer werdenden Gedanken. Doch nach einer Weile erinnere ich mich selbst daran, dass die Freundschaften, die ich hier geschlossen habe, mir mehr bedeuten als alles andere. Ganz besonders die zu Beasey. Er ist vermutlich der beste Freund, den ich je hatte. Und egal, wie gerne ich ihn anschaue oder wie sehr ich ihn küssen will, unsere Freundschaft möchte ich auf gar keinen Fall aufs Spiel setzen. Vor allem nicht, wenn das bedeutet, auch die Beziehung zu allen anderen zu riskieren. Ich rufe mir ihre Gesichter ins Gedächtnis, lebendige Beweise dafür, dass ich in der Lage bin, Freunde zu finden, gute Freunde.

Und dann schleicht sich, leise und verräterisch, noch ein

Gedanke in meinen Kopf, erschreckend genug, um all meine schlimmsten Ängste zu wecken. Mit weit geöffneten Augen starre ich an die dunkle Decke. Ich versuche, eine Panikattacke abzuwenden, aber es klappt nicht, Kälte kriecht mir in die Knochen und breitet sich in mir aus. *Was, wenn es nur hier funktioniert?* Was, wenn es irgendwie so ein Kanada-Ding ist? Vielleicht findet hier jeder Freunde, vielleicht ist das was Kulturelles, etwas, das man einfach so macht. Wie sich ordentlich in einer Reihe anstellen in England. Und ich war schon fast so weit zu glauben, dass diese Reise mich und mein Leben wirklich grundlegend verändern wird. Ich dachte, sie beweist, dass Einsamkeit kein wesentlicher Bestandteil meiner Persönlichkeit ist, an den ich mich gewöhnen muss, sondern bloß zu einer traurigen, schmerzvollen Phase gehörte, die ich hinter mir gelassen habe. Aber was, wenn das falsch ist? Was passiert, sobald ich wieder nach Hause fliege – und irgendwann muss ich das ja, oder? – und zusammen mit den Freunden, die ich gefunden habe, auch mein neues Ich zurücklasse? Was, wenn nach Hause zurückzukehren bedeutet, in genau dem gleichen Leben zu landen, aus dem ich geflohen bin?

Im Moment habe ich zwar das Gefühl, ich hätte überhaupt nichts mehr mit der Person gemeinsam, die ich früher war. Doch ich *bin* diese Person. Diese Version von mir, die all diese Dinge getan hat, ist immer noch da, irgendwo tief drin. Und wer weiß, ob sie nicht unter den richtigen Umständen – beziehungsweise wohl eher den falschen – wieder zum Vorschein kommen würde? *Ich bin stärker geworden*, sage ich mir hastig. *Ich verstehe vieles besser, was ich damals nicht verstanden habe.*

Ich versuche, langsam und kontrolliert zu atmen, wie wir es in der Schule bei dem Workshop zu Atemtechniken gelernt haben, für den Fall, dass man selbst oder jemand im Umfeld eine Panikattacke bekommt. Wie war das noch mal genau? Durch die Nase ein, durch den Mund aus? Und ich sollte irgendwie dabei zählen, oder? Ach, Mist.

Leise greife ich in den Beutel, den ich an eine Ecke des Stockbetts gehängt habe, hole meine Trinkflasche heraus und nehme ganz kleine, bewusste Schlucke, bis ich mich beruhigt habe. Das ist doch albern. Natürlich habe ich mich verändert. Und ich werde nicht dasselbe Leben führen wie vorher, schließlich habe ich das selbst in der Hand. Ich kann und werde diesmal einfach für Veränderung sorgen. Es ist so, wie Maja auf der Wanderung gesagt hat – ich habe aus meinen Erfahrungen gelernt. In Zukunft werde ich Warnsignale sofort als solche wahrnehmen und nicht erst im Nachhinein, wenn es zu spät ist.

Und heute wäre ich auch mutig genug, um meine Gefühle nicht einfach zu ignorieren und mich den Konsequenzen zu stellen. Ich durchforste mein Gedächtnis, versuche, mich an den letzten Sommer zu erinnern, als ich so unglücklich wurde, dass ich gar nicht länger darüber hinwegsehen *konnte*. Vielleicht lag es daran, dass ich schon so viel Zeit mit den anderen verbracht hatte. Vielleicht auch daran, dass der Glanz des Neuen verflogen war und ich begann, sie so zu sehen, wie sie wirklich waren, und nicht mehr nur, wie ich sie sehen wollte. Ich brauchte mehr Zeit für mich allein, was seltsam war, denn ich hatte eigentlich gedacht, ich könnte Alleinsein nicht ausstehen. Ich übernachtete immer seltener bei Flick oder Travis und machte mich früher als sonst auf den Weg nach Hause. Wenn ich dort ankam – zu high, um schlafen zu können –, zog ich mich in mein Atelier zurück, wo ich seltsame Fantasielandschaften mit ungewohnt grellen Farben malte, die ich normalerweise nicht verwendete. Morgens, wenn ich wieder nüchtern und klar im Kopf war, starrte ich sie manchmal fassungslos an. Ich versuchte, mich selbst in den Strichen zu entdecken, fand jedoch nur eine Fremde.

Auch sonst gab es innerhalb der Gruppe Veränderungen. Callum kam mit seiner neuen Freundin zusammen, die sich in unserer Gegenwart hauptsächlich zu langweilen schien. Während er sich zunächst bemühte, ganz normal mit uns rumzuhängen, saß sie auf dem Sofa und betrachtete ausgiebig ihre Fingernägel. Schließlich gab er auf und ihrer Gesellschaft den Vorzug. Das allein veränderte schon etwas, doch noch mehr wurde unser Freundeskreis durch eine andere Person beeinflusst, die auf einmal eine Freundin hatte: durch Casey, unseren Ruhepol.

Sie traf sich mit einem dunkelhaarigen, zerbrechlich wirkenden Mädchen namens Grace, das kaum etwas sagte. Wir lernten sie nur einmal kurz kennen, ehe Casey sie direkt wieder vor uns versteckte. Ein paar Wochen danach, als das Thema irgendwie auf Grace kam, machte Eric einen geschmacklosen Kommentar übers »Muschilecken« und Casey – die stoische, unerschütterliche Casey – brach vor unseren Augen in Tränen aus. Dann schnappte sie sich ihre Tasche und ging. Was Eric gesagt hatte, war scheiße, doch zu dem Zeitpunkt habe ich nicht verstanden, weshalb sie so getroffen war. Für mich war das in dem Moment einfach typisch Eric: primitiv und sensibel wie ein Holzhammer, aber im Grunde harmlos. Als ich Casey später bei *Clarks* besuchte, dem Schuhladen, in dem sie den Sommer über jobbte, meinte sie: »Mir ist schon klar, warum Flick den Mund gehalten hat. Aber warum hast *du* nichts gesagt?« Ich war gleichzeitig verwirrt und fühlte mich geschmeichelt, weil sie mich anscheinend für eine Person hielt, die sich für andere einsetzte (und auf deren Meinung man Wert legte).

Doch das tat ich nicht, weil ich leider viel zu sehr mit mir selbst beschäftigt war, um an Caseys Gefühle denken zu können. Zu meiner Verteidigung – oder der meines früheren Ichs – kann ich nur vorbringen, dass ich nämlich etwas abgelenkt war von dem Umstand, dass meine Tage zu spät kamen. Spät genug, um mich in Panik zu versetzen. Ich hatte nicht einfach nur Schiss, schwanger zu sein, sondern vor allem davor, möglicherweise Travis' Baby zu bekommen, das mich potenziell fürs ganze Leben an ihn binden würde. Meine Angst war so groß, dass es selbst für mich – immer noch von meiner eigenen Verdrängungskunst benebelt – mittlerweile unmöglich war, die Tatsache zu ignorieren, dass ich Travis nicht liebte, ja nicht mal besonders mochte. Auch nachdem meine Periode dann endlich gekommen war (vor Erleichterung hatte ich geweint), ertrug ich es eine Weile kaum, von Travis berührt zu werden. Ihn verwirrte und verletzte das, weshalb wir uns häufig in die Haare kriegten. Ich hätte ihn verlassen sollen, aber das brachte ich einfach nicht über mich.

Zu guter Letzt waren da noch Flick und Eric. Sie waren ja ohnehin meist laut und nervig zusammen, machten entweder ausgiebig rum oder stritten sich ohne jeden Grund. Aber in diesem Sommer wurden die Streitereien schlimmer. Eric war oft schlecht drauf und motzte Flick noch öfter an. Er beleidigte sie ohne seinen üblichen neckenden Tonfall, selbst dann, wenn sie nicht versuchte, ihn absichtlich auf die Palme zu bringen. An einem Tag im Spätsommer, nachdem wir alle einen unerträglich stickigen Tag drinnen mit Rauchen und Trinken verbracht hatten, verschüttete er sein Getränk über ihr Kleid. Sie schrie auf und gab ihm einen leichten Klaps auf den Arm. Daraufhin packte Eric sie an den Schultern, drückte sie gegen die Wand und rammte seine Faust direkt neben ihrem Kopf in die Tapete. Ich sehe noch lebhaft vor mir, wie sie sich instinktiv wegduckte, als hätte sie das schon häufiger tun müssen. Mehr als der Ausdruck auf Erics Gesicht oder das Geräusch seiner Faust, die mit der Wand kollidierte, war es diese Bewegung von Flick, die mir eine Gänsehaut verursachte. Travis zog Eric zurück und brüllte: »Alter, was glaubst du, was du da machst?«, während ich versuchte, meine Freundin zu trösten. Aber sie sperrte sich dagegen, schüttelte mich ab, wiederholte, alles sei in Ordnung, es ginge ihr gut, es sei *wirklich* alles in Ordnung.

Mich erschreckte die Szene. Ich denke, insgeheim uns alle. Aber niemand wollte darüber reden, am wenigsten Flick selbst, auch später nicht. »Du verstehst das nicht«, sagte sie, wenn ich es ansprach. »Du kennst ihn nicht so wie ich.« Und wenn ich dennoch nicht lockerließ, wurde sie wütend auf mich. Sie konnte ziemlich fies sein, wenn sie es drauf anlegte. Und weil ich nicht damit umgehen konnte, gab ich auf.

In der Nacht nach diesem Vorfall, als ich schweigend mit Travis in seinem Bett lag – er war den ganzen Abend sehr sanft und süß zu mir gewesen, ja richtig zärtlich sogar –, meinte er plötzlich: »Eric liebt Flick wirklich.« Ich antwortete: »Okay.« Er fügte hinzu: »Und ich liebe dich«, und ich wollte wieder antworten: »Okay«, aber stattdessen sagte ich: »Ich dich auch.« Logen wir beide? Oder war das nur ich? Nachdem er eingeschlafen war, blieb ich noch lange wach, lauschte seinem Schnarchen und fragte mich, wie ich hier hineingeraten war.

Alles in allem war es also kein besonders glänzender Sommer. Er war vielmehr dumpf und matt, wie eine Rostschicht, die sich über das legte, was ich mit aller Macht für etwas Strahlendes halten wollte. Im Grunde war klar, dass irgendwas schiefgehen würde. Es war unvermeidlich. Ich kann nicht so tun, als hätte ich das nicht irgendwo tief in mir drin geahnt.

Von *Whistler* nach *Jasper*

»Leute!«, schallt es am darauffolgenden Nachmittag zu uns nach hinten. Sewas Stimme klingt ungewöhnlich hoch und aufgeregt. Bis wir alle bei ihm sind, ist er schon rechts rangefahren und gestikuliert wild.

»Was ist los?« Lars wirkt ziemlich beunruhigt.

»Ein Bär!«

Alle stürzen sofort aus dem Wohnmobil. Nur ich zögere nervös, bis Beasey mir ein aufmunterndes Grinsen schenkt und mir verspricht, er würde nicht zulassen, dass ich gefressen werde.

Auch einige andere Autos haben am Straßenrand gehalten und die Fahrer beugen sich aus den Fenstern.

»Wo?«, fragt Maja.

Sewa deutet auf die Stelle und jetzt sehe ich es. Da ist wirklich ein Bär. Ein echter kanadischer Bär! Seelenruhig streift er zwischen den Bäumen umher, als wäre es das Normalste der Welt, als gäbe es keine Straße und keine Menschen.

»Wow!«, entfährt es mir.

»Jap, definitiv ein Wow-Moment«, sagt Lars.

»Und was für einer«, stimmt Khalil zu. »Ein Wow-Moment der Extraklasse.«

Zurück im Wohnmobil, als wir weiter nach Jasper tuckern, zeichne ich den Bären, wieder und wieder. Auf einem Bild winkt er uns zu, während wir völlig gebannt am Straßenrand stehen. Ich gebe ihm den Titel DAS GROSSE WOW.

Bevor wir am nächsten Morgen die Grenze nach Alberta überqueren, halten wir für eine Kaffeepause bei einem *Tim Hortons*. Es ist noch früh und ziemlich kalt, der Himmel wolkenlos. Die anderen stellen sich in der Schlange an, während ich mich ein bisschen abseits halte und mit dem WLAN verbinde. Es ist zwar sehr befreiend, unterwegs nicht erreichbar zu sein, aber bei solchen Gelegenheiten ins Internet gehen zu können, ist jedes Mal wie eine kleine Rückkehr in eine andere Welt. Sobald ich verbunden bin, schicke ich meinen Eltern die Mail, die ich am Abend vorher formuliert habe. Ich beschreibe darin alles, was in der Zwischenzeit passiert ist, hauptsächlich die Wasserfälle von Wells Gray und den Bären. Gerade will ich meine eigenen Mails lesen, die sich seit dem letzten Mal WLAN so angesammelt haben, als eine Benachrichtigung von Instagram auf dem Bildschirm auftaucht:

therealflickchick hat dich in einem Post markiert

Fast springt mir das Herz aus der Brust. *Flick*. Hat mich markiert? Warum? In was für einem Post? Woher weiß sie überhaupt von meinem Insta-Account?

Ich wische die Benachrichtigung weg und warte darauf, dass sich mein Puls beruhigt und das seltsame Gefühl sich anbahnender Tränen vergeht. Es sollte einen Ausdruck dafür geben, wenn einem zum Weinen zumute ist und man kurz davor steht, es aber gerade noch zurückhält. So, wie einem übel sein kann, ohne dass man sich tatsächlich übergibt.

In der Zeit, in der wir befreundet waren, habe ich mir Flicks Insta-Profil ständig angeschaut. Sie war ein bisschen genervt davon, dass ich mir offenbar »zu fein« für Instagram war, schien aber meine Erklärung zu schlucken, dass ich es für Zeitverschwendung hielt.

Natürlich habe ich Flick nicht abonniert, nachdem ich in Vancouver meinen Account erstellt hatte. Und ihren habe ich mir seitdem auch kein einziges Mal angesehen. Wie hat sie mich dann gefunden?

Ich gehe nach draußen, auf den Parkplatz, lehne mich an ein Geländer und öffne die App. Ich klicke ihren Post an und er füllt meinen Bildschirm. Da ist sie, genau wie in meiner Erinnerung, einen Mundwinkel spitzbübisch nach oben gezogen, und hält einen Arm in die Kamera. Zuerst bin ich total verwirrt, denn da ist eine Zeichnung auf ihrer Haut. Eine von mir. Die Mondphasen, die ich kurz vor dem Ende für sie gezeichnet habe. Ich höre ihre Stimme im Ohr, als stünde sie direkt neben mir. »Pey-Pey, das ist megaschön!« Aber wie kann das immer noch da sein, Monate später? Warum ist die Farbe nicht längst weggewaschen? Und dann, fast im selben Moment, als mein Blick auf die Caption fällt, wird es mir klar.

therealflickchick
Endlich 18 und mein erstes TATTOO! Soo geil! Danke **@inkartsurreywest** fürs Stechen und **@peytontheadventurer** für die Vorlage. Ich bin superhappy damit!

Eine ganze Weile starre ich das Bild an. Ich betrachte ihr vertrautes, nur angedeutetes Lächeln, den Ausdruck in ihren Augen, nicht direkt traurig, aber auch nicht glücklich. Sie trägt ein schwarzes T-Shirt und schwarze Skinny-Jeans, von denen man nur den Bund sieht, dazu ein ebenfalls schwarzes Basecap auf dem Kopf, mit dem ich Eric schon gesehen habe. Sie wirkt nüchtern. Ich hoffe, sie ist es.

Ich scrolle noch weiter runter, um die Kommentare zu lesen. Die meisten Leute wünschen ihr einfach alles Gute zum Geburtstag und schreiben, wie cool sie das Tattoo finden. Jemand mit einem Nickname, den ich nicht kenne, hat kommentiert: **Wow, das Motiv! Schockverliebt!!!** Und Flick hat darauf geantwortet: **Ja, oder? Meine Freundin ist eine echte Künstlerin! :)**

Und jetzt fange ich doch zu weinen an. Heftige, hässliche Schluchzer schütteln mich, genau hier, auf diesem Tim-Hortons-Parkplatz. Ich stecke das Handy weg, vergrabe mein Gesicht in den Händen und lasse den heißen Tränen freien Lauf. *Meine Freundin ist eine echte Künstlerin.* Jedes Mal, wenn mir dieser Satz durch den Kopf schießt, öffnen sich die Schleusen erneut. So denkt sie also von mir? Bin ich für sie immer noch eine Freundin? Ist das ihre Art, mir das mitzuteilen? Kein Anruf, keine Nachricht, nur eine Markierung auf einem Post bei Instagram – Wochen nachdem sie mich so im Stich gelassen hat?

Aber es ergibt Sinn. Es ist so typisch Flick. Auch wenn wir in dem Jahr unserer Freundschaft praktisch nie wirklich *geredet*, uns *ausgetauscht* haben – ich kenne sie. Und allein beim Betrachten ihres Gesichts auf einem Bildschirm wird mir das überdeutlich bewusst. Es ist ein seltsames Gefühl, wie eine Verbindung in die Vergangenheit, ein Ziehen in mir, das mir sagt: *Weißt du noch?* Klar tu ich das.

Sie sind alle noch da, leben ihr Leben, haben Geburtstag, gehen zur Schule. Seit ich hier bin, konnte ich so tun, als hätte das alles einfach aufgehört, aber das hat es nicht. Ich kann die Welt nicht anhalten, sie dreht sich weiter, egal, wo ich bin oder wie weit ich reise.

Und mit einem Mal spüre ich ganz deutlich, dass ich auf der anderen Seite der Erde bin, weit weg von ihr, von ihnen allen. Und nicht nur von ihnen, auch von meiner Familie, die ich vermisse und liebe und vor der ich eigentlich überhaupt nicht weglaufen wollte, von meinem ganzen Leben. Ob es noch da ist und auf mich wartet, in einer stinknormalen Kleinstadt in Surrey? Und wenn ja, was genau stelle ich damit an?

Ich scrolle weiter durch den Feed – durch die unzähligen Schnappschüsse von ihr und Eric, die Selfies, die Gruppenfotos –, bis ich weit genug unten bin, um mich selbst auf den Bildern zu entdecken. Es ist lange her und sie konnte mich noch nicht markieren, trotzdem bin ich da. Ich war Teil ihres Lebens. Ich finde ein Foto von uns allen, auf dem ich fröhlich in die Kamera strahle und mich an Travis schmiege. Er hält mich im Arm und hat ein selbstsicheres Lächeln auf dem Gesicht. Sein Anblick verursacht in mir nicht das gleiche Gefühlschaos wie der von Flick, was eigentlich keinen Sinn ergibt, aber dann doch wieder total. All meine Hoffnungen ruhten auf Flick, nicht auf ihm. Wir waren vielleicht ein Paar, aber ich hatte ihm nie so bereitwillig mein Herz zu Füßen gelegt wie ihr. Es sollte auch einen Ausdruck für Liebe zwischen Freunden und Freundinnen geben. Sie ist genauso stark, nur auf eine andere Art.

»Peyton?« Die Stimme ist sanft, fragend. Ich reibe mir die Augen und schaue hoch. Vor mir steht Sewa, mit einem Kaffeebecher in der Hand und sorgenvoll gerunzelter Stirn.

»Es geht dir gut?«

Einer seiner seltenen Fehler, aber mir gefällt, dass er die Frage eher als Aussage formuliert: *Es geht dir gut.* Ich lächele und wische mir die Tränen ab. »Ja, es geht mir gut.«

»Ich kann Beasey holen.«

»Nein, nein, schon okay, das ist ein alter Schmerz.«

Sewa nickt verständnisvoll. »Ah, die schlimmste Sorte.«

Wir schweigen einen Moment. »Kann ich etwas tun?«

»Nein«, erwidere ich, »es reicht, dass du gefragt hast.«

WAS ZUVOR GESCHAH

aka
MEINE FREUNDIN IST EINE ECHTE KÜNSTLERIN

aka
WEISST DU NOCH? MANCHMAL HATTET IHR EUCH WIRKLICH GERN

aka
DIE SCHÖNEN ERINNERUNGEN TUN AM MEISTEN WEH

Ich war nicht heiß drauf, in die dreizehnte Klasse zu kommen. So enttäuschend der Sommer auch gewesen war, er war immer noch besser, als zur Schule zu gehen und den Großteil des Tages in stickigen Klassenzimmern zu sitzen und mitschreiben, Hausaufgaben und Referate vorbereiten zu müssen.

Trotzdem dauerte es nicht lang, bis sich wieder eine Art Routine eingestellt hatte. Ich sah meine Freunde jeden Tag, wir saßen immer auf den gleichen Plätzen im Aufenthaltsraum, ich versuchte, meine Lektüre für Englisch zu lesen, während Flick fröhlich vor sich hin plapperte. Die Arbeit schien sich verdoppelt zu haben. Auf den Rat meiner Eltern

hin hatte ich vier Prüfungsfächer behalten, statt eins abzu-
wählen, und nach nur zwei Tagen stellte sich schon heraus,
dass das ein Fehler gewesen war. Die Momente, die ich für
mich hatte, wurden immer seltener. Zwischen den Anfor-
derungen des Abschlussjahres, meinen Freunden und meiner Beziehung blieb kaum Zeit für mich allein, es sei denn,
ich schlief. Mein Atelier setzte Staub an, mein Skizzenbuch
wurde tagelang nicht geöffnet.

Manchmal spielte ich mit dem Gedanken, einfach mal
eine Woche krankzumachen, nur um in der friedlichen
Stille meines Zimmers sitzen, zeichnen, malen oder mich
einfach mit irgendetwas Kreativem beschäftigen zu können.
Ich würde jedem erzählen, es ginge mir zu schlecht für Besuch, auch meinen Freunden, auch Travis.

Aber natürlich tat ich das nicht. Ich machte mir viel zu
große Sorgen, was alle von mir denken könnten. Selbst nach
der ganzen Zeit, und obwohl ich die anderen nicht mehr
idealisierte, gab es immer noch einen Teil von mir, der befürchtete, sie könnten mich vergessen, wenn ich zu lange
nicht dabei war.

Ein Jahr war vergangen, aber sehr wenig hatte sich wirklich verändert. Ich war noch immer dasselbe neurotische
Nervenbündel, nur dass ich mich nicht mehr verzweifelt
fragte, wie ich Leute dazu bringen könnte, mich zu mögen.
Nein, jetzt, da dieser Schritt geschafft war, fürchtete ich
stattdessen permanent, ich könnte versehentlich etwas tun,
was sie dazu veranlasste, mich *nicht* mehr zu mögen. Menschen, die ich im Grunde selbst nicht mal so richtig gern-
hatte. Es laugte mich aus.

Casey verbrachte die meiste Zeit mit ihrer Freundin, also

trafen Flick und ich uns entweder mit den Jungs oder zu zweit. Sie hatte sich in den Kopf gesetzt, sich ein Tattoo stechen zu lassen, und zeigte mir verschiedene Motive, bis ihr irgendwann einfiel: »Hey! Du kannst doch zeichnen!« Sie bat mich, etwas für sie zu entwerfen. Das Problem an der Sache war ihre Unbeständigkeit. Was sie montags liebte, hasste sie am Donnerstag. Sie war sich sicher, dass sie irgendetwas mit Blüten haben wollte – eine Gänseblümchenkette um den Knöchel, eine Rose in der Leiste –, bis sie Blumen komplett als »zu mädchenhaft« verwarf.

»Vergiss es«, sagte ich. »Egal, wofür du dich entscheidest, du hast spätestens nach einem Monat die Nase voll davon.«

»Uff, du hast recht.« Sie legte den Kopf auf den verschränkten Armen ab. »Ich bin bescheuert. Du solltest überhaupt nicht auf mich hören. Zeichne mir was, wovon du denkst, dass es zu mir passt. Und das nehme ich dann.«

»Auf gar keinen Fall«, widersprach ich. »Darauf lass ich mich nicht ein.«

»Bitte?« Sie sah mich mit großen Kulleraugen an. »Mal im Ernst, was würdest du für mich aussuchen, wenn du müsstest?«

Ich überlegte und musterte sie von oben bis unten. Sie setzte sich gerade hin, straffte die Schultern, grinste, reckte das Kinn und wandte mir ihr Profil zu.

»Wie wär's mit einem Mond-Tattoo?«, fragte ich. »Weißt du, so eins mit den verschiedenen Mondphasen? Das passt ziemlich gut zu dir. Es ist so wechselhaft.«

»Zeig mal.« Sie rückte näher. Ich suchte schnell online, was mir so vorschwebte, und reichte ihr dann das Handy. »Oh, cool! Was meinst du, auf dem Unterarm?«

»Ja, warum nicht?«

Flick bückte sich nach ihrer Tasche, kramte kurz darin herum und zog dann einen schwarzen Fineliner hervor. Sie schob ihn mir hin, krempelte ihren Ärmel hoch und legte den Arm auf den Tisch zwischen uns. »Versuch's mal«, forderte sie mich auf.

»Jetzt direkt?« Gegen meinen Willen musste ich lachen.

»Klar! Um zu gucken, ob es mir auf der Haut gefällt.«

»Was, wenn ich es versaue?«

»Tust du nicht. Ich habe vollstes Vertrauen in dich.«

Gut möglich, dass das der schönste Moment unserer Freundschaft war. Nur wir beide im Aufenthaltsraum – keine Ahnung, wo sich die anderen so rumtrieben –, nüchtern, entspannt, ohne für irgendjemanden oder uns selbst eine Show abzuziehen, ihr Vertrauen in mich und ihr Lächeln, als ich mit dem Stift ihre Haut berührte. Sie summte, um eine Tattoo-Nadel zu imitieren.

Von allen Erinnerungen aus dieser Zeit, die mich traurig machen – und davon gibt es eine Menge –, ist aus irgendeinem Grund das die traurigste. Ich weiß nicht, warum gerade die schönen Erinnerungen im Rückblick so sehr wehtun, wenn eine Beziehung zerbricht, aber so ist es.

»Ich liebe es«, hatte sie an diesem Tag im Aufenthaltsraum gesagt, nachdem ich fertig gezeichnet hatte, und bewundernd ihren Arm betrachtet. »Pey-Pey, das ist megaschön!« Sie schüttelte den Kopf. »Gott, du bist echt richtig begabt.«

»Trag es erst mal eine Weile, bevor du dich wirklich dafür entscheidest.« Ich versuchte, nicht zu stolz zu lächeln. »Ich kann es auch für dich nachmalen, wenn es verblasst.«

An diesem Nachmittag hatten wir unterschiedliche Fächer. Als es klingelte, umarmte sie mich, noch immer freudestrahlend, und dann trennten sich unsere Wege.

In der Nacht, als alles so schiefging, hatte Flick meine Zeichnung immer noch auf dem Arm. Ich erinnere mich daran, dass ich einen Blick darauf erhaschte, als sie sich einen Pferdeschwanz band und dabei ihr Ärmel hochrutschte. Dieser Schultag kann also nicht lange vor dem Ende gewesen sein.

Von *Whistler* nach *Jasper*

Als wir laut Navi die Grenze nach Alberta überqueren, bitte ich Sewa, anzuhalten, damit ich mich von British Columbia verabschieden kann.

»Ähm, wir sind immer noch in Kanada«, sagt Khalil.

Ich verdrehe die Augen. »Sag bloß.«

Ich hatte für ein Foto auf ein Schild gehofft, so was wie »Sie verlassen jetzt British Columbia«, vielleicht sogar mit dem passenden »Willkommen in Alberta«-Schild, aber hier ist nichts. Ich bin enttäuscht, was ich lautstark verkünde, während die anderen auch allmählich aussteigen. Stefan hüpft lächelnd ein bisschen auf und ab und Beasey lässt mit geschlossenen Augen die Schultern kreisen.

»Für so ein Schild sind wir auf der falschen Route«, erklärt Sewa.

»Sie können schlecht den Highway damit zupflastern«, meint Khalil. »Das wäre auch irgendwie komisch.«

»Zeichne doch selbst eins«, schlägt Maja vor. »Und uns alle dazu.«

Ich nehme mir ein neues Blatt vor und male den Highway, der durch die Mitte führt. Auf die eine Hälfte schreibe ich BRITISH COLUMBIA und ergänze ein paar Wasserfälle, die Seilbahn in Whistler, mit der wir nicht fahren konnten, und ein paar Berge. Auf die andere Seite schreibe ich ALBERTA und zeichne noch viel mehr Berge, dann Justin, und schließlich Comicversionen von uns allen, die sich umschauen, als warteten sie darauf, was als Nächstes passieren würde. Oben auf der BC-Seite füge ich einen Schriftzug mit SIE VERLASSEN ... und unten auf der anderen Seite einen mit WILLKOMMEN IN ... ein.

»Hey, meine Ohren sind nicht so riesig«, beschwert sich Stefan.

»Sie sind gigantisch«, sagt Lars zärtlich. »Man kann sie vom Weltraum aus sehen.«

Ich nehme es als Kompliment, dass sie nicht länger das Gefühl haben, sie müssten mir ständig sagen, wie gut meine Bilder sind. Auch unsere Freundschaft hat eine unsichtbare Grenze übertreten, eine, hinter der die Dinge nicht mehr so außergewöhnlich und pompös sind, sondern kleiner, leiser, vertrauter.

Alle wuseln zurück ins Wohnmobil, nur ich bleibe noch kurz draußen stehen, um den letzten Blick auf British Columbia zu genießen. Mit einem Lächeln auf den Lippen sauge ich den Anblick in mich auf. Und dann höre ich das Ratschen und Rumsen einer sich schließenden Tür. Ich drehe mich um und beobachte, wie das Wohnmobil anfährt und sich von mir entfernt.

Nach nur ungefähr vier Sekunden hält es an, die Tür schwingt auf und Khalils grinsendes Gesicht kommt zum Vorschein. Vier Sekunden. Aber während dieser paar Herzschläge habe ich das Wohnmobil vor meinem inneren Auge immer kleiner werden und schließlich verschwinden sehen. Ich habe gesehen, wie es mich zurücklässt, gestrandet am

Straßenrand, ausgesetzt. Allein in einem fremden Land, ohne Gepäck, ohne Geld, ohne Handy. Ohne Freunde.

Ich kann gar nicht beschreiben, was diese vier Sekunden mit mir anstellen. Noch nie hat Panik so von mir Besitz ergriffen. Sie geht mir durch und durch, sie ist körperlich spürbar. Mir ist gleichzeitig heiß und eiskalt. Meine Handflächen brennen. Ich glaube, ich jaule auf.

Meine Beine sind ganz wackelig und fühlen sich an, als gehörten sie nicht zu mir, trotzdem zwinge ich mich, sie zu bewegen, und stolpere auf das Wohnmobil zu. Auf Khalil, der immer noch grinst, der noch nicht kapiert hat, mir noch nicht ansieht, was sie da gerade in mir ausgelöst haben. »Reinge...« Er stockt und schiebt den Rest des Wortes leise wie eine Frage hinterher: »...legt?« Auf den Mienen der anderen Jungs, eben noch lachend, macht sich Verwirrung breit. Nur Maja merke ich an, dass sie sofort schaltet, als sie mein Gesicht sieht.

»Das war nur ein Scherz«, beeilt sich Lars zu sagen.

»Ja, wir würden dich doch nicht wirklich zurücklassen«, ergänzt Stefan. Es klingt unsicher, als wäre es völlig abwegig, das überhaupt erklären zu müssen.

In mir steigen heftige Schluchzer auf, die ich nicht mehr lange zurückhalten kann. Jeden Moment werde ich in unmenschliches Geheul ausbrechen und das soll auf keinen Fall vor diesen Leuten passieren. Aber wo soll ich hin? Ich befehle meinen Füßen, sich zu bewegen, schaffe es ins Bad und kann gerade rechtzeitig die Tür schließen, bevor es aus mir herausbricht. Laut, peinlich und unkontrollierbar. Ich versuche, die Flut zu stoppen, presse mir eine Hand vor den Mund und balle die andere zur Faust, boxe mir damit auf den Oberschenkel. *Hör auf, hör auf, hör auf.* Vor der Tür eine Stimme: schottisch, männlich, beharrlich und besorgt. Mein Name, immer wieder. Entschuldigungen. »Bitte, willst du nicht rauskommen?«

Aber ich kann nicht antworten und die Stimme verschwindet. Ich habe mich immer noch nicht unter Kontrolle, als ich eine andere Stimme höre, weiblich diesmal und beruhigend, mit deutschem Akzent. »Peyton? Ich bin's. Nur ich. Die Jungs sind weg.«

Ich schließe auf und die Tür öffnet sich. Dahinter steht Maja. Sie ist nicht aufgelöst oder überbesorgt, sie ist einfach da, solide und gefasst. »Ich wusste nicht, was die anderen vorhaben. Sonst hätte ich sie natürlich davon abgehalten. Es tut mir leid, dass sie dich so verletzt haben. Sie dachten, es wäre witzig.«

Und es *wäre* ja auch witzig gewesen, das ist genau der Punkt. Für ungefähr jeden anderen. Nur ich muss unbedingt die Spielverderberin sein, sie können nichts dafür. Auf rationaler Ebene weiß ich das, aber für »rational« gibt es gerade in mir keinen Platz. Die Restpanik nimmt noch zu viel Raum ein.

O Gott, sie halten mich bestimmt für total bescheuert. Eine erbärmliche Heulsuse.

»Komm, wir gehen an die frische Luft, das wird helfen«, schlägt Maja vor. Ich selbst habe noch kein Wort rausgebracht und weiß, wie komisch das wirken muss.

Langsam rappele ich mich auf und folge ihr aus dem Bad durchs Wohnmobil nach draußen, wo wir uns auf ein Stückchen Wiese setzen. Maja streichelt mir behutsam über die Schulter und nimmt mich in den Arm. Mit peinlichen

Quietschlauten quellen die Tränen, die ich zu unterdrücken versucht habe, erneut hervor.

Sanft sagt Maja: »Schon gut, es ist völlig in Ordnung zu weinen. Du musst das nicht runterschlucken. Wein einfach, solange es nötig ist.«

»Aber es ist so dumm.«

»Ist es nicht«, widerspricht sie. »Lass einfach alles raus.«

Und das tue ich. Ich kann förmlich vor mir sehen, wie der Damm in mir endgültig bricht und die Tränen hindurchstürzen. Ich heule mich an ihrer Schulter aus und sie hält mich mit einem Arm fest, sagt kein Wort, tätschelt mir nur hin und wieder den Rücken. Wo die Jungs sind, weiß ich nicht, aber weit können sie nicht sein.

Das Ganze ist an Peinlichkeit nicht zu überbieten und doch fühle ich mich, als die Tränen endlich versiegen, tatsächlich besser. Erleichtert. Ich wische mir die Augen. »Tut mir leid.«

»Muss es nicht«, versichert mir Maja.

»Ich habe völlig überreagiert.« Mein Atem geht noch immer stoßweise.

»Wir reagieren alle manchmal über«, erwidert sie. »Vor allem, wenn …« Sie sieht mich an und mir ist klar, dass sie Bescheid weiß. Nicht über die Einzelheiten, natürlich, aber dass die gleiche Sache, die mich hierher gebracht hat, mich gerade so fertigmacht. »… wir verletzt wurden«, schließt sie.

Ich nicke, und wir schweigen eine Weile.

Schließlich sagt sie: »Vielleicht hilft es, wenn du drüber redest.«

Sie hat recht, das weiß ich. Also tue ich es, ich rede.

Jener katastrophale Abend ereignete sich fast auf den Tag genau ein Jahr nachdem ich zum ersten Mal bei Flick zu Hause gewesen war. Was für eine Scheißsymmetrie. Es hat schlecht angefangen und noch schlimmer aufgehört.

Eigentlich war geplant, dass ich schon früher zu Flick komme, aber ich musste noch einen Essay für Englisch fertig schreiben, deshalb sagte ich ihr, ich würde erst später kommen. Sie war eingeschnappt und machte daraus auch keinen Hehl, sondern beschwerte sich, dass ich nicht für sie da sei, wenn sie mich brauche, dass sie mit mir über »was« reden wolle. Klar meinte sie mit »was« Eric. Was nicht bedeutete, dass sich endlich irgendwas ändern würde. Sie brauchte mich, um verständnisvoll zu nicken und »M-hm« zu sagen.

Ich:

Es mag dich vielleicht schockieren, aber ich habe auch ein Leben ohne dich.

Flick:

Bitch.

Flick:

Bitte komm vorbei ☹

265

Ich:

> Ich komme ja, nur später.
> Versprochen. Aber lass mich
> erst arbeiten, okay?

Sie ließ mich *nicht* arbeiten. Während der nächsten paar Stunden schrieb sie mir nonstop, beklagte sich über Eric, weil der zu viel Zeit mit den Jungs alleine verbrachte, und darüber, dass sie allgemein zu viel allein war, dass ihre Freunde sich offenbar nicht für sie interessierten, dass ihre Haare zu platt und ihr Hintern zu flach waren – was sie störte, weil Eric sie deswegen aufzog und der sich außerdem beschwerte, sie würde ihm viel zu selten einen blasen. Sie fragte, ob ich es eklig fände und wie oft ich es denn tun würde?

Ob ich antwortete oder nicht, schien keinen Einfluss auf die Flut ihrer Nachrichten zu haben. Selbst als ich mein Handy mit dem Bildschirm nach unten weggelegt hatte, damit ich nicht mitbekam, wenn er aufleuchtete, konnte ich nicht anders, als trotzdem regelmäßig nachzuschauen.

Das sind alles keine richtigen Probleme, schrieb ich ihr, nachdem ich in zwei Stunden erst vier Absätze zustande gebracht hatte und ihre Nachrichten mich vor Gereiztheit mit den Zähnen knirschen ließen.

Ihre Antwort war quasi die beleidigte Leberwurst in fünf Worten: ***Du* bist ein richtiges Problem.**

Als ich später bei ihr ankam, mit drei Flaschen Wein als Friedensangebot, freute sie sich, mich zu sehen, und war ganz zerknirscht, weil sie mich so »zugeschwallt« hatte mit ihrem Bedürfnis nach Zuneigung. Das hielt ungefähr zehn Minuten an. Dann kam Eric und ich war praktisch Luft.

»Ich dachte, du wolltest dich mit mir unterhalten«, sagte ich zu ihr, als Eric kurz auf Klo war.

»Wollte ich auch«, entgegnete sie. »Vorhin. Du aber nicht, schon vergessen?«

Dass sie sauer war, ergab für mich überhaupt keinen Sinn, jedenfalls nicht so sehr wie mein eigener Ärger. Den restlichen Abend zickten wir uns immer wieder an, sie verdrehte oft die Augen und guckte böse. Den Wein trank sie trotzdem. *Warum sind wir befreundet? Ernsthaft, warum?* Diese Frage hatte ich mir schon öfter gestellt, sehr oft, um genau zu sein, aber normalerweise wurde sie von einem Gefühl der Zuneigung beantwortet. Nicht an diesem Abend.

Ich beging den Fehler, mich bei Travis über sie auszukotzen, als nur wir beide in der Küche waren, aber das machte alles nur schlimmer, weil er sie in Schutz nahm. »Wieso isses denn plötzlich was Schlechtes, wenn sie mit dir reden will?«, nuschelte er, den Mund voller Tortilla-Chips. »Dachte, das magst du.«

»Darum geht's hier ja wohl nicht. Und selbst wenn, solltest du nicht auf meiner Seite sein?«

Er runzelte die Stirn. »Warum?«

»Weil ich deine Freundin bin?«, giftete ich. »Hallo?«

»Na und? Flick kenne ich schon, seit wir klein waren. Und du schiebst gerade einfach einen Film.« Er hob eine Augenbraue und mit Chipskrümeln am Mund verließ er die Küche.

Ich lehnte mich an die Arbeitsfläche und musterte mein verschwommenes Spiegelbild in der Kühlschranktür. Mir kam der erste Abend hier in diesem Raum in den Sinn. Wie aufgeregt ich gewesen war, in Flicks Küche zu stehen, wie sich der erste Kuss mit Travis angefühlt hatte. Diese ganze Vorfreude, diese Verheißung – und wofür? Damit ich mich jetzt, ein Jahr später, mit den Launen der beiden herumschlagen durfte? Oder mit denen der ganzen Gruppe? Ich würde nie wirklich ein Teil davon werden, nie Anteil daran haben, was sie alle verband, so viel war klar. Sie hatten zu viel gemeinsam erlebt und selbst Travis mochte mich nicht genug, um diese alten Erinnerungen zu überschreiben. Ich würde immer das Anhängsel bleiben. Aber war mir das nicht bisher genug gewesen? Für eine Weile zumindest? Auf jeden Fall genug, um über vieles hinwegzusehen.

Danach betrank ich mich. Ich behielt eine ganze Flasche Wein für mich und bunkerte sie hinter meinem Stuhl. Travis und ich hatten einen weiteren kleinen Streit im Garten, etwas wirrer dieses Mal, durch Wein (ich) und Gras (er). Wir warfen uns gegenseitig ein paar furchtbare Sachen an den Kopf. Ich rief, ich würde ihn hassen, und er verdrehte die Augen. Es war ein billiger Abklatsch der Kämpfe, die Flick und Eric sonst ausfochten, und das war in diesem Moment so offensichtlich, dass ich mich für uns beide schämte. Ich küsste Travis, um uns abzulenken, und schließlich hatten wir Sex, genau dort, hinter dem Schuppen, als ob das irgendwas besser machen würde.

Hinterher lächelte er mich an, ganz außer Atem. »Ich hasse dich immer noch«, sagte ich und das war so gemein, dass ich deswegen trotz allem noch heute ein schlechtes Gewissen habe.

Er erwiderte nichts, schüttelte bloß den Kopf, zog den Reißverschluss seiner Jeans zu und ließ mich stehen. Ich sah ihm nach und spielte mit dem Gedanken, einfach nach Hause zu gehen. Den unvollendeten Essay fertig zu schreiben und zur Vernunft zu kommen. Es war zu spät, um jetzt am College noch neue Freunde zu finden, aber vielleicht, überlegte ich, könnte ich den Rest des Jahres auch alleine rumkriegen? Ohne Freunde. Mal wieder.

Nein, das könnte ich nicht.

Ich lief zurück ins Haus und setzte mich neben Travis, entschuldigte mich. Er gab mir einen Kuss, sagte aber nichts. Ich trank noch mehr. Später traf sich Eric kurz mit seinem Bruder in der Einfahrt und kam mit unerträglich selbstgefälliger Miene wieder in den Flur, wie sonst auch, wenn er Koks mitbrachte.

»Los, Leute, her mit der Kohle, der Stoff ist nicht billig.«

Da hätte ich immer noch gehen können. Fürs Protokoll, ich hätte gehen können.

»Ich hab gerade kein Bargeld da«, meinte Flick.

»Baby, du doch nicht«, erwiderte er.

Klar. Die alte Leier. »Ich hab welches«, sagte ich. Flick schleuderte mir einen bösen Blick entgegen, warf die Haare zurück und stolzierte ins Wohnzimmer. Ich verdrehte die Augen und Eric grinste.

»Wenn ich mehr zahle, kriege ich dann auch mehr?«, fragte ich.

Er hob eine Augenbraue. »Wow, Pey-Pey, sieh mal einer an.«

Flicks Stimme, ungeduldig. »Eric!«

»Klar«, raunte Eric mir zu. »Aber lass uns das später unter uns ausmachen. Ich muss erst mal Flick wieder runterbringen.«

»Oh ja, das solltest du.« Wir tauschten einen Blick auf ihre Kosten, der mir nicht zustand und zu dem ich ihn nicht hätte ermutigen sollen. Ich war zwar sauer auf Flick, aber sie war immer noch meine Freundin und Eric einfach nur ein Idiot. Irgendwie hatte ich eine fiese Ader entwickelt. Fies und kleinlich.

Und diese Großspurigkeit beim Kokain stand mir auch nicht zu. Übermütig nach mehr zu fragen, als hätte ich irgendeine Ahnung, was ich da tat. Was wollte ich damit beweisen? Womöglich gar nichts, und ich war nur auf der Suche nach etwas, das alles besser machen oder allem einen Sinn geben würde.

Und vielleicht wäre auch alles gut gegangen, wenn ich es bei dieser einen Line belassen hätte. Vielleicht wäre nichts von alledem, was danach kam, passiert. Ich hätte mich mit Flick versöhnt und wir hätten alle so weitergemacht wie bisher. Ich wäre noch am College, Travis und ich wären noch zusammen und ich würde sie alle noch meine Freunde nennen.

Aber ich zog die zweite Line und die dritte. Heimlich, mit Eric, in der Küche, an dem Ort, wo ich so viele meiner schlechtesten Entscheidungen traf. Ich hüpfte quietschfidel durchs Haus, warf Travis die Arme um den Hals, küsste ihn. Alles war wieder gut, mehr als das, perfekt, ich inbegriffen. Ich war genau da, wo ich sein wollte und sein musste. Zusammen mit meinen allerbesten Freunden, meinem Team, und ich war großartig.

Natürlich hielt das nicht an. Die Euphorie verflog wie immer viel zu schnell. Das Seltsame war nur, dass sich diesmal der Rest meines Körpers nicht beruhigte. Er stand weiter unter Strom – ja sogar noch viel mehr. Ich fühlte mich total abgedreht. Völlig aufgedreht. Abgedreht. Aufgedreht.

Mein Herz klopfte wie verrückt. Raste.

»Warum ist es so heiß?«, fragte ich, aber niemand antwortete. Ich war nicht sicher, ob ich es laut ausgesprochen hatte. Also rappelte ich mich hoch, stolperte durchs Wohnzimmer, in den Flur, durch die Haustür, in den Vorgarten. Es regnete und ich schloss die Augen, versuchte, meinen Atem unter Kontrolle zu bringen, denn der ging viel zu schnell. Oder war das auch mein Herz? Ich blinzelte verwirrt und legte eine Hand auf die Brust. Da-dumm, da-dumm, da-dumm.

»Mach die Tür zu, Pey-Pey!«, rief jemand in der Nähe. »Es schüttet, verdammt noch mal.«

Mein Puls beschleunigte sich noch weiter. Atmete ich? Oder nicht? Ich hatte die Tür geschlossen, ich war zurück im Haus, aber jetzt sah ich den Boden vor mir. Seltsam, seit wann war der Boden auf dieser Höhe?

»Pey-Pey?« Eine Bewegung neben meinem Kopf. »Wo ist Travis? Schnell, holt Travis. Pey-Pey geht's nicht gut.« Finger auf meiner Haut. »Scheiße, sie ist richtig heiß. Pey-Pey?« Besorgt: »Pey-Pey?« Panisch: »Fuck! Eric!«

»… wahrscheinlich einfach weggepennt …«

»Nein, irgendwas stimmt nicht.«

»Scheiße, oh fuck. Peyton?« Ein Stups. »Peyton? Eric! … Hast … gesehen, wie viel …? Scheiße, Scheiße, Scheiße.«

»… getrunken … man sollte nicht … Koks nimmt.«

»… haben alle getrunken …«

»Aber wie viel … wir anderen …? Fuck, warum … aufgehalten?«

Es wird lauter. Mehr Stimmen. Geschrei. Hektik. Hände

auf meinen Wangen, meinen Armen. Etwas Nasses, Kaltes in meinem Gesicht.

»Nico!«

»Das weckt sie vielleicht auf.«

Mehr Hektik. Jemand weint.

»O Gott, o Gott!«

»Reiß dich zusammen, Flick!«

»Reiß dich selber zusammen!«

Mein Augenlid wird angehoben, wieder fallen gelassen.

»Wir müssen sie ins Krankenhaus bringen.«

»Wie? Willst du so etwa fahren?«

»Ich ruf Mum an.«

»Nein, Flick!«

Scheppern, ein Aufschrei.

»Sei doch nicht so dumm! Weißt du, was los ist, wenn sie uns mit der ganzen Scheiße erwischen?«

»Fuck, sie zittert voll! O Gott, ist das ein Anfall? Ach du Scheiße!«

»Jetzt ruf doch endlich einer einen Krankenwagen!«

»Haltet jetzt alle gefälligst mal die Klappe, ich kann so nicht denken.«

»Peyton? Peyton? *Peyton!*«

Dann: Schwärze. Als Nächstes spüre ich, dass mich jemand hochhebt. Jemand hält mich im Arm, mein Kopf kippt nach hinten. Kalte Luft, Regen. Draußen. Warum? Ich versuche meine Augen zu öffnen, aber … mein Kopf …

Ich werde abgelegt. Auf den … worauf? Kalt und nass. Hart. Asphalt. Ich drücke die Stirn gegen ein Kissen. Nein, den Bordstein. Murmele: »Was?«

»Los, beweg dich!«

»Wir können sie doch nicht einfach hier liegen lassen!«

Eine sanfte Stimme neben meinem Ohr. »Der Krankenwagen ist unterwegs, Pey-Pey.«

»Flick! Was machst du da? Du kannst nicht …«

»Ganz ruhig, alles wird gut, du wirst schon wieder!«

»Weg da!«

»Shit, Shit, Shit.«

Schnelle Schritte, sie rennen weg, weg von mir. Der Regen auf meinem Gesicht holt mich langsam aus dem Dunkel, aber eine Stimme tief in mir sagt: *Bleib, wo du bist. Das willst du nicht miterleben.*

An alles, was danach passierte, bis zu dem Zeitpunkt, als ich im grellen Krankenhauslicht erwachte, erinnere ich mich nur verschwommen. Ich habe vage im Gefühl, dass irgendwann Leute um mich herumwuselten und untereinander sprachen, vielleicht auch mit mir. Dann Nadelstiche und immer wieder eine Frage: *Was hast du genommen? Was hast du genommen?* Entweder habe ich es ihnen gesagt oder sie fanden es so heraus, jedenfalls ging es mir beim Aufwachen ganz okay – zumindest körperlich. Ich hatte einen trockenen Mund, fühlte mich benommen, leer und orientierungslos, aber ansonsten ganz okay.

Und dann waren da meine Eltern, die ständig zwischen Wut, Sorge und – was mich gleichzeitig überraschte und verwirrte – Scham hin und her pendelten. »So haben wir dich nicht erzogen.« Mir war klar, dass sie damit die Drogen meinten, auch wenn sie es nicht aussprachen. Sie wollten, dass ich ihnen Schuldige für meinen Absturz lieferte, aber ich verriet nichts. Ich dachte immer noch, ich müsste loyal bleiben, nahm an, sie wären weiterhin meine Freunde. Selbst dann noch, als Mum voller Schmerz sagte: »Sie haben dich einfach in der Gosse liegen lassen.« Das war ihr Wortlaut, »in der Gosse«.

Vermutlich hätte ich mir die Seele aus dem Leib heulen sollen, als mir bewusst wurde, was das hieß: dass meine einzigen Freunde mich einfach so am Straßenrand zurückgelassen hatten, während ich mich eindeutig in einem extremen, potenziell lebensgefährlichen Zustand befand. Aber ich weinte nicht. Ich war völlig taub, körperlich und emotional. Allmählich kamen Erinnerungsfetzen an die Oberfläche, trieben auf mich zu durch den Morast meines benebelten Hirns. Das Geräusch schneller Schritte auf dem Asphalt, die sich von mir entfernten. Das Blaulicht, das sich in den Pfützen spiegelte. Das Gemurmel der Sanitäter.

Aber vor allem überwältigte mich ein Gefühl. Eins, das dort an diesem Straßenrand eingesetzt hatte, bei Dunkelheit und Regen, und nicht wieder verschwunden war: das Gefühl, verlassen zu werden. Wie Einsamkeit, nur schlimmer. Wie Zurückweisung, nur härter. Ich habe es in dieser Nacht zum ersten Mal gespürt und seitdem trage ich es mit mir, selbst über Ozeane und Kontinente hinweg konnte ich ihm nicht entkommen. Manche Gefühle haben Ausdauer. Sie bleiben.

Von *Whistler* nach *Jasper*

All das erzähle ich Maja in einer wilden Mischung aus Scham und Schande, während wir zusammen auf dem Gras an einer Straße in Alberta sitzen. Sie folgt meiner Geschichte aufmerksam und irgendwann fällt mir auf, dass sie meine Hand hält. Was sich merkwürdig und peinlich anfühlen könnte, tut es aber nicht – es ist schön. Sie unterbricht mich weder mit Aufschreien noch mit entrüsteten Kommentaren – das wäre nicht Maja –, sie hört einfach zu.

»Ich schätze mal …«, schließe ich und klinge ein bisschen heiser, »sie hatten keine andere Wahl, als mich dort abzulegen, stimmt's?« Jetzt, da ich die ganze Geschichte zum ersten Mal selbst laut ausspreche, habe ich das Bedürfnis, sie in Schutz zu nehmen. Ich suche nach Gründen, um mir sagen zu können, dass ich überreagiere. »Sie hätten so wahnsinnig viel Ärger bekommen und …«

»Nein«, erwidert Maja bestimmt. »Sie hätten dich *nicht* da draußen liegen lassen müssen. Sie hätten es nicht mal in Erwägung ziehen dürfen. Das war grundfalsch.« Sie klingt, als wüsste sie, dass ich genau das hören muss. »Was haben sie danach zu ihrer Verteidigung gesagt?«

»Gar nichts. Sie haben sich nicht gemeldet. Niemand hat auch nur nachgefragt, wie es mir geht.« Ich denke an

Caseys E-Mail, Wochen nach dem Ereignis, zu wenig, zu spät. »Der Einzige, mit dem ich gesprochen habe, war Travis, und das auch nur, um …« Meine Stimme bricht bei dem Gedanken an dieses furchtbare Telefonat. Nachdem ich aus dem Krankenhaus entlassen worden war, hatte ich zu Hause mein Handy aufgeladen und darauf gewartet, dass sich der Bildschirm mit Nachrichten füllen würde, nur um fassungslos festzustellen, dass keine kamen. Als ich endlich den Mut aufbrachte, Travis anzurufen, klang er schuldbewusst und trotzig. Sein Schweigen und das der anderen tat er einfach ab, genau wie die Tatsache, dass ich hätte draufgehen können, als handelte es sich um eine Lappalie. »Wir haben dir doch einen Krankenwagen gerufen.« Das schien er für völlig ausreichend zu halten. Und als ich ihm eröffnete, dass es aus sei, reagierte er mit einem trockenen, unbekümmerten »Okay«. Ich nannte ihn ein Arschloch, woraufhin sein Ton schneidender wurde. »Und du bist eine arrogante Schlampe. Kein Wunder, dass du nie Freunde hattest.« Und dann legte *er* auf.

Seitdem habe ich nichts mehr von ihm gehört. Nicht von ihm, nicht von Flick, von niemandem. Komplette Funkstille, selbst in unserer WhatsApp-Gruppe. Und als ich sie verließ, bat mich keiner darum, wieder beizutreten.

»Oh Peyton!« Majas Stimme ist ganz sanft. »Es tut mir so leid!«

Sie zeigt allein beim Hören der Geschichte mehr Mitgefühl, als *sie* es je getan haben. Die Erkenntnis schmerzt trotz allem, auch wenn es sich so weit weg anfühlt, auch wenn eine halbe Welt zwischen mir und diesem Bordstein liegt. Sie hätten sich besser um mich kümmern müssen, schlicht und ergreifend. Vielleicht wird diese Wahrheit nie aufhören, wehzutun. Aber vielleicht ist das auch okay.

Wir bleiben noch eine Weile sitzen, nur Maja und ich, bis ich einigermaßen wiederhergestellt bin. Ich bin froh, dass ich es ihr erzählt habe, auch wenn es mir immer noch todespeinlich ist, dass ich vor allen so ausgetickt bin. Als wir zurück zum Wohnmobil kommen, sind die Jungs schon da und mustern mich unsicher. Sie entschuldigen sich kleinlaut und verlegen und ich versuche, das mit einem Lachen zu quittieren, das niemanden überzeugt. Sewa klemmt schon wieder hinterm Steuer und ich setze mich zu ihm. Ich habe den Eindruck, er ist genervt von uns, weil wir uns so kindisch aufführen, denn er presst die Lippen fest aufeinander. Erst als er mir ein Lächeln schenkt, wird mir klar, dass er sich Sorgen macht – Sorgen um mich. Während wir langsam an Fahrt aufnehmen, fragt er mich mehrmals, ob alles in Ordnung ist, und versichert mir, er wäre niemals losgefahren, wenn er gewusst hätte, dass ich nicht dabei bin. »Ich weiß«, beruhige ich ihn, »es ist nicht deine Schuld und mir geht es gut.«

Beasey wartet, bis er mich allein erwischt, bevor er mich auf die Sache anspricht. Sobald wir auf einem Campingplatz angekommen sind und alles angeschlossen haben, gehen wir zu zweit spazieren, eingepackt in unsere warmen Mäntel und Mützen. Er entschuldigt sich noch einmal, leise und aufrichtig, und ich erzähle ihm alles. Nach Maja fällt es mir leichter. Er ist allerdings kein so ruhiger Zuhörer wie sie, sondern fragt zwischendurch nach, schüttelt wild den Kopf und murmelt Verwünschungen vor sich hin. Er streichelt mir über die Hand, legt mir einen Arm um die Schultern und drückt mich an sich, wieder und wieder. Als wüsste er nicht, was er sonst tun sollte.

Es macht mich ganz verlegen, wie sehr er mitleidet, wie sehr er sich für mich interessiert. »Soo dramatisch war es dann auch wieder nicht. Anderen Menschen passieren viel schlimmere Dinge. Ich habe kein Trauma davongetragen oder so.«

»Na, für mich klingt das aber sehr traumatisch«, entgegnet er. »Ich würde am liebsten in die Vergangenheit springen und ...«

»Mich retten?«, frage ich, in dem Versuch zu scherzen.

Er schüttelt den Kopf. »Nein, einfach für dich da sein.«

Mein Mund verzieht sich zu einem Lächeln und ich schlucke weitere Tränen hinunter. »Alles wäre anders gekommen, wenn ich einen Freund wie dich gehabt hätte. Oder überhaupt einen von euch. Hatte ich aber nicht, also ... Tja.«

Er will noch mehr über meine sogenannten Freunde wissen, was wir zusammen unternommen haben, was ich an ihnen mochte. Da erkläre ich ihm, dass ich sie nie wirklich *gemocht* und mir selbst eingeredet habe, darum ginge es auch nicht. Aber noch während ich das ausspreche, denke ich an Caseys E-Mail, daran, dass sie mir schon so früh geraten hat, Flick mal die Stirn zu bieten. Und an Flicks Gesicht, als ich ihr die Mondphasen mitten auf den Arm gemalt habe. *Ich habe vollstes Vertrauen in dich.*

Und irgendwie erzähle ich Beasey auf einmal mehr von Flick, angefangen bei dem Insta-Post mit dem Tattoo, in dem sie mich als ihre Freundin bezeichnet hat, bis hin zu unserer ersten Begegnung. Ich gestehe ihm, dass ich all meine

Hoffnungen in sie gesetzt habe, alles, was ich je von einer Freundin erwartet hatte – »Was natürlich ein bisschen viel verlangt war, das sehe ich ein« –, und dass ich in der Zeit unserer Freundschaft kaum mehr wusste, wer ich eigentlich war, sondern nur versuchte, genau so zu sein, wie sie mich haben wollten.

Als ich fertig bin, fragt er mich sehr vorsichtig: »Was würdest du dir denn jetzt von ihr wünschen? Von ihnen allen?«

»Ich weiß es nicht. Ehrlich nicht. Wahrscheinlich gar nichts. Ich meine, eine richtige Entschuldigung wäre schon schön, aber sie käme viel zu spät, um noch etwas zu bedeuten. Vielleicht eher irgendeine Art Erklärung, wie eine Feedbackrunde zum Abschluss unserer Freundschaft. Weshalb sie sich überhaupt mit mir abgegeben haben. Was sie wirklich über mich gedacht haben. Aber so was bekommt man im wahren Leben nicht, hm?«

»Warum ist es wichtig, was sie über dich gedacht haben?«

»Na ja, weil es einfach wichtig ist.«

»Aber warum? Glaubst du, sie machen sich genau so einen Kopf darum, was du von ihnen hältst?«

Die Frage bringt mich aus dem Konzept. Ich habe sie mir noch nie gestellt.

»Hm ... nein. Aber sie haben ja auch nicht die gleichen Probleme und Ängste wie ich. Sie hatten immer Freunde.«

»Deine *Probleme* sind doch nur umso mehr Grund, dich nicht darum zu scheren, was sie über dich denken.«

»Beasey, das waren die ersten Freunde, die ich seit der Grundschule hatte – und die Grundschule zählt nicht mal.«

»Klar zählt die –«

»Und vor ihnen haben mich alle gehasst. Ich hatte *niemanden*, okay? Das habe ich doch erzählt. Was, wenn das, was mit mir früher nicht gestimmt hat – wenn das immer noch da ist? Hat das Flick und die anderen einfach nicht interessiert? Oder haben sie es zuerst nicht bemerkt und später dann schon, und –«

»Hör mir mal zu«, unterbricht Beasey mich frustriert. »Mit dir ist *alles* in Ordnung. Hier hattest du doch keine Schwierigkeiten, Leute kennenzulernen, oder? Keine Ahnung, was damals schiefgelaufen ist, aber es lag *nicht an dir*. Es ist einfach passiert. Klar, das ist jetzt leichter gesagt als getan, aber du musst einen Weg finden, damit abzuschließen, oder es wird dir den Rest deines Lebens versauen.«

»Reisefreundschaften sind was anderes«, wende ich ein.

»Stimmt, auf Reisen lassen dich die Menschen nämlich direkt fallen, wenn du nicht auf ihrer Wellenlänge bist«, sagt er. »Sie sind nicht unbedingt nett, nur weil sie Backpacker sind, oder so. Aber sie sind netter, wenn du ihnen sympathisch bist, und legen sich dann mehr ins Zeug. Dafür müssen sie dich aber trotzdem erst mal *mögen*. Und wir mögen dich, alle. Du wirst keine Probleme haben, neue Freunde zu finden, sobald du zurück im richtigen Leben bist. Vertrau mir da einfach.«

»Aber warum hatte ich dann in der Schule keine?« Schon während ich das frage, weiß ich, dass er mir darauf keine Antwort geben kann. »Warum? Alle haben Schulfreunde!«

»Keine Ahnung. Aber die Schule ist auch einfach eine komische, künstliche Umgebung. Man pfercht ... was, dreißig Kinder in eine Klasse? Alle im selben Alter, alle aus derselben Gegend? Das wird später nie wieder so sein. So läuft es im wahren Leben nicht. Wenn man genauer drüber nachdenkt, ist es ein Wunder, dass Menschen in der Schule *überhaupt* dauerhafte Freundschaften schließen. Du solltest nicht so hart zu dir sein. Diese paar Jahre sagen nichts über dich aus.«

»Doch, tun sie«, widerspreche ich. »Es ist lieb von dir, das zu behaupten, aber es stimmt nicht.«

Er schüttelt den Kopf. »Interpretier mal nicht zu viel in diese Schulgeschichte.«

»Du und Khalil, ihr habt euch doch auch in der Schule kennengelernt, oder?«

»Ja, schon, so haben wir uns kennengelernt, aber wir sind ja nicht deshalb Freunde.«

»Warum seid ihr *dann* befreundet?«

Irgendwie schafft er es, gleichzeitig die Stirn zu runzeln und zu lächeln. »Uff, gute Frage. Das lässt sich nicht mal eben so beantworten. Klar haben wir eine gemeinsame Vergangenheit. Wir haben eine Menge zusammen durchgemacht. Wir mögen oft beide die gleichen Dinge und wir teilen die gleichen Werte. Meistens. Über viele Sachen sind wir auch unterschiedlicher Meinung und das ist genauso wichtig. Ich schätze, wir … Hm, wenn ich das Ganze so mit Blick auf dieses Gespräch betrachte und auf deine Erfahrungen … und wenn ich so an meine anderen Freunde denke … dann ist die Hauptsache wahrscheinlich die Verbindung. Manchmal liegt man eben mit Leuten genau auf einer Wellenlänge und von da an entwickelt sich alles irgendwie weiter. Ich glaube, darauf kommt es in einer Freundschaft an. Deshalb können auch zwei Leute, die oberflächlich kaum etwas gemeinsam haben, trotzdem gute Freunde werden. Khalil und ich haben das sogar mit elf schon gespürt: Jap, du und ich, das passt, du bist meine Art Mensch.«

»Also lag ich bisher einfach mit niemandem auf einer Wellenlänge?«

»Ich glaube, du hattest aus irgendwelchen verqueren Gründen nur einfach keine Chance, das herauszufinden. Es gibt ne Menge seltsamer ungeschriebener Gesetze in der Schule. Und in der Oberstufe hattest du ja dann Freunde! Klar, keine besonders tollen, aber das kommt vor. Freunde sind auch nur Menschen.«

Ich denke an die erste Begegnung mit Flick, daran, dass ich so schnell mit Travis herumalbern konnte. War das die Wellenlänge? Oder bloß mein verzweifeltes Bedürfnis nach Kontakt? Wie hätte ich den Unterschied feststellen sollen? Und war das damals überhaupt wichtig?

»Damit will ich eigentlich nur sagen«, fügt Beasey hinzu und sein Grinsen kehrt zurück, »dass ich kein Experte bin. Ich höre mir hier selbst zu und finde, ich klinge wie so ne Art Freundschaftsguru, nur kein bisschen weise.« Er lacht. »Ich habe ehrlich gesagt noch nie so viel über das Thema nachgedacht wie gerade eben.«

»Dafür hört es sich aber sehr schlau an, was du von dir gibst.«

»Ach ja?«

»Ja. Das mit der Wellenlänge. Ergibt doch voll Sinn.«

Er nickt enthusiastisch. »Ja, oder? Man kann mit allen möglichen Leuten auf einer Wellenlänge sein. Egal wie alt oder von welchem Ort auf der Welt. Sie können aber zum Beispiel genauso gut zur Familie gehören. Ich bin auch mit ein paar Cousins gut befreundet. Hilft dir das irgendwie? Du kannst mir auch sagen, wenn ich die Klappe halten soll.«

»Nein, das hilft, sehr sogar! Sorry, ich weiß, dass ich total seltsam bin, was das Thema angeht. Es ist einfach so ein Riesending für mich.«

»Das kann ich gut verstehen. Du musst dich nicht dafür entschuldigen.«

»Was war dein erster Eindruck von mir?«

Beasey überlegt. Er fragt sich jetzt mit Sicherheit, wie ehrlich er sein darf, wie er seine Gedanken am besten in Worte fassen soll. »Du kamst mir so ... verloren vor«, sagt er. »Und du hattest so traurige Augen.«

»Ich meine, davon mal abgesehen.«

Er lacht. »Ich glaube, von ›verloren‹ und ›traurig‹ kann man schlecht absehen. Das sind ziemlich grundlegende Aspekte.«

»Puh, ist das dein Ernst? Du sagst mir gerade, dass ich wie ein totales Häufchen Elend gewirkt habe? Das ist ja total jämmerlich.«

»Äh, nein? Das hab ich so *nicht* gesagt.«

»Doch. Wenn dir außer diesen beiden Dingen nichts aufgefallen ist ... macht mich das quasi zu einem ... mitleiderregenden, streunenden Hund.«

Er lacht wieder, aber ich meine es ernst.

»Peyton.«

»Was?« Ich klinge zickig, und das, obwohl er die ganze Zeit so einfühlsam und verständnisvoll ist. Das Letzte, was er verdient hat, ist eine pissige Reaktion.

»Du bist kein streunender Hund«, sagt er mit Nachdruck.

Ich wende den Blick ab. *Er will dich nicht verletzen*, erinnere ich mich selbst. *Er ist auf deiner Seite.*

»Ich verstehe, dass das hart für dich ist. Ich sollte darüber keine Witze machen. Aber was soll ich dir noch sagen? Ich bin dein Freund und ich mag dich. Ich kann für niemanden sonst sprechen, nur für mich, okay? Reicht das fürs Erste?«

»Natürlich reicht das.« Es ist mehr als genug und ich wäre eine Idiotin, wenn ich die beste Freundschaft, die ich je hatte, aufs Spiel setzen würde, weil ich immer noch von den schlechten davor gezeichnet bin. Aber es tut mir in der Seele weh, dass er mich so leicht als »verloren« und »traurig« erkannt hat, dass es so offensichtlich war. Und vielleicht immer noch ist? Ich könnte ihn fragen, aber ich beschließe, es für heute gut sein zu lassen.

Also sage ich stattdessen, dass mir langsam kalt wird. Wir gehen zurück zum Wohnmobil, wo die anderen inzwischen ein Lagerfeuer errichtet haben und schon mit Bergen von Marshmallows auf uns warten, während sie sich angeregt über die Rocky Mountains unterhalten. Ich meinte vorhin zu Maja, es wäre okay, wenn sie den anderen zumindest grob erklärt, warum ich so aufgelöst war, und jetzt bin ich nervös, weil ich nicht weiß, wie sie sich wohl verhalten werden. Aber Stefan fragt bloß: »Na, Peyton, wieder besser?« Und ich antworte: »Ja, danke!« Und damit ist die Sache gegessen.

HIER & JETZT

Jasper

Die nächsten paar Tage verbringen wir viel gemeinsame Zeit im und um das Wohnmobil herum. Wir erkunden die Gegend rund um Jasper, können aber leider nicht ganz so viel unternehmen, weil wir außerhalb der Saison hier sind. Am zweiten Tag gehen Lars, Stefan, Beasey und ich ins Planetarium. Khalils Kommentar dazu war: »Warum sollte ich mir den Nachthimmel auf einem Bildschirm anschauen, wenn ich genauso gut einfach hochgucken kann?« Aber ich persönlich finde es toll, denn es wirkt wie etwas, was ich auch zu Hause machen könnte. In meinem wirklichen Leben, mit normalen, dauerhaften Freunden. Ich mag diesen Hauch von Normalität inmitten unseres Abenteuers.

Nach dem Planetariumsbesuch schlendern Beasey und ich durch ein paar Galerien, die noch geöffnet haben, und lungern darin herum – so drückt er es aus, »herumlungern«. Er fragt mich über meine eigenen Kunstprojekte aus, zum Beispiel will er wissen, was ich ausstellen würde, wenn ich eine Galerie zur Verfügung hätte. Seit meinem kleinen Zusammenbruch fühle ich mich ihm näher, ja ihnen allen, weil sie mir so viel Verständnis entgegengebracht haben. Sie haben quasi miterlebt, wie mein ganzer emotionaler Ballast mitten auf dem Highway explodiert ist, aber statt mich das

Aufräumen allein erledigen zu lassen, haben sie mir alle dabei geholfen. Es kommt mir vor, als hätte man mir eine riesige Last von den Schultern genommen, und ich lächele die ganze Zeit vor mich hin.

»Ich arbeite lieber auf Papier als auf Leinwänden«, erkläre ich. »Und ich würde gern Kinderbücher illustrieren.« Diesen Traum habe ich noch nie jemandem verraten. »Oder vielleicht sogar Graphic Novels.«

»Also Kunst, mit der man Geschichten erzählt, statt …«, er hält inne, sucht nach dem richtigen Begriff, »… abstrakter, rein ästhetischer Kunst?«

Ich verstehe, was er meint, also nicke ich. »Ja, könnte man so sagen.«

»Das ist total cool.«

»Na ja, falls es so weit kommt, dann schon. Aber das ist ein dickes *Falls*.«

»Ach Quatsch«, erwidert Beasey. »Die Frage ist nicht, ob, sondern bloß, *wann*.«

Ich versuche, die Augen zu verdrehen, aber ich muss grinsen. Stattdessen gebe ich ihm einen Klaps. Er lacht und legt mir den Arm um die Schultern. Als er mich spielerisch an sich drückt, kostet es einiges an Willenskraft, mich nicht an ihn zu schmiegen und einfach dort zu bleiben.

In dieser Nacht ist die Luft so klar und der Himmel so wolkenlos, dass wir in unsere Mäntel gewickelt und mit Extradecken alle zusammen zu einer kleinen Miniwanderung aufbrechen, um doch noch echte Sterne zu beobachten. Jasper ist ein Lichtschutzgebiet, also bin ich darauf vorbereitet, deutlich mehr Himmelskörper zu sehen als normalerweise, selbst für kanadische Verhältnisse. Aber die Wirklichkeit übertrifft all meine Erwartungen. Statt wie ein schwarzes Tuch mit feinen Löchern aus Licht wirkt der Himmel hier wie ein lebendiges Meer aus Sternen. Ich spüre die Weite über mir geradezu und mir wird ein bisschen seltsam zumute. Es ist fast unheimlich. Noch nie habe ich mich so klein gefühlt.

»So viele Sterne habe ich in meinem ganzen Leben noch nicht gesehen«, sage ich ehrfürchtig.

»In den Highlands«, setzt Beasey an, da wird er von Khalil unterbrochen: »Oh, du bist aus den Highlands?« Woraufhin Beasey ihm ein gut gelauntes »Klappe« an den Kopf wirft. »Was ich meine, ist: Es gibt auch ein paar sehr schöne Lichtschutzgebiete in den schottischen Highlands.«

»Seid ihr nicht zusammen zur Schule gegangen?«, frage ich verwirrt. »Ich dachte, so habt ihr euch kennengelernt?« Ich wende mich an Khalil. »Kommst du denn dann nicht aus den Highlands?«

Träge wendet Khalil sich an Beasey: »Möchtest du selbst versuchen, dein kompliziertes Familienleben zu erklären?«

»Nur ich stamme aus den Highlands«, sagt Beasey. »Meine Eltern haben sich scheiden lassen, als ich elf war, und ich musste mit meiner Mum nach Aberdeen ziehen.«

»Wo er mich getroffen hat«, wirft Khalil ein.

»Wo ich Khalil getroffen habe, stimmt«, fährt Beasey fort. »Und als ich mit der Schule fertig war, bin ich zurück zu meinem Dad gezogen, um in seinem Hotel zu arbeiten.«

»Das klingt jetzt nicht soo kompliziert«, finde ich.

»Tja, kein Elternteil war sonderlich begeistert, dass ich beim jeweils anderen wohnen wollte.« Beasey zuckt mit den Achseln und wendet den Blick ab. »Schon verrückt, wie man so was in einem Satz zusammenfassen kann, der das ganze emotionale Drama völlig ausblendet, oder?«

Ich bin nicht sicher, was ich darauf antworten soll. Hilfe suchend schaue ich zu Khalil. »Ich habe auch eine Zeit lang in dem Hotel gearbeitet«, erklärt er. »Und Beasey hat schon recht, die Highlands sind wunderschön.« Er klopft Beasey kurz und herzlich auf die Schulter und lächelt mir zu. »Hey, eines Tages, wenn wir drei wieder zurück in Großbritannien sind, sollten wir alle einladen.«

»Das wäre mega!«

Auch Beaseys Miene hellt sich auf. »Wir feiern unser großes Wiedersehen einfach da!«

»Klingt perfekt!«, stimmt Sewa zu.

»Ich bin dabei.« Stefan nickt. »Wir sollten das direkt planen.«

»Wo wir gerade vom Planen sprechen«, fällt Lars ein, »Peyton, weißt du schon, wie es bei dir weitergeht?«

Sofort bin ich total angespannt, als wäre das ein Test, auf den ich nicht vorbereitet bin. Denn natürlich habe ich noch keine Ahnung. Bisher habe ich nicht mal gründlich darüber nachgedacht. Warum sollte ich, wenn ich gerade eine so gute Zeit habe? Mehr als gut, die beste. Ich habe Kanada, Freunde und ein Wohnmobil. Und obendrein *mich selbst*. Die Person, von der ich immer gehofft habe, dass sie eines Tages – unter den richtigen Umständen, mit den richtigen Leuten – zum Vorschein kommen würde.

»Wolltest du nicht deinen Großvater besuchen?«, hakt Stefan nach, als ich schweige.

»Das muss Peyton doch nicht jetzt entscheiden«, wiegelt Beasey ab.

»Aber irgendwann bald schon«, wendet Khalil ein.

»Du könntest mit Lars und mir in Banff bleiben«, schlägt Stefan vor. »Und wie wir im Skigebiet arbeiten.«

»Ich wünschte, das könnte ich.« Und *wie* ich das wünschte! »Aber ich habe kein Arbeitsvisum.«

»Was ist mit dir, Sewa?«, fragt Khalil. »Was machst du, wenn das hier vorbei ist?«

»Ich ziehe nach Toronto.« Sewa unterdrückt ein Gähnen. »Mein neuer Job fängt nächste Woche an. Ich fliege von Calgary aus, sobald wir das Wohnmobil zurückgegeben haben.«

»Guck?«, sagt Khalil zu mir und deutet auf Sewa. »*Das* nenn ich einen Plan.«

Ich zucke mit den Schultern. Er zieht mich nur auf und meint es nicht böse, aber ich muss mich trotzdem abwenden. Ich fürchte, wenn ich versuche, etwas zu sagen, werde ich stattdessen wieder so was Peinliches tun wie in Tränen ausbrechen. Warum reden denn auf einmal alle davon, was vor uns liegt, wenn es doch im Hier und Jetzt so schön ist? Ich will gar nicht daran denken, dass wir uns bald über den ganzen Kontinent verteilen, oder daran, wie wenig Zeit uns bleibt.

Zehn Minuten später verkündet Sewa, dass er hundemüde sei und unbedingt ins Bett müsse. Wir treten den Rückweg an und Beasey und ich lassen uns ein bisschen zurückfallen. Sehr leise raunt er mir zu: »Tut mir leid, dass sie dich alle mit dieser Planerei nerven. Sie machen sich einfach Sorgen um dich.«

»Ich weiß. Aber das wird schon. Um ehrlich zu sein, habe ich noch mal über meinen Grandad nachgedacht …«

»Echt?«

»Ja. Vielleicht sollte ich *doch* vorbeischauen. Näher dran war ich noch nie. Und er ist Künstler – habe ich dir das erzählt?«

»Nein.« Er wirkt verblüfft. »Aber wenn er Künstler ist, bist du dann nicht neugierig auf ihn?«

»Schon. Aber *niemand* aus meiner Familie hat ihn je besucht, wirklich nie. Ich habe ihn in meinem ganzen Leben noch nicht getroffen und wir sprechen auch kaum über ihn. Nur, wenn Grandma sich über ihn beschwert oder wenn Dad meinen Bruder und mich warnt, wir sollten bloß nicht so werden wie er. Aber ich habe überlegt, ob das so bleiben muss. Ich könnte mir seine Sicht der Dinge zumindest anhören.«

»Welche Sicht kennst du?«

»Im Grunde die, dass er sich verdrückt hat, als mein Dad klein war.«

»Nach Kanada?«, fragt Beasey. »Es gibt also schon ein Mitglied deiner Familie, das ausgebüxt und vor seinem alten Leben nach Kanada geflohen ist?«

Ich verdrehe die Augen. »Jetzt übertreib nicht. Das ist hier kein Fall von ›Geschichte wiederholt sich‹. Er ist einfach irgendwann hier gelandet. Hat sich vor … keine Ahnung, zwanzig, dreißig Jahren hier niedergelassen. Jedenfalls vor meiner Geburt. Aber vorher ist er ein bisschen rumgekommen, glaube ich.«

»Okay, vielleicht wiederholt sich die Geschichte nicht komplett. Aber ich sehe hier definitiv Parallelen.«

Ich schüttele den Kopf. »Das bildest du dir ein.«

»Aber bist du nicht genau aus dem Grund hierhergekommen? Weil er hier ist? Ich hatte mich schon gefragt, warum du dir ausgerechnet Kanada ausgesucht hast, von allen Ländern, die du hättest wählen können, aber jetzt ergibt es für mich mehr Sinn.«

»Er war nicht der Grund. Er hatte kaum was damit zu tun. Ich schätze, die Tatsache, dass er hier wohnt, ließ das ganze Land möglicherweise ... hm, weniger abstrakt erscheinen als andere Orte. Aber ich wäre so oder so hierhergekommen.«

»Okay, aber warum? Und wo wir gerade dabei sind – weshalb bist du überhaupt weggeflogen?«

»Du *weißt* doch, warum.« Ich bin überrascht. »Ich habe dir doch erzählt, was passiert ist.«

»Ja, schon, aber wie wurde daraus: *Oh, ich steige mal eben in ein Flugzeug und reiße aus?«* Ich öffne den Mund, um zu protestieren, da lacht er. »Oder wie auch immer du es ausdrücken würdest.«

Ich denke an die Tage, nachdem ich aus dem Krankenhaus entlassen worden war. Wie verloren ich mich gefühlt habe und wie sinnlos alles gewirkt hat. Wie ich vorgab, zum Unterricht zu gehen, aber dann den Tag in der Bibliothek verbrachte. Wie ich am Abend vor dem Flug in Dads Büro saß und auf den Globus starrte. Es sind Erinnerungen an jemanden, den ich kaum wiedererkenne.

»Es ist schwer zu erklären«, sage ich.

Beasey lächelt. »Versuch's.«

Auf und davon

Zuallererst war ich beim Friseur.

Es war Freitag, sechs Tage nachdem ich aus dem Krankenhaus gekommen war, und ich verbrachte einen weiteren Tag,
den ich im Unterricht hätte sein sollen, in der Stadt. Dabei
stolperte ich über ein Schild, das für Haarschnitte ohne Termin warb.

Brauchen Sie eine Veränderung?
20 % Rabatt für Neukunden

»Na, was kann ich für dich tun?«, fragte Chloe, die Friseurin, und blickte meinem Spiegelbild in die Augen.

»Ehrlich gesagt weiß ich das gar nicht genau. Aber ich
will auf jeden Fall etwas anderes.«

Ich überlegte. Als Kind hatte ich blonde Locken. Damals
war ich richtig niedlich, mit großen braunen Kulleraugen
und breitem Lächeln. Das Blond dunkelte nach, die Nied-
lichkeit verflog und mein Lächeln wurde schmaler und
schmaler, bis die weiterführende Schule es vollkommen
ausradierte. Ich wollte die kleine Peyton zurück. Die glückliche, hoffnungsvolle Peyton.

Auf dem Handy zeigte ich der Friseurin ein Kinderfoto

von mir, was ich auf Mums Facebook-Account gefunden hatte. »Kriegen Sie eine siebzehnjährige Version hiervon hin?« Es klang irgendwie nach einem ziemlich dummen Wunsch, aber sie verstand mich.

»Klar.« Sie machte sich ans Werk. Nebenbei fragte sie mich: »Weshalb die große Verwandlung?«, und ich erzählte ihr grob von Travis und meinen Freunden, die nicht meine Freunde waren, und dass alles so fürchterlich schiefgelaufen war.

»Ich weiß nicht, wie es jetzt weitergehen soll«, schloss ich.

»Klingt, als bräuchtest du wirklich eine Veränderung.« Sie schenkte mir im Spiegel ein erstes richtiges Lächeln. »Die Leute fangen immer bei ihren Haaren an.«

»Echt?« Ich versuche, mir all die Menschen vorzustellen, die schon vor mir in diesem Stuhl saßen und verwandelt werden wollten.

»Oh ja. Und wen wundert's? Ist der schnellste Weg, sich wie eine andere Person zu fühlen – oder zumindest so auszusehen. Und wenn's nicht klappt, ist's nur vorübergehend.«

Ich nickte.

»Aber«, ergänzte sie, »es ist nur oberflächlich. Das ist die Krux an der Geschichte. Es ist keine richtige Veränderung. Wenn du willst, dass sich wirklich etwas ändert, musst du tiefer graben.«

Chloe hatte natürlich recht. Hatte ich nicht genau das Gleiche schon vor dem College versucht? Ich hatte mir eine neue Frisur verpassen lassen und erwartet, dass in der Folge auch alles Weitere anders werden würde. Wenn ich mehr wollte, dann musste ich auch mehr tun. *Tiefer graben.* Das Problem an der Wurzel packen und ausreißen.

»Aber wie?«, fragte ich.

Chloe zuckte mit den Schultern. »Das weiß ich nicht, Herzchen. Es ist dein Leben.«

Das war nicht direkt ein Moment der Erleuchtung, aber das Gespräch setzte trotzdem etwas in Gang. Dass unsere Leben uns gehören, sollte eigentlich völlig klar sein, und doch vergisst man diese Dinge leicht. Mein Leben, das war weder das College, auf das meine Eltern mich schickten, noch waren es die Fächer, die sie für mich ausgesucht hatten. Auch nicht die Freunde, an die ich mich aus Angst vor Einsamkeit geklammert hatte, oder der Partner, den ich nicht liebte, aber auf den ich angewiesen zu sein glaubte. Mein Leben, das war ich. Und das war die einzige Konstante, auf die ich mich verlassen konnte.

Während Chloe meinen Haaren den letzten Schliff verpasste und mich föhnte, sollte ich die Augen schließen, für den Überraschungseffekt. Als ich sie wieder öffnen durfte, war ich eine andere, genau wie erhofft. Die mittlerweile etwas ausgewaschenen glatten Strähnen, die wirkten, als würden sie meine Haare geradezu runterziehen, waren verschwunden. Stattdessen umrahmten selbstbewusste Locken mein Gesicht, strahlend blond und fröhlich.

»Hattest du es dir so vorgestellt?«, fragte Chloe.

»Ja, es ist perfekt.«

Als ich nach Hause kam, war niemand da. Meine Eltern waren essen, zum Hochzeitstag. Sie hatten es meinetwegen verschieben wollen, aber ich hatte sie dazu überredet, es nicht zu tun. Meine frisurbedingte gute Laune hielt ungefähr eine Stunde an, dann verflog sie, wie alle Stimmungshochs. Ohne es zu wollen, vermisste ich meine Freunde. Oder eher, überhaupt Freunde zu haben.

Ich ging in Dads Arbeitszimmer und schlurfte eine Weile einfach so durch den Raum. Dabei lief ich so dicht an den Bücherregalen vorbei, dass ich mit dem Ellbogen die Buchrücken berührte. Nachdem ich zweimal eine komplette Runde gelaufen war, ließ ich mich in Dads pompösen Ledersessel fallen, in dem ich als Kind nicht sitzen durfte und der genau genommen vermutlich immer noch Sperrzone war. Ich hängte die Beine über die eine Lehne, legte den Kopf auf die andere und starrte an die Decke. So verharrte ich eine Weile und versuchte, irgendeine Empfindung in mir wachzurufen, an die ich mich klammern konnte. Aber da war nichts, nur Leere. War's das jetzt? Hatte ich den Teil von mir verloren, der imstande war zu fühlen? Dem nicht alles egal war?

Mit einem Ruck setzte ich mich auf und streckte die Hand aus, um eine Schreibtischschublade zu öffnen. Dann noch eine und noch eine, bis ich endlich fand, was ich nur halb zu finden gehofft hatte: eine Flasche Whiskey, zu drei Vierteln gefüllt. Ich schraubte den Deckel auf und nahm langsam einen kleinen Schluck. Er brannte höllisch und ich schloss angewidert die Augen.

Der Whiskey ließ die Zeit träge dahinfließen. Als ich an Travis dachte, kam er mir irgendwie unbedeutender vor, weit entfernt von diesem Zimmer und von mir in diesem Sessel. Auf dem Schreibtisch lag Dads Notizbuch. Ich blätterte hindurch und suchte halbherzig nach meinem Namen.

Und entdeckte ihn tatsächlich oben in der Ecke einer Seite, nachlässig hingekritzelt.

Peyton – Bude? Fragen!

Ich musterte die Notiz mit zusammengekniffenen Augen. Zuerst dachte ich, ich hätte Dads Handschrift falsch entziffert, weil ich ewig brauchte, bis ich darauf kam, dass Bude der Name einer Stadt in Cornwall war, und zwar der, in der meine Grandma lebte. Und *fragen*? Wen? Mich, ob ich hinfahren will? Sie, ob sie mich aufnimmt? Er wollte mich wegschicken. Mich in die hinterste Ecke Cornwalls verbannen und mich zum Problem anderer Leute machen.

Ach Quatsch, ich verrannte mich hier in etwas. Das Schuljahr war schon in vollem Gange, ich konnte ja nicht einfach so lange das College schwänzen. Meine Eltern würden mich nirgendwohin verbannen, egal, wie enttäuscht und verwirrt sie von mir waren. Die Notiz war bestimmt schon älter und hatte nichts mit der jetzigen Situation zu tun. Niemand wollte mich wegschicken. Mein Herzschlag beruhigte sich und ich trank noch ein bisschen Whiskey.

Und dann kamen mir drei Gedanken, einer nach dem anderen. Zuerst: *Hm, ich wünschte, ich könnte weg.* Und der zweite: *Aber Cornwall ist noch zu nah.* Und schließlich der dritte: *Wen juckt das Schuljahr?*

Diese Gedanken waren toll! Sie wärmten mich mehr als der Whiskey und brachten meine Nervenenden zum Prickeln. Ich lächelte, während sie in meinem Kopf umherkreisten, und stellte mir vor, wie ich meine Sachen packen und aus dem Haus gehen würde. Ich würde die Tür schließen und in einen Bus steigen, der mich direkt am College vorbei aus der Stadt raus, einmal durch Surrey und zum Flughafen bringen würde. Und dort würde ich einen Flug nehmen. Wohin? Irgendwohin – egal, einfach weit weg. Ich würde verschiedene Zeitzonen durchqueren und all das Verhasste und Traurige und all den Schmerz zurücklassen. Ich würde – *endlich* – entkommen.

Ich setzte mich aufrecht hin. Neben dem Schreibtisch stand der fast schon absurd noble Globus, den Dad sich zum Vierzigsten gegönnt hatte. Ich beugte mich darüber. Langsam begann ich, ihn zu drehen, schloss meine Augen, wie damals, als ich klein war, und ließ meinen Zeigefinger sinken. Wo auch immer er landete, dorthin würde ich fliegen. Kaum hatte ich ihn berührt, öffnete ich die Augen. Mein Finger lag irgendwo im südlichen Atlantik.

Okay, dann halt nicht. Scheißmethode.

Wohin würde ich denn *wollen*? Ich lehnte mich zurück und zog die Knie an. Weit weg. Das war das erste Kriterium. Das wichtigste. Thailand, wie Dillon nach seinem ersten Jahr an der Uni? Argentinien, ganz nach unten an die Spitze? Nepal? In die Arktis oder Antarktis? Wo auch immer man besser hinkam? Die Welt war voller Orte, die nicht *hier* waren. Ich zog mein Handy aus der Tasche, öffnete den Browser und tippte *Welche Stadt liegt am weitesten von mir entfernt?* Damit stieß ich auf eine Website, die mich nach meinem Land und meiner Stadt fragte, und mir dann ausspuckte, dass der von mir am weitesten entfernte Ort eine Stadt in Neuseeland war – neunzehntausend Kilometer weit weg.

Neuseeland, das klang doch okay. Da könnte ich hinfliegen. Ich könnte hinfliegen und nie wieder zurückkommen.

Ein paar mehr Klicks und ich suchte nach Flügen. Fast tausend Pfund für ein One-Way-Ticket, in acht Stunden. Einen Moment lang war ich so von verzweifelter Sehnsucht erfüllt, dass die Zeit stehen zu bleiben schien. Ich gab mich einfach dem Schmerz hin. Ich wollte in dieses Flugzeug. Ich wollte im Flughafen einer Stadt am anderen Ende der Welt herumspazieren, in der Gewissheit, dass mich niemand – niemand! – auslachen oder missverstehen, hassen oder mir wehtun würde, ja, dass niemand wüsste, wer ich verdammt noch mal bin.

Wieder zum Globus gewandt, tippte ich mit dem Zeigefinger auf die schrumpelige kleine Insel, auf der ich lebte, dann beugte ich mich einmal herum und legte den anderen auf die entgegengesetzte Seite – Neuseeland. Auch eine kleine Insel. Ich fragte mich, ob ich dort die gleichen Probleme hätte, und fuhr mit dem Finger zurück über den Globus, über Ozeane und Kontinente und Grenzen, bis ich wieder in Europa ankam. So viel Welt, so viele Länder, so viele Menschen.

Gott, allein die Vorstellung, so weit weg von allem zu sein, was falsch lief. Würden nicht alle Probleme so viel kleiner wirken? Ich könnte Postkarten an alle schicken, die mich nicht vermissen würden. *Seht her*, würde ich schreiben, *ich habe es geschafft.*

Meine Augen wurden feucht und brannten. Ich ging wieder im Internet auf die Suche. *Wo tauchen Leute unter?* Bali, Island, Südafrika. Die Alpen.

Wo leben glückliche Menschen? Finnland, Norwegen, Dänemark. (Die Skandinavier schienen irgendwas richtig zu machen ...) Das erste nicht europäische Land auf der Liste war Kanada.

Wo leben die nettesten Menschen? Noch eine Liste. Schon wieder war Kanada dabei.

Na klar. Die Kanadier sind doch bekannt dafür, nett zu sein. Das ist so ein Kanada-Ding. Ich drehte die Weltkugel noch einmal und strich quer über den nordamerikanischen Kontinent. Ein guter Ort, um für eine Weile unterzutauchen. Dieses gigantische Land mit den netten Leuten.

Nur einen Flug entfernt. Das sollte ich echt machen. Ein One-Way-Ticket nach Vancouver. Das waren etwa siebentausendfünfhundert Kilometer. Weit genug, aber vielleicht nicht so erschreckend weit weg wie Neuseeland. Und abgesehen von Québec sprach man dort auch Englisch. Außerdem galt es als sicher.

Scheiße, mal im Ernst, dachte ich. Ich könnte das echt tun! Ich könnte alles tun, was ich wollte. Ich könnte einen Rucksack packen, nur Klamotten und mein Skizzenbuch, und einfach losziehen. So richtig als Oldschool-Backpackerin. Das machten die Leute doch immer, oder? Ich könnte mir vornehmen, von einem Ende eines Landes zum anderen zu kommen, als kleine Challenge. Könnte in Vancouver anfangen und bis … ich schaute noch mal auf dem Globus nach … St. John's in Neufundland reisen.

Und an irgendeinem Punkt – ich weiß wirklich nicht mehr, wann oder wie genau das in meinem Gehirn vor sich ging – dachte ich nicht mehr: Ich könnte, sondern: Ich werde. Und dann war ich auch schon dabei, suchte auf der Seite von British Airways nach Flügen und ging im Geiste durch, was ich einpacken musste.

Irgendwo in meinem Hinterkopf setze ein stetiger Rhythmus ein: *Ich muss hier weg, sonst geh ich drauf.* Fast wie

Trommelschläge. Eine Warnung und ein Versprechen. Es erschreckte mich nicht mal, weil es die Wahrheit war. Ich *fühlte*, wie wahr es war. Ich musste weg, sonst würde ich es nicht überleben. Das ist die echte Antwort auf die Frage, wie ich hier gelandet bin. Alles, was passiert ist – das Mobbing, das College, Flick, Travis, die Drogen und diese verdammte ewige Einsamkeit –, all das hat zu diesem Moment und zu diesem Gedanken geführt.

Ich weiß, es sieht so aus, als wäre ich bloß aus einer Laune heraus abgehauen. Ich weiß, dass es nicht besonders durchdacht war, ich erst siebzehn bin und das Ganze eine ziemlich bescheuerte Aktion ist, dass ich irgendwann nach Hause zurückkehren und die Konsequenzen tragen muss und dass dieselben Probleme dort vielleicht wieder auf mich warten werden. Ja. Aber das zählt alles nicht. Denn ich musste da weg, sonst wäre ich draufgegangen.

HIER & JETZT

Der Icefields Parkway

Als es am nächsten Nachmittag schneit, mache ich mir Sorgen, was das für die Straßenverhältnisse bedeutet, doch Sewa beruhigt mich. »Das ist kaum der Rede wert. Ein Blizzard wäre ein Problem. Aber das hier wird auf dieser geringen Höhe schnell wieder wegtauen. Gar kein Problem.«

Tatsächlich hört es irgendwann auf und wir gehen gemeinsam spazieren, weil wir Jasper bei Schnee sehen wollen und Sewa gern etwas Süßes von Tim Hortons hätte. Wir sind noch keine fünf Minuten gelaufen, da rutsche ich auf einer vereisten Stelle aus und falle, natürlich total graziös, zu Boden. Zum Glück kann Sewa mich auffangen, ehe mein Kopf auf dem Asphalt aufschlägt. Er zieht mich auf die Füße und murmelt etwas auf Russisch.

»Es geht mir gut.« Ich klopfe mir die Hose ab.

»Du bist so leichtsinnig.« Sewa schüttelt den Kopf, lächelt dabei aber nachsichtig. »Bei diesem Wetter musst du besser drauf achten, wo du hintrittst. Ich kann für dich das Wohnmobil fahren, aber ich kann nicht für dich laufen.«

Ich lache. »Das musst du auch nicht, ich kann auf mich selbst aufpassen.«

»Wir haben trotzdem alle das Gefühl, wir müssten dich beschützen. Du bist wie eine kleine Schwester für uns.«

»Klein?«, wiederhole ich entrüstet.

»Jünger«, korrigiert er.

»Soso. Außerdem ist das ungerecht. Ich bin einfach mit zu milden Wintern aufgewachsen. Ich muss mich erst daran gewöhnen. Weißt du, wie oft wir da, wo ich herkomme, richtigen Schnee haben? Ungefähr nie.« Ich drehe mich um und schaue über einen kleinen, schneebedeckten Ausschnitt von Jasper. »Ganz im Gegensatz zu dir. Für dich ist das wahrscheinlich Standard, oder?« Als er nicht antwortet, füge ich hinzu: »Erinnert dich das an zu Hause?«

Sewa runzelt die Stirn und schüttelt ernst den Kopf. »Du meinst Russland?«

»Na ja, schon.«

»Ich sehe Russland nicht als mein Zuhause. Schon seit einer Weile nicht mehr.«

»Oh«, mache ich kleinlaut. »Ähm, tut mir leid. Wo ... wo ist denn dann dein Zuhause?«

Sewa lässt den Blick über die verschneite Landschaft schweifen, die Stirn nach wie vor leicht in Falten gelegt. »Das weiß ich noch nicht. Ich bin auf der Suche.«

Ob ich wohl nachhaken sollte? Gibt es irgendeine Möglichkeit, das zu tun, ohne dass es unsensibel rüberkommt? Ich hatte schon so eine vage Vermutung, dass Sewas Hintergrund irgendwie aufregend ist. Dass er die Art Geschichte hat, die du halt nicht jedem sofort auf die Nase bindest, weshalb ich auch bisher darauf bedacht war, ihn nicht zu sehr zu löchern.

»Wie lange bist du schon auf Reisen?«, frage ich.

»Seit sieben Jahren. Aber nicht so wie Beasey und Khalil. Für mich ist das kein Abenteuer. Ich bin immer auf der

Suche nach Arbeit und bleibe dort, wo ich Geld verdienen kann. Und sobald die Visabestimmungen es verlangen, ziehe ich weiter. Zwischendurch war ich ein paar Mal in Russland, wenn ich keine andere Wahl hatte. Dann habe ich eine Zeit lang dort gearbeitet und bin bei der nächstbesten Gelegenheit wieder aufgebrochen.«

Vorsichtig frage ich: »Also *kannst* du zurück?«

Seine Mundwinkel zucken. »Ah, du glaubst bestimmt, ich hätte eine mysteriöse, gefährliche Vergangenheit?«

Ertappt! Sofort laufe ich knallrot an. »Na ja, ich ...«

»Du hast zu viele Filme gesehen«, zieht er mich auf. »Und zu viele Bücher gelesen. Es ist nicht so aufregend, wie du denkst. Ich kann zurück, wann immer ich will. Aber ich will nicht.«

»Warum?« Schnell schiebe ich hinterher: »Du musst mir das nicht beantworten.«

Er sieht mich an, dann wendet er die Augen ab. »Es ist eine traurige Geschichte.«

»Oh.« Ich habe das Gefühl, als hätte ich die Tür zu einem Raum aufgestoßen, in dem ich nichts zu suchen habe. »Du musst sie wirklich nicht erzählen.«

»Meine Mutter und meine Schwester sind gestorben«, sagt er und mein Herz zieht sich zusammen. »Nicht auf spektakuläre Weise. Bei einem Autounfall, einem, wie er jeden Tag passieren kann.« Er wedelt mit der Hand und die Geste wirkt wie ein Schulterzucken. Doch sein Gesicht wird von einem tiefen Schmerz überschattet, dessen Anblick ich kaum ertrage. »Mein Vater und ich, wir standen uns nicht nahe. Ihr Tod hat das Ganze nur noch verschlimmert. Er hat wieder geheiratet und eine neue Familie gegründet. Ich bin gegangen.« Er wirft mir einen Blick zu. »Du siehst, es ist ganz banal. Eine Geschichte, wie sie sich ständig ereignet, überall auf der Welt.«

»Ach, Sewa, das tut mir so leid. Hat dir das Reisen denn geholfen?«

Er nickt. »Ja, sehr. Meine Schwester, sie wollte viel reisen. Ich habe sie immer damit aufgezogen.«

»Wie hieß sie?«

Er lächelt und sieht mich nun wieder richtig an. »Jana. Du erinnerst mich an sie. Ich war nicht sicher, ob ich das sagen sollte, aber es ist so. Sie war siebzehn. Und mutig, wie du.«

Fast automatisch will ich antworten, dass ich nicht »mutig« bin, aber ich halte mich zurück. Hier geht's nicht um mich, sondern um ihn.

»Ich habe das Gefühl, ich muss auf dich aufpassen«, fährt Sewa fort. »Wie ein Bruder.«

»Hast du dir deshalb das mit dem Wohnmobil ausgedacht?«, frage ich vorsichtig. »Und fährst uns den ganzen Weg?«

»Die Welt ist nicht immer sicher«, sagt er leise. »Nicht einmal an einem Ort wie diesem. Du hast so verloren gewirkt. Das kann sehr gefährlich sein. Ich habe einen Weg gesehen, dir zu helfen, und die anderen ebenfalls.«

Ich weiß nicht genau, wie ich das finden soll. Irgendwie habe ich schon früher gespürt, dass Sewa mich als eine Art kleine Schwester betrachtet, wie die meisten von ihnen. Aber mir war nicht klar gewesen, *wie* richtig ich mit dieser Vermutung lag. Dass sich Leute um einen sorgen, ist natürlich etwas Schönes. Allerdings hatte ich gehofft, der Grund für unser gemeinsames Abenteuer wäre, dass wir uns alle mochten, und nicht, dass die anderen das Gefühl hatten, auf mich aufpassen zu müssen.

Aber ich *habe* jemanden gebraucht, der auf mich aufpasst, nicht wahr? Wer weiß, wo ich gerade ohne sie wäre.

»Ich habe dich traurig gemacht, oder?«

»Nein«, sage ich hastig. Er hat mir eben von seinem tragischen Leben erzählt, da werde ich jetzt nicht traurig sein, weil sie alle so fürsorglich sind. »Ich musste das nur kurz verdauen. Quasi im System verarbeiten.« Ich lächele ihm zu und mache Roboterbewegungen. »Miep morp.«

Er lacht.

»Beasey hat das auch gesagt«, fahre ich fort. »Dass ich verloren aussah. Mir war nicht klar, dass es soo offensichtlich ist.«

»Vielleicht wäre es anders gewesen, wenn du einen Plan gehabt hättest«, gibt Sewa trocken zurück. »Aber da warst du, siebzehn, so weit weg von zu Hause, und hast uns mit großen Augen angestarrt, als wir dich gefragt haben, wo du hinwillst. In Kanada. Im Oktober!«

Ich werde schon wieder rot. »Okay, okay, kein Grund, Salz in die Wunde zu streuen …«

»Eines Tages triffst du auch mal jemanden wie dich und wirst ihm oder ihr helfen. Und du wirst das gern tun, so wie wir für dich.«

»Du musst mich für ziemlich bescheuert halten.«

»Bescheuert? Nein, gar nicht. Warum denkst du das?«

»Na, weil ich aus meinem bequemen Leben ausgebrochen und einfach so hierhergekommen bin. Und das nur wegen ein bisschen Stress mit ein paar Freunden.«

Sewa schüttelt den Kopf. »So siehst du das nicht wirklich. Und ich auch nicht. Du spielst deine Traurigkeit herunter. Dafür gibt es keinen Grund. Du musst sehr unglücklich gewesen sein, wenn du das Gefühl hattest, so dringend wegzumüssen. Das ist keine Kleinigkeit. Ich verstehe das gut. Genauso habe ich empfunden.«

»O Gott, Sewa, bei dir war es so viel schlimmer.«

»Stopp«, erwidert er. »Damit brauchen wir gar nicht erst anzufangen. Für Schmerz gibt es keine Stufen wie auf einer Leiter. Er ist mehr wie ...« Er überlegt. »Ein Bach. Er wird immer aus der gleichen Quelle gespeist. Der Wasserstand variiert vielleicht, aber Menschen können auch in Niedrigwasser ertrinken. Du und ich, wir hatten ein sehr unterschiedliches Leben, aber wir haben etwas gemeinsam – die Traurigkeit und den Wunsch, sie hinter uns zu lassen. Die Welt ist groß. Warum sollte man dort bleiben, wo man unglücklich ist?«

Ich sehe ihn an, betrachte sein vertrautes Gesicht, so ernst und so sanft zugleich. Mich überkommt eine plötzliche Welle der Dankbarkeit. Dass er mir gegenüber so offen war, ist ein enormer Vertrauensbeweis. Es verleiht unserer Freundschaft eine Tiefe, von der ich bisher nur hatte träumen können und für die ich zu Hause keinen Mut gehabt hatte. Eigentlich möchte ich ihn umarmen. Stattdessen sage ich: »Du bist ein toller großer Bruder.«

»Ein besserer als damals. Erst als ich keiner mehr war, wurde ich der beste Bruder, der ich sein konnte.«

»Du bist immer noch ein Bruder«, versichere ich ihm.

HIER & JETZT

Von Jasper nach Banff

DER ICEFIELDS PARKWAY

Der Icefields Parkway – oder, streng genommen, Highway 93 –, das sind zweihundertdreißig Kilometer voller Wunder, welche die beiden Nationalparks von Jasper und Banff miteinander verbinden. Würde man einfach schnurstracks von einer Stadt in die andere fahren, wäre man nur etwa drei Stunden unterwegs. Wir aber gönnen uns zwei ganze Tage, um alle Zwischenstopps einlegen zu können, die das Backpacker-Herz begehrt, plus einen extra Tag für Lake Louise, ehe wir unseren Trip in Banff beenden. Von dort aus werden wir uns in alle vier Winde zerstreuen. Aka: Dort wird mein Herz brechen.

Der breite, glatte Highway führt mitten durch ein Gebirgspanorama. Praktisch überall, wo man hinsieht, sind Berge, Bäume, Seen oder Gletscher. Ein paar Mal halten wir einfach so an, um mit offenem Mund zu staunen und / oder Fotos zu machen. Unser erster offizieller Zwischenstopp sind die Athabasca Falls und der dazugehörige Canyon. Ein Stück weiter gibt es noch einen Aussichtspunkt, wegen seiner mineralischen Beschaffenheit ein Paradies für Bergziegen und daher offenbar bekannt als »Goat Lick«. Er bietet einen herrlichen Blick über den eisblauen Athabasca River, der sich durch ein Meer aus Bäumen windet, bis er zwischen den Bergen mit dem Horizont verschwimmt.

»Stellt euch vor, ihr würdet in Banff wohnen und in Jasper arbeiten«, sagt Lars verträumt. »Dann könntet ihr diesen Weg jeden Tag fahren. Das wäre ein Pendlerleben!«

»Glaubst du nicht, dass der Zauber mit der Zeit verfliegen würde?«, frage ich.

»Für mich nicht«, meint Lars. »Ich könnte die Landschaft zu jeder Jahreszeit und in allen Farben sehen. Und ich würde jeden Tag genau hier anhalten und laut ›Wow!‹ rufen.«

Stefan lächelt ihn liebevoll an und nickt. »Und ich würde jeden Tag mit dir hier stehen und diesen Wow-Moment mit dir teilen.«

Lars erwidert sein Lächeln, ein unsichtbares Band zwischen ihnen, und nimmt seine Hand.

»Ihr solltet das durchziehen«, bestärke ich sie. »Und einen Instagram-Account extra dafür anlegen. Den könnt ihr dann *Und täglich grüßt die Ziege* nennen. Oh, und ihr könntet eins von diesen *Jeden-Tag-eine-Sekunde*-Videos drehen.«

Lars stöhnt auf. »Nein, hör auf, jetzt will ich es noch mehr!« Traurig fügt er hinzu: »Aber das geht nicht.«

Später halten wir am Columbia Icefield. Wären wir nur eine Woche früher hier gewesen, hätten wir den Glacier Skywalk entlangwandern können. Das ist ein Weg mit einem Glasboden, der über eine Felskante hinausragt. Man spaziert dort in zweihundertachtzig Metern Höhe über Täler und Wasserfälle hinweg. Doch leider ist er für dieses Jahr schon geschlossen. Beasey schafft es nicht besonders gut, seine Erleichterung darüber zu verbergen. Ich dagegen bin richtig enttäuscht, bis Khalil vorschlägt, dass wir von dem Geld, das wir dafür ausgegeben hätten, in Banff schön essen gehen.

»Ich muss wohl wirklich einfach noch mal wiederkommen, was?«, sage ich.

»Ja«, stimmt Stefan zu.

»Wir alle«, ergänzt Khalil.

Ich versuche, mir mich selbst in ein paar Jahren vorzustellen, wenn ich alt genug bin, hier zu sein, ohne mir ständig anhören zu müssen, ich solle gefälligst nach Hause kommen. Vielleicht fliege ich dann zusammen mit einem neuen Partner oder, noch besser, einem guten Freund oder einer guten Freundin. Mit jemandem, der bleibt. Ich werde diesem Menschen von unserem Roadtrip vorschwärmen, von all den Dingen, die wir gesehen haben, und ihm von den Sehenswürdigkeiten erzählen, die geschlossen waren. Er wird fragen: *Hat es sich trotzdem gelohnt?* Und ich werde sagen: *Ja, tausendmal ja!*

Es gibt keinen einzigen Moment auf dieser Reise ohne eine postkartenwürdige Aussicht, aber es gibt einige Orte auf unserer Route, die noch mal ganz besondere Wow-Momente hervorrufen. Am Stutfield-Glacier-Aussichtspunkt sitzen wir zum Beispiel alle an einem Picknicktisch und versuchen, auch nur einen Bruchteil der Umgebung einzufangen und ihr mit unserem Staunen gerecht zu werden. Aber wir scheitern kläglich und nacheinander geben wir alle auf und genießen den Anblick einfach so.

In der Hoffnung auf einen schönen Sonnenuntergang wandern wir im schwindenden Tageslicht den Parker Ridge Trail hoch. Zwar sieht man die Sonne fast gar nicht, da zu viele Gipfel im Weg sind, aber das Farbenspiel am Himmel und vor allem der atemberaubende Blick auf den Saskatchewan-Gletscher sind es allemal wert.

»Wenn jetzt jemand mit einer Knarre vorbeikäme«, sagt Beasey im Plauderton, »und sagen würde: ›Buchstabiert *Saskatchewan* oder ich bringe euch um‹, was meint ihr, wie viele von uns überleben würden?«

»Spannende Art abzutreten«, fällt Khalil dazu ein. »Durch einen Buchstabierwettbewerb.«

Wir haben es nicht eilig, zum Wohnmobil zurückzukommen. Ein paar von uns trödeln, um die Aussicht ein klein wenig länger zu genießen. Lars und ich sind die Letzten. Er hat noch eine Weile neben mir gesessen, während ich gezeichnet habe, vertieft in sein Handy. Schweigend gehen wir nebeneinanderher, und obwohl wir bisher kaum Zeit allein verbracht haben – wenn überhaupt –, ist es ein angenehmes Schweigen. Irgendwann zieht er eine Zigarettenschachtel und ein Feuerzeug aus der Tasche.

Das überrascht mich. »Ich wusste gar nicht, dass du rauchst.«

Lars klemmt sich eine Zigarette zwischen die Zähne und grinst. »Es gibt vieles, was du nicht über mich weißt.«

»Aber mal ehrlich, wie können wir die letzten Wochen zusammen auf engstem Raum gelebt haben, ohne dass ich das mitgekriegt habe?«

»Ich mache es ja nicht im oder in der Nähe des Wohnmobils. Ich versuche, möglichst rücksichtsvoll zu sein. Stört es dich? Dann kann ich sie für später aufheben.«

»Nein, nein, rauch ruhig.«

»Willst du auch eine?«

Verblüfft stelle ich fest, dass ich gern Ja sagen würde, um diese unausgesprochene Kameradschaft unter Rauchern zu spüren. »Nein, danke.«

Er zündet die Zigarette an, schließt die Augen, inhaliert.

»So. Was muss ich noch über dich wissen?«, frage ich.

Er lächelt wieder und öffnet beim Ausatmen die Augen. »Ich spiele Schlagzeug.«

»Echt?«

»Zu Hause, ja. Ich bin in einer Band.«

»Im Ernst?«

»Und ich boxe.«

»Du boxt?!«

Er lacht. »Guck, die Menschen sind doch immer wieder für Überraschungen gut.«

»Wie cool ist bitte dein Leben? Ein boxender Schlagzeuger, der mit seinem Freund zu den schönsten Orten der Erde reist, um dort Ski zu fahren. Das ist traumhaft! Ich würde sofort mit dir tauschen!«

Er zuckt mit den Schultern und wendet den Kopf ab, während er erneut an der Kippe zieht.

»Meintest du nicht auch, du hättest mal eine Zeit lang in Großbritannien gelebt?«, frage ich und versuche, mich an eines unserer früheren Gespräche zu erinnern. »War das mit der Band?«

»Nein, das mit der Band kam später. Ich war für eine Weile zum Arbeiten dort. Ich bin ganz gern weit weg von zu Hause.«

»Warum?«

Jetzt sieht er mir direkt in die Augen. »Willst du das wirklich wissen?«

»Ja, natürlich.«

»Meine Eltern sind homophob«, sagt er. »Zu Hause bin ich noch ungeoutet.«

Ich sage das Erste und Dümmste, was mir in den Sinn kommt: »Krass. Ich hätte nicht gedacht, dass die Schweden homophob sind.«

»Die Schweden«, wiederholt Lars und malt Anführungszeichen in die Luft, »nicht. Meine Eltern, die zufällig Schweden sind, allerdings schon.«

»Klar, oh Mann, tut mir leid.« Ich schäme mich in Grund und Boden.

»Sie denken, Stefan und ich wären Kumpel«, fährt er fort. »Wie Beasey und Khalil, rein platonisch. Nur wenn wir auf Reisen sind, können wir ungestört zusammen sein. Wir haben uns in England kennengelernt und seitdem suchen wir nach Möglichkeiten, Zeit miteinander zu verbringen. Für ihn bin ich nach Schweden zurückgekehrt. Mit seiner Familie gibt es keine Probleme, mit meiner dagegen … wie gesagt. Und das macht die ganze Sache ziemlich kompliziert.« Er klopft Asche von seiner Zigarette. »Auf Reisen sind wir frei.«

»Es tut mir so leid!« Damit meine ich die Situation an sich, aber auch, dass ich so lange gebraucht habe, um etwas herauszufinden, das für ihn so eine Riesensache ist. Vor allem, weil uns ja gar nicht mehr viel Zeit bleibt. Zu spät wird mir klar, dass Lars' und Stefans Anwesenheit für mich selbstverständlich war, dass ich sie nie irgendwas über die Basics hinaus gefragt habe.

Oh Mann, ich war echt keine gute Freundin. Ich bin vielleicht weit gekommen, aber ich habe noch ziemlich viel zu lernen.

Lars wirft mir einen Blick zu und seine Mundwinkel zucken. »Wer weiß, wenn die Dinge anders lägen, dann wäre ich jetzt nicht hier, mit dir und den anderen. Das ist ein Abenteuer und ich liebe alles daran. Es muss dir nicht leidtun. Dieser Teil ist toll.«

Mir fällt ein, was Sewa vor Wochen im Hostel gesagt hat, darüber, dass alle Reisenden vor irgendetwas davonlaufen. Und dass sie alle auf der Suche nach etwas sind. Vielleicht suchen sie alle ihre eigene Art der Freiheit.

Weil es um diese Jahreszeit so gefährlich ist, im Dunkeln unterwegs zu sein, fahren wir zum nächstgelegenen Campingplatz und richten uns dort ein. Morgen müssen wir noch mal ein Stück zurück, um ein paar der Sehenswürdigkeiten abzuklappern, die wir verpasst haben, aber das ist besser, als illegal über Nacht irgendwo wild zu campen – *boondocking* nennt man das hier – und zu hoffen, dass man uns nicht erwischt. Und womöglich verhaftet. Maja und Sewa gehen auf einen Mondscheinspaziergang und wir Übrigen spielen Karten, bis Lars und Stefan beschließen, dass sie ein bisschen Zweisamkeit brauchen. Khalil behauptet, er müsste zur Abwechslung mal früh ins Bett, und fragt, ob er sich vielleicht schon mal in meinem aufs Ohr hauen dürfte, weil er uns nicht aus dem Wohnzimmer vertreiben will (ich sehe den Blick, den er Beasey zuwirft). Ich habe nichts dagegen und so bleiben Beasey und ich allein sitzen. Es ist auf einmal sehr still. Auch wenn wir schon oft Zeit nur zu zweit verbracht haben – auf Spaziergängen ohne die anderen, vertieft in ehrliche Gespräche –, und auch wenn es immer schön war, fühlt es sich doch jetzt noch mal anders an, in der gemütlichen Wärme des Wohnmobils. Viel intimer. Nicht dass es wirklich intim sein könnte, denn uns trennt schließlich nur eine dünne Wand von Khalil – aber trotzdem.

»Erzähl, was hältst du vom Icefields Parkway?«, fragt er. »Mehr kann man sich wirklich nicht wünschen, oder?«

Das ist eine so banale Frage. Nichts daran impliziert, dass er etwas anderes meinen könnte. Aber mit einem Mal wird mir siedend heiß bewusst: Doch, kann man. Ich *wünsche* mir mehr. Vorher wusste ich es nur nicht, jetzt schon. Ich möchte geküsst werden. Ich wünschte, Beasey und ich würden uns küssen, jetzt, hier, in diesem Moment. Und ich wünschte auch, wir hätten das schon die ganze Zeit getan, dünne Wohnmobilwände hin oder her. Ich wünschte, ich hätte ihm gesagt, er solle bleiben, in dieser Nacht in Tofino, hätte all meine Sorgen einfach über Bord geworfen und wir wären die ganze Reise über zusammen gewesen, so richtig zusammen. Plötzlich sehe ich es glasklar. Natürlich, so hätte es laufen sollen. Und jetzt ist es zu spät.

Wie durch ein Wunder klingt meine Stimme normal, als ich antworte: »Ja, er ist der Wahnsinn. Ich mein, klar ist gerade nicht die allerbeste Saison und viele Touri-Attraktionen sind geschlossen. Aber mal ehrlich, wen juckt's? Es ist einfach unglaublich hier.«

»Ich kann mir auch nicht vorstellen, dass es zu irgendeiner Zeit noch schöner sein könnte.«

Würde ich ihm jetzt einen Kuss geben, er würde ihn erwidern. Das weiß ich.

»Was habt ihr nach Banff vor?«, frage ich, obwohl ich das eigentlich gar nicht wissen will. Ich möchte nicht darüber nachdenken, dass er bald aus meinem Leben verschwindet.

Aber ich muss. Sonst beuge ich mich nämlich gleich einfach vor, drücke meine Lippen auf seine und …

»Khalil und ich nehmen uns noch ein paar Tage Zeit, um von hier aus in Ruhe die beste Route zu planen.«

»In die USA?«

Er nickt. Aber Vorfreude sieht anders aus. *Flieg nicht in die USA!*, würde ich ihn am liebsten bitten. *Zieh weiter durch Kanada, mit mir.*

»Und du? Hast du dir mittlerweile überlegt, was du machen willst?«, fragt er mich.

»Ja. Ich werde Grandad besuchen. Ich meine, ich bin so nah dran … Und immerhin habe ich ihn als Alibi benutzt, um ins Land zu kommen. Ich sollte wenigstens kurz Hallo sagen.«

Beasey grinst. »Kurz Hallo sagen, was? Einfach so in Edmonton auftauchen, weil du *zufällig in der Gegend* bist?«

Ich zucke die Schultern. »Ja, so ungefähr.«

Sein Lächeln weicht einem Stirnrunzeln. »Ganz allein?«

Ich sehe ihn an, sein vertrautes, schönes Gesicht. »Ja. Mir bleibt ja wohl kaum etwas anderes übrig.«

»Ich finde nicht, dass du das allein durchziehen solltest«, sagt er. »Du hast ihn doch noch nie getroffen. Was, wenn er ein Idiot ist?«

»Dann gehe ich halt wieder.«

»Das kommt mir trotzdem …« Unsicher hält er inne. »Vielleicht könnte ich dich begleiten?«

»Nein, kannst du nicht. Du kannst nicht einfach einen Umweg über Edmonton einlegen, du musst doch weiter.«

»Na ja, ich *muss* nicht unbedingt. Unsere Pläne sind total flexibel, vor allem im Moment.«

»Das solltest du aber zuerst mit Khalil besprechen.«

»Wir haben eh eingeplant, die paar extra Tage in Banff zu bleiben. Da kann ich doch genauso gut mit dir nach Edmonton kommen, oder?«

»Und was macht Khalil in der Zeit?«

Beasey antwortet nicht. Wir sehen uns an. Leise sagt er: »Das Ding ist ... ich weiß nicht, ob ich schon bereit bin, mich von dir zu verabschieden.«

Mein Herz setzt einen Moment aus. Dann fängt es erneut an zu pochen, langsam, aber laut. In mir streiten Hoffnung und Angst, Aufregung und Verlangen und *er hat das hübscheste Gesicht der Welt.* Ohne es zu wollen – ehrlich –, lecke ich mir über die Lippen. Sein Blick flackert zu meinem Mund, wieder zurück zu meinen Augen und die Röte auf seinen Wangen ist selbst im schummrigen Licht des Wohnmobils nicht zu verkennen.

»Ich ...« Meine Stimme versagt und ich setze neu an. »Geht mir ähnlich.«

Langsam nickt er. »Also ... sollte ich ... wahrscheinlich ... mit Khalil reden.«

Wenn wir uns jetzt beide ein Stückchen vorbeugen würden, könnten wir uns küssen. Und es wäre ein Wahnsinnskuss, das weiß ich. Fragt mich nicht, warum, ich weiß es einfach, und –

Ein Rumpeln. Draußen vor dem Wohnmobil erklingt Sewas tiefes, polterndes Lachen und der Türgriff bewegt sich. Beasey lehnt sich zurück und schenkt mir ein leichtes, verschwörerisches Lächeln. Da geht auch schon die Tür auf. Maja kommt noch vor Sewa herein und schält sich aus ihrem Mantel.

Der Moment ist vorbei, aber die Verheißung hängt noch in der Luft, hebt meine Mundwinkel und bringt Beaseys Augen zum Strahlen.

Nachdem ich allen Gute Nacht gesagt und Khalil, der You-Tube-Videos auf seinem Handy geschaut hat, aus meinem Bett verscheucht habe, spüre ich es noch immer. Das Gefühl wärmt mich von innen. Die winzig kleine Hoffnung auf ein *Vielleicht*.

Morgens sind wir schon früh wieder unterwegs. Wir wollen den Sonnenaufgang vom Cirrus-Mountain-Aussichtspunkt aus beobachten, wo die Nationalparks von Jasper und Banff aufeinandertreffen. Der Blick von dort ist auch ohne das Wechselspiel des Lichts ganz und gar sagenhaft. Hinterher gehen Maja und ich erneut zusammen wandern. Diesmal allerdings nur eine kleine Runde, um den Mistaya Canyon mit seinen rauschenden und teilweise schon gefrorenen Wassermassen und seinen Felsformationen zu erkunden.

»Man könnte meinen, ich hätte inzwischen genug von Wasserfällen«, sage ich. »Und doch ...«

Maja lächelt. »Und doch! Trotzdem wäre ich gern noch ein bisschen später im Jahr hergekommen, wenn wirklich alles zugefroren ist. Ich habe tolle Fotos gesehen.«

»Nächstes Mal.«

Auf der Weiterfahrt zum Lake Louise halten wir noch an mehreren kleinen Seen. Einer davon heißt Peyto Lake. Dort setze ich mich im Schneidersitz auf den Boden am Aussichtspunkt, um ein Selbstporträt zu zeichnen: ich, in einem Boot auf dem See, umgeben von Bergen und Bäumen. Selbst wenn ich all meine Farben dabeihätte, statt nur meine

Graphitstifte, könnte ich dieses fast schon unheimliche Türkisblau des Wassers nicht einfangen. Aber die Skizze ist eh nur für mich. Ich schreibe PEYTO links und dann LAKE rechts von meinem Kopf weiter, als würde ich ein fehlendes N verdecken.

»Sollen wir dich ab jetzt Peyto nennen?«, fragt Lars.

»Du meinst, für die letzten zwei Tage? Klar, nur zu.«

»Klingt wie ein Pokémon«, meint Beasey.

»Musst du gerade sagen, *Beasey*«, ziehe ich ihn auf.

Er lacht. »Alles klar, *Peyto*!«

Und ich muss grinsen. Das ist so viel besser als Pey-Pey.

Der nächste Tag ist komplett für den Lake Louise vorgesehen. Ich hatte gehofft, dass wir hier alle zusammen zu einer ausgedehnten Wanderung aufbrechen würden. Aber wie sich herausstellt, können wir wegen der Witterungsbedingungen zu dieser Jahreszeit keine von den großen Tagestouren unternehmen.

»Welche Bedingungen denn?«, frage ich. »Vereiste Wege?«

»Lawinenrisiko«, antwortet Sewa.

»Was? Echt? Richtige Lawinen?«

»Kein Grund zur Panik. Auf diese Höhe werden wir nicht steigen.«

»Es gibt ein paar Routen weiter unten, die gut zu kombinieren sind«, wirft Maja ein. »Zum Beispiel könnten wir den Louise Creek Trail vom Dorf zum See und dann den Lakeshore Trail ein Stück am Ufer entlanglaufen.« Sie lächelt mir zu. »Es wird trotzdem grandios, versprochen!«

»Du hast mich auf den Geschmack gebracht, was Wandern angeht. Da hatte ich jetzt schon eher an … Wie nennt man das? … die Gipfeleroberung gedacht.«

»Die Gipfelbesteigung?« Maja lässt ein seltenes herzhaftes Lachen ertönen. »Nicht um diese Jahreszeit in diesem Teil der Welt mit deiner Erfahrung, nein.«

Wir ziehen früh los, um den Tag so gut wie möglich zu nutzen. Es liegt ein bisschen Schnee. Nicht so viel, dass wir alles abblasen müssten, aber doch genug, dass ich erleichtert darüber bin, keine der höheren Touren zu machen. Vermutlich hätte ich keine fünfzehn Minuten durchgehalten, ohne hinzufliegen und mir ein Bein zu brechen oder so.

Der Louise Creek Trail ist gar nicht besonders lang, aber wir brauchen trotzdem eine ganze Weile, da wir auf den vereisten Wegstücken sehr vorsichtig sein müssen. Auf einmal rutscht Stefan aus und schlittert auf der Seite ein paar Meter den Weg hinab. Er stöhnt laut, als Lars ihm aufhilft und er zögerlich seine Beine belastet.

»Ist alles in Ordnung?«, fragt Sewa.

Stefan nickt und reibt sich durch die dicke Winterjacke den Ellbogen. »Gerade noch mal gut gegangen.« Sein Gesicht ist noch schmerzverzerrt. »Na, hoffentlich lohnt sich der See. Ich möchte den ultimativen Wow-Moment!«

Und natürlich kriegen wir genau das. Es kommt mir vor, als hätte unsere kleine Wohnmobil-Familie ewig gebraucht, um hierherzugelangen − vor allem, wenn man den ganzen restlichen Trip mit einberechnet. Doch jetzt, da wir es endlich geschafft haben, fasst dieser Ort alles zusammen, was ich bisher in Kanada erlebt und gefühlt hatte. Nachdem ich den See schon auf so vielen Bildern gesehen hatte, dass ich ihn fast auswendig kannte, habe ich insgeheim befürchtet, ich wäre vielleicht enttäuscht oder zumindest nicht besonders beeindruckt. Aber das ist nicht der Fall. Der See ist überwältigend. Noch ist er nicht komplett zugefroren, wie er es in der nahenden Wintersaison sein wird, aber er ist schon auf dem Weg dahin.

»Wisst ihr was – damit ist normales Wasser für mich auf immer verdorben.« Ich seufze. »Ich werde das Meer anschauen und sagen: *Das soll blau sein? Ich zeig dir, was blau ist!*«

»Und blau trifft es noch nicht mal«, fügt Lars hinzu. »Für diesen See sollte man eine neue Farbe erfinden.«

»Louiseblau«, stimmt Stefan zu. »Oder vielmehr Louisetürkis.«

Trotz der beißenden Kälte nehmen wir uns Zeit, um am Ufer herumzuspazieren. Die Nebensaison bringt den Vorteil mit sich, dass der See nicht von Touristen überlaufen ist. Nur mit einer Handvoll Fremder teilen wir den eisigen Ausblick und die Stille.

Geraume Zeit stehe ich am Ufer und überblicke den riesigen, unglaublich türkisblauen See. Ich denke wieder an all die Bilder, die ich von ihm gesehen habe. Und jetzt bin ich einfach selbst hier – ich bin *hier*! Dieser Ort existiert so oder so, ob mit oder ohne Kamera, ob ich in Kanada bin oder zu Hause. Er war vor uns allen hier und wird noch lange nach uns fortbestehen. Es gab ihn schon, bevor ihn jemand auf den Namen Lake Louise getauft hat, und er wird auch noch da sein, wenn sich niemand mehr daran erinnert, dass er je einen Namen gehabt hat. Er ist so ewig, wie man nur sein kann.

Ich denke an die unzähligen Menschen, die genau hier schon standen und an alle, die hier noch stehen werden und sich dabei vielleicht genauso winzig fühlen wie ich gerade, während sie ihre eigenen kleinen Probleme und Prioritäten überdenken. Wir alle machen die gleichen Fotos, zeigen sie auf Instagram der Welt und zu Hause unseren Familien und werden sagen: *Ja, das Wasser war echt so blau!* Ich verspüre eine seltsame Zuneigung zu diesen fremden Menschen, die ich nie treffen werde, mit denen mich aber diese eine Sache verbindet. Ich möchte fast ein paar Tränen verdrücken, obwohl ich gar nicht weiß, warum, denn traurig bin ich nicht. Ich bin zu einhundert Prozent wirklich und wahrhaftig glücklich.

»Selfie?«, fragt Beaseys Stimme hinter mir. Ich drehe mich um, lächele und nicke. Er legt mir den Arm um die Schultern, als wäre es das Normalste der Welt. Dann hält er uns sein Handy vors Gesicht. »Lächeln!«, sagt er, ganz leise. Es dringt als Wispern in mein Ohr, zärtlich, wie ein Kuss. Und ich strahle.

Banff

Uns bleibt nur noch ein gemeinsamer Tag mit Justin, dem Wohnmobil, bevor Sewa weiter nach Calgary fahren und es zurückgeben muss. Wir verbringen ihn an den Vermilion Lakes, in der Nähe der eigentlichen Stadt Banff. Alle wirken niedergeschlagen, der übliche Tatendrang gedämpft. Vermutlich hat jeder von uns das Gefühl, dass etwas ganz Besonderes zu Ende geht. Die einzige Zeit, in der wir zusammen hier sind und uns unser Stückchen Kanada teilen.

Trotzdem rappeln wir uns auf und nehmen die Banff-Gondel hoch zum Gipfel des Sulphur Mountain. Wir alle, selbst Mister William-»Es war nie die Rede von so vielen verdammten Gondeln«-Beasey. Oben werden wir mit einem Panoramablick über Banff belohnt und essen zum letzten Mal in versammelter Mannschaft zu Mittag, während wir die Aussicht genießen.

Viel zu bald wird es Zeit für den ersten Abschied. Wir alle begleiten Maja zum Fairmont Springs Hotel, wo sie ihre Freunde treffen wird. Das Hotel sieht aus wie ein wahrhaftiges Schloss und wir verbringen unsere letzte Stunde mit Maja auf dem Gelände. Wir laufen hinunter zum Bow River und entdecken einen weiteren – wenn auch recht kleinen – Wasserfall.

Ich sage Maja bloß, dass ich es echt vermissen werde, mit ihr wandern zu gehen. Schließlich weiß ich ja, dass sie nicht gefühlsduselig ist. Ich möchte sie nicht in Verlegenheit bringen, indem ich ihr anvertraue, was ich wirklich denke: dass sie mir eine wundervolle Freundin gewesen ist, wofür ich ihr ewig dankbar sein werde. Und dass sie den Rest meines Lebens dadurch um ein Vielfaches besser gemacht hat. Sie drückt mich so fest, als wüsste sie es auch so.

»Vielleicht sehen wir uns ja mal wieder?« Mein aufrichtiger, hoffnungsvoller Ton ist mir fast peinlich.

»Na klar!«, gibt sie zurück, so voller Überzeugung, dass ich lächeln muss. »Komm mich in Deutschland besuchen. Dann zeig ich dir den Schwarzwald und wir gehen Schwarzwälder Kirschtorte essen.«

Es fühlt sich völlig falsch an, ohne Maja zum Wohnmobil zurückzukehren. Noch dazu fahren ja auch wir anderen nur noch ein winziges Stück, bis Sewa Justin vor dem Hostel parkt, in dem wir ohne ihn die Nacht verbringen werden. Wir schnappen uns unsere Rucksäcke und Taschen, die wir schon am Abend vorher gepackt haben, und das Umarmen geht los. Ich kann die Tränen nicht zurückhalten.

»Ach, Peyto!«, sagt Lars und legt mir einen Arm um die Schultern. Stefan tut es ihm auf der anderen Seite gleich und so trösten sie mich in ihrer Sandwich-Umarmung.

Peinlich berührt wische ich mir die Augen. Keiner von den anderen scheint es so schwer zu nehmen. Obwohl ich wusste, dass der Abschied unweigerlich bevorstand, trifft er mich jetzt trotzdem unvorbereitet.

»Du bist bestimmt ganz einsam, so allein im Wohnmobil«, sage ich zu Sewa.

Er lächelt. »Es wird auf jeden Fall sehr still.« Die Fahrt nach Calgary, wo er eine Nacht verbringt, ehe er nach Toronto weiterfliegt, wird ein paar Stunden dauern. »Wir sehen uns in Toronto«, fügt er hinzu.

»Versprochen?«, frage ich.

»Versprochen.«

Zu wissen, dass ich einen Freund in Toronto habe, macht den Gedanken an meine Weiterreise ohne die anderen ein bisschen erträglicher.

Sobald das Wohnmobil um die Ecke gebogen ist, sind wir nur noch zu fünft. Zusammen gehen wir ins Hostel, um einzuchecken. Die Jungs teilen sich ein Zimmer und ich habe ein Bett in einem Mädchenzimmer. Es ist leer, als ich eintrete, und das schreckliche Gefühl der Einsamkeit wird noch stärker. Ich versuche, es abzuschütteln – schließlich werde ich demnächst in einer Menge Hostels allein ankommen –, aber die Gedanken an das Leben nach dem Wohnmobil lassen sich nicht mehr aufhalten. Ich stecke ja schon mittendrin.

Da klopft es an der offenen Tür. Ich werfe einen Blick über die Schulter und entdecke Beasey. Er steht im Türrahmen und lächelt. »Hey«, sagt er. »Ich werd mal eine Riesenladung Wäsche waschen, solange da unten im Keller noch nichts los ist. Willst du mitkommen?«

»Klar. Gib mir ne Minute, um mein Zeug zusammenzusammeln.«

Er nickt. »Dann sehen wir uns gleich da.«

Ich mustere meinen prallen Rucksack, an den ich noch einen Beutel geknotet habe, weil unmöglich alles hineingepasst hätte. Darüber habe ich mir kaum Sorgen gemacht, während wir das Wohnmobil hatten und ich ihn nicht auf dem Rücken tragen musste. Von nun an bis wer weiß wann wird er mein engster Gefährte sein. Vielleicht sollte ich ihm einen Namen geben.

Als ich in den Waschkeller komme, sitzt dort nur Beasey, auf einer langen, in die Wand eingelassenen Bank, und wartet geduldig, vor sich zwei Teetassen. »Ich stell mir die ganze Zeit vor, wie Sewa jetzt allein im Wohnmobil hockt.« Er reicht mir eine der Tassen.

Ich nehme sie, setze sie aber sofort wieder ab und fange an, eine der Waschmaschinen zu beladen. »Geht mir genauso.«

»Ich wette, er vermisst uns schon.«

Ich versuche ein Lächeln, halte aber den Blick auf die Bedienungsanleitung gerichtet und stelle sorgfältig das Programm ein. Wie kann er so gut gelaunt sein? Ist für ihn alles wie immer? Juckt es ihn gar nicht, dass das Ganze fast vorbei ist? Uns bleiben doch höchstens noch ein paar Tage, vielleicht noch Edmonton. Ich dachte, er wäre noch nicht bereit, sich von mir zu verabschieden. Wieso merke ich es ihm dann nicht an?

Als ich die Münzen einwerfe, erwacht die Maschine rumpelnd zum Leben.

»Ist alles okay?«, fragt Beasey. »Du wirkst ziemlich traurig.«

»Ich *bin* auch traurig. Ist das nicht logisch? Ich hasse es, mich von allen verabschieden zu müssen.«

»Hm. Darüber denke ich auch die ganze Zeit nach ...«

Ich sehe ihn an und in meiner Brust regt sich Hoffnung. Nach diesem Abend allein im Wohnmobil hatten wir keine richtige Gelegenheit mehr, uns zu unterhalten. »Ja?«

»Weißt du, ich war noch nie in Toronto. Oder irgendwo

sonst im Osten von Kanada. Montreal soll ja unglaublich sein.«

Als ich darauf nicht antworte, weil ich nicht dazu in der Lage bin, fährt er fort: »Vielleicht müssen wir uns ja noch nicht verabschieden …«

Und plötzlich küssen wir uns. Ohne Vorwarnung, völlig aus dem Nichts, küssen wir uns – endlich! Und es ist kein zaghaftes, zögerliches Küssen. Oh nein. Wir stürzen uns aufeinander, mit wirbelnden Zungen, Händen, die in Haaren wühlen, und einander umschlingenden Beinen, pressen uns gegen die Wand aus Waschmaschinen hinter uns. Bis wir uns beide gleichzeitig voneinander lösen, um Luft zu holen. Seine Brille hängt gefährlich schief. »Ach du Scheiße«, flüstert er. »Wow.«

»Du sagst es!«, flüstere ich zurück und denke: *Mit Travis war das nie so.* »Also, wo waren wir?« Ich streiche mir betont lässig die Haare glatt. »Was hast du noch gleich über Toronto gesagt?«

Er lacht und es ist hinreißend. Ich will ihn sofort wieder küssen. Warum haben wir das nicht die ganze Zeit schon gemacht? Warum fangen wir erst jetzt damit an, wenn es eigentlich gerade endet? Wie ist das mit den Betten im Schlafsaal? Könnten wir wohl …? *Nein, Peyton, reiß dich zusammen.*

»Ich war mir echt nicht sicher …«, setzt Beasey an, »na ja, ob du mich auch auf die Art magst.«

»Klar tu ich das«, gestehe ich ihm. »Ich bin nur … das hier ist alles so begrenzt. Oh Mann, selbst wenn du ein Stück mit mir kommen würdest, wäre es immer noch auf Zeit. Ich hätte nicht … Wir hätten nicht …«

»Keine Panik.« Seine Hände liegen an meiner Taille. »Wir kriegen das schon irgendwie hin.«

»Will Khalil denn überhaupt länger durch Kanada reisen? Habt ihr nicht einen Plan?«

»Ich bespreche das mal mit ihm.«

Mir wird das Herz schwer. Eigentlich möchte ich ihn einfach wieder küssen, auf die Art, die Denken unmöglich macht, aber ich kann seine Worte schlecht ignorieren. »Heißt das, ihr habt noch nicht darüber gesprochen?«

»Doch. Also, er weiß von Edmonton. Dass ich dich zu deinem Großvater begleiten möchte. Und das fand er in Ordnung. Er würde währenddessen hier ein bisschen Zeit mit Lars und Stefan verbringen. Aber er könnte ja auch mit uns kommen und wir reisen zu dritt weiter durch Kanada.«

In Ordnung klingt nicht besonders enthusiastisch, finde ich. Warum nur habe ich das Gefühl, dass Khalil von der neuen Idee ganz und gar nicht begeistert sein wird?

»Du solltest wirklich mit ihm reden.«

»Das werde ich auch.«

»Wann?«

»Später. Wir haben überlegt, nachher zusammen was trinken zu gehen. Ich denke, das ist eine gute Gelegenheit. In der Zwischenzeit …« Er wirft einen Blick auf die Waschmaschinen. »Müssen wir uns wohl noch eine Weile beschäftigen, bis die Dinger fertig sind.«

Ich lächele breit, lege ihm die Arme um den Hals und ziehe ihn zu mir heran. »So? Müssen wir das?«

Zurück in meinem Schlafsaal, finde ich beim Zusammenlegen meiner Wäsche ein verirrtes T-Shirt von Beasey. Ich muss grinsen und vergrabe mein Gesicht darin, als wäre ich mitten in einer kitschigen Rom-Com. Wenig überraschend riecht es einfach nur nach Waschmittel. Nachdem die frischen Klamotten verstaut sind, gehe ich mit dem T-Shirt über den Flur zum Zimmer der Jungs, um es zurückzugeben.

Durch die angelehnte Tür höre ich Beasey und Khalil. Sie brüllen nicht, klingen aber unmissverständlich aufgebracht, ja wütend. Als würden sie streiten. Ich halte inne.

»Das ist doch nicht dein Scheißernst«, sagt Khalil gerade scharf.

»Warum ist das so ein großes Ding? Wir wollten doch bewusst flexibel bleiben. Mal spontan irgendwohin fahren können, wenn sich was Cooles ergibt.« Auch Beasey kann den Ärger in seiner Stimme nicht unterdrücken, obwohl er sich um seinen typischen versöhnlichen Ton bemüht.

»Wir waren ja schon ziemlich flexibel«, raunzt Khalil. »Wir sind spontan irgendwohin gefahren, weil sich was Cooles ergeben hat. Deshalb sind wir ja überhaupt erst hier gelandet. Aber wir können nicht einfach kreuz und quer durchs Land touren, wenn wir eigentlich in die genau entgegengesetzte Richtung wollen. Je mehr Zeit wir hier verbringen, desto mehr sprengt das unseren ursprünglichen Plan.«

»Hey, Bro —«

»Nichts Bro. Ich bin stinksauer.«

»Bro«, sagt Beasey wieder, »*eine* Woche in Toronto.«

»Dafür müssen wir aber erst mal nach Toronto kommen. Fuck, Beasey, ist dir eigentlich klar, wie viel Zeit — und *Geld* — wir für diesen Umweg gebraucht haben? Wir haben seit Australien nicht mehr gearbeitet. Wenn wir so weitermachen, schaffen wir es nicht weiter als bis nach Mexiko.«

»Wir wären gar nicht erst nach Kanada geflogen, wenn deine Geschichte mit Heather nicht gewesen wäre«, erwidert Beasey. »Möchtest wirklich gerade du mir was über Umwege erzählen?«

»Zwei Wochen, das war geplant. In einem Land, das wir beide noch nicht kannten. Und jetzt sind wir seit über einem Monat hier. Und klar bin ich froh, dass wir Banff gesehen haben, und es war alles superschön, aber wir sind nicht unterwegs, um so viel wie möglich von Kanada zu sehen. Wir wollen so viel wie möglich von der Welt sehen, weißt du noch? Ja, Heather war ein Umweg. Aber du machst aus Peyton einen völlig neuen Plan.«

Bei der Erwähnung meines Namens zucke ich zusammen. Ich weiß, dass ich längst hätte umdrehen sollen, um sie in Ruhe ihre Diskussion führen zu lassen. Stattdessen stehe ich hier, an die Wand gedrückt, Beaseys T-Shirt in der Hand, und lausche schamlos.

»Hier geht's nicht um Peyton«, entgegnet Beasey wenig überzeugend.

Khalil lacht auf. »Ja, genau.«

Danach herrscht Stille. Vielleicht sollte ich den Moment nutzen, um wie zufällig hineinzulaufen? Lieber nicht. Sie würden mir sofort ansehen, dass ich alles mitgehört habe.

»Guck mal«, fährt Khalil schließlich fort. »Von hier aus kommen wir leicht auf unsere Route durch die USA. Rüber nach Portland und dann von da aus weiter durch Kalifornien, wie geplant. Aber Toronto liegt auf der völlig falschen Seite des Kontinents.«

»Wir könnten auch an der Ostküste entlangreisen.«

»In New York und Umgebung war ich schon«, gibt Khalil zurück. »Und wir haben doch beschlossen, dass wir nach Westen wollen, nicht nach Osten. Was ist mit dem Grand Canyon, Las Vegas, San Francisco?«

»Wir könnten fliegen.«

»Wir sind schon genug geflogen. Erinnerst du dich, so wenig Flüge wie möglich? Das war doch der Deal. Klar wollten wir flexibel sein, trotzdem haben wir doch ein grobes Konzept. Hey, ich mag Peyton, wirklich, sie ist toll. Aber du kannst doch nicht wegen ihr all unsere Pläne über den Haufen werfen. Du willst nach Toronto? Schön. Aber für mich geht's auf jeden Fall in die USA.«

Scheiße. Mein Herz klopft wie verrückt. Ich umklammere meine Ellbogen. Die Fingernägel bohren sich in die Haut.

»Unsere wichtigste Regel war, dass wir uns nicht trennen.«

»*Ich* will mich ja nicht trennen.«

»Scheiße, Mann, Khalil.« Beaseys Ton ist jetzt auch scharf. »Du kannst mir doch nicht so ein Ultimatum stellen.«

»Das ist kein Ultimatum, das sind Tatsachen. Ich reise in zwei Tagen in die Staaten. Was du machst, musst du selbst wissen. Und jetzt brauche ich dringend was zu trinken.«

»Können wir nicht darüber reden?«

»Das haben wir doch gerade getan.«

Hastig verschwinde ich durch die nächstbeste Tür – die, wie sich zeigt, in eine Art Schrank führt –, gerade rechtzeitig, ehe Khalil mich entdecken kann. Durch einen Spalt sehe ich, wie er kopfschüttelnd an mir vorbeirauscht und sich im Gehen den Mantel anzieht.

Sobald er verschwunden ist, husche ich aus dem Wandschrank und zurück zum Zimmer. In der Tür verharre ich, bis Beasey mich ansieht. Er steht noch mitten im Raum, als hätte er sich minutenlang nicht bewegt, und blinzelt verwirrt, als er mich erkennt. Ich halte sein T-Shirt hoch.

»Das habe ich aus Versehen mitgenommen. Ich ... wollte es dir wiederbringen.«

Er versucht zu lächeln. »Danke.«

Ich rechne eigentlich damit, dass er mich fragt, ob ich das Gespräch mitgekriegt habe, aber das tut er nicht. Wahrscheinlich ist es eh offensichtlich. Nach einer Weile lässt er sich auf eins der Betten sinken und ich setze mich neben ihn. Wir schweigen beide, bis ich vorschlage: »Du solltest mit ihm was trinken gehen, wie geplant.«

»Ja, das sollte ich vermutlich ...« Er wirft einen Blick zur Tür, dann sieht er wieder mich an. »Kommst du hier alleine klar?«

»Ja, natürlich. Ich habe WLAN und mein Skizzenbuch.« Ich lächele ihn aufmunternd an, aber er schafft es kaum, zurückzulächeln. »Hör zu. Wenn du mit Khalil weiterreist, verstehe ich das. Du musst auch gar nicht mit bis nach Edmonton kommen, wenn du nicht willst.«

»Doch«, sagt er. »Nach Edmonton begleite ich dich auf jeden Fall. Aber danach ... Keine Ahnung.« Er schüttelt den Kopf. »Echt nicht.«

HIER & JETZT

Von *Banff* nach *Edmonton*

Morgens beim Frühstück ist Khalil zu mir genauso nett wie sonst, aber Beasey gegenüber merklich kühler. Lars und Stefan bleiben noch eine Woche hier im Hostel, ehe sie in die Unterkunft wechseln, die ihnen für den Job gestellt wird. Gerade witzeln sie darüber, ob sie in letzter Zeit wohl genug Natur gesehen haben, um es zu rechtfertigen, den heutigen Tag lediglich damit zu verbringen, die Banffer Restaurant- und Barszene auszuchecken.

Khalil hat vor sich einen Stadtplan ausgebreitet und zusammen gehen sie die entsprechenden Optionen durch. Alle drei wirken ziemlich ausgelassen.

»Der Erste, der ausrutscht und hinfällt, zahlt die Drinks«, scherzt Khalil.

Wir brechen gemeinsam auf, zu einem Spaziergang durch die Stadt mit ihren Häusern im Chalet-Stil. Inzwischen liegt dick Schnee auf den Straßen und den Dächern. Mittags essen wir noch zusammen in einem japanischen Ramen-Restaurant, dann müssen Beasey und ich zu unserem Bus.

»Wirst du die Rockies vermissen?«, fragt mich Khalil nach unserer ersten Umarmungsrunde.

Vor allem werde ich *ihn* vermissen. Sein halb ironisches Lächeln, seine Herzlichkeit, die er durch cooles Understatement tarnt, und die Art, wie er mich ansieht, so als wüsste er immer genau, was ich denke, und würde mich trotzdem mögen. Einen solchen Freund zu haben, grenzt an Magie.

»Wahnsinnig doll«, antworte ich. »Kannst du mir noch ganz viele Fotos von ihnen schicken, bevor du fährst?«

»Klar. Und du mir Bilder aus Toronto, okay?« Ich nicke und er drückt mich noch mal. »Wir sehen uns, King. Pass auf dich auf!«

Lars und Stefan verpassen mir noch einmal eine schwedische Sandwich-Umarmung – und dieses Mal könnte ich schwören, dass Stefans Augen feucht schimmern –, dann bleiben die drei zurück und winken, während wir uns entfernen. Beasey legt den Arm um mich und ich lasse meinen Tränen freien Lauf. Bis wir in den Bus einsteigen, der uns die erste Etappe bis nach Calgary bringt, habe ich mich einigermaßen gefangen.

»Was meinst du, wie viele Stunden haben wir bisher zusammen in einem Fahrzeug verbracht?«, frage ich Beasey, sobald wir auf unseren Plätzen sitzen.

Er grinst. »Nicht genug.«

Meine Haut prickelt schon allein, weil ich ihm so nah bin.

Nach ein paar Minuten bricht er das einvernehmliche Schweigen. »Also, ich habe noch mal mit Khalil geredet.«

Ich halte die Luft an. »Ja?«

»Ja.« Er stockt und sucht nach Worten. »Er ... Er fährt auf jeden Fall in ein paar Tagen weiter in die USA ... egal, was passiert.«

Das kommt jetzt nicht völlig unerwartet. So, wie Khalil in dem Gespräch klang, das ich mitangehört habe, war klar, dass er seine Meinung nicht ändern würde. »Okay«, sage ich.

»Und ich ...« Er schluckt, schüttelt den Kopf und sieht aus dem Fenster. Er wirkt so traurig. »Ich weiß einfach nicht, was ich tun soll.«

»Okay«, sage ich noch einmal. Für mich ist eigentlich ziemlich eindeutig, was er tun wird. Nämlich mit Khalil zusammen weiterreisen, wie die beiden es seit Jahren geplant haben. Nur wird Beasey wahrscheinlich noch eine Weile brauchen, um selbst zu dem Schluss zu kommen, dass es das Richtige ist. »Lass uns erst mal nach Edmonton fahren«, beruhige ich ihn. »Alles andere kann warten.«

»Aber du und ich ...«

»Haben keine Zukunft.«

»Aber ich will für dich da sein.«

»Das bist du doch! Deshalb sitzt du ja in diesem Bus und machst dich mit mir zusammen auf die Suche nach meinem Grandad. Und dafür bin ich dir extrem dankbar.«

Er sieht mich an. »Ja?«

Ich nicke. »Ja.«

Dann schmiege ich meinen Kopf an seine Schulter und wir sehen zu, wie die schneebedeckten Gipfel von Banff draußen am Fenster vorüberziehen. Irgendwann dreht einer von uns – gut möglich, dass ich das bin – das Gesicht des anderen zu sich und wir küssen uns, wie sich zwei Menschen nicht küssen sollten, die gerade quasi beschlossen haben, dass es für sie keine gemeinsame Zukunft gibt. Nicht einmal eine sehr nahe, kurze Zukunft. Wir küssen uns, als hätten wir alle Zeit der Welt.

Aber die haben wir nun mal nicht, weshalb es ein

ziemlicher Realitätsschock ist, in Calgarys unwirtlichem Schneeregen auszusteigen.

»O Gott.« Ich ziehe meinen Schal so weit es geht vors Gesicht. »Was für ein Mistwetter. Wann kommt der nächste Bus?«

»Äh ... in einer halben Stunde?«

»O Gott«, wiederhole ich. »Meinst du, wir können uns irgendwo unterstellen, wo es warm ist?«

Die nächsten zwanzig Minuten verkriechen wir uns in einer von mindestens zwei *Starbucks*-Filialen, die in Sichtweite des Busbahnhofs liegen. Die Becher benutzen wir größtenteils, um uns die Finger daran zu wärmen – der Kaffee darin ist fast nebensächlich. Bevor wir uns auf den Weg zum Anschlussbus machen, kauft Beasey noch zwei weitere Kaffees für die Fahrt und dazu zwei Zimtschnecken. Das hebt meine Laune.

»Hat dir schon mal jemand gesagt, dass du eine richtige Zimtschnecke bist?«, frage ich ihn.

»Nope. Ist das etwas Gutes?«

Ich lächele. »Etwas sehr Gutes.«

Im Bus setze ich mich diesmal auf den Fensterplatz und er lässt sich grummelnd neben mir nieder. »Ich vermisse Justin.«

»Ich auch«, stimme ich zu. »Ich frage mich, wie es Sewa wohl in Toronto geht.« Kaum habe ich das ausgesprochen, fällt mir ein, dass ich ja selbst bald in Toronto sein werde, weit weg von Beasey. Und wenn wir jetzt so zärtlich und kuschelig zusammen sind, wird der Abschied nur umso schwerer. »Wir sollten uns nicht mehr küssen«, sage ich.

»Absolut. Du hast recht. Keine Küsse mehr.«

Und dann küssen wir uns den ganzen Weg bis nach Edmonton.

Als wir ankommen, sind meine Beine steif vom Rumsitzen und mein Kinn wund von Beaseys Bartstoppeln. Bis zu dem Ort etwas außerhalb, wo Grandad tatsächlich wohnt, wäre es noch mal eine Stunde Busfahrt, und da es schon relativ spät ist, beschließen wir, uns für heute erst mal ein Hostel zu suchen und morgen bei ihm vorbeizufahren. Mit Beasey allein in einem Hostel einzuchecken, ohne die anderen, fühlt sich seltsam an. Weniger wie eine Fortsetzung unseres Roadtrips, als vielmehr wie der Beginn von etwas Neuem. Eines sehr kurzen neuen Abenteuers.

Die Bettenfrage macht mich nervös – grundlos, wie sich herausstellt. Denn Beasey bucht ein Bett in einem Männerschlafsaal und ich für mich eins in dem für Frauen. Keine Probleme, keine Versuchung, nicht noch mehr Verwirrung.

Zum Abendessen gehen wir in ein Diner und nutzen die *Free Refills* so richtig aus. Wir quatschen über alles und jeden. Nur nicht darüber, dass es sich so anfühlt, als wären wir auf einem Date, obwohl es sich definitiv nicht nach einem Date anfühlen *sollte*. Schließlich steuern wir ganz offensichtlich auf eine Sackgasse zu. Keine Ahnung, was Beasey vorhat, nachdem wir Grandad besucht haben, aber ich will auch nicht nachfragen, weil ich für mich selbst auch noch nicht entschieden habe, wie es weitergehen soll. Ich weiß nicht, was ich will. In meinem Kopf sind zwei Gedanken. Einer ist *Toronto*. Und der andere *Beasey*.

»Rufst du ihn vorher an?«, fragt er gerade. »Deinen Grandad, meine ich?«

Ich schüttele den Kopf. Schon unter bestmöglichen Umständen hasse ich es, zu telefonieren. Da rufe ich doch keinen entfremdeten Großvater an, der nach allem, was ich weiß, auch total senil sein könnte. Allein die Vorstellung, erklären zu müssen, wer ich bin und was ich hier mache, verursacht mir ein mulmiges Gefühl im Magen: *Hallo, ich bin's, Peyton, deine Enkelin, und ich habe mich gefragt, ob ich vielleicht vorbeischneien könnte, wo ich schon mal in der Gegend bin …?* Keine Ahnung, warum mir die Idee, persönlich hinzugehen, weniger Angst macht, aber so ist es. Zumindest kann ich ihm seine Reaktion dann an der Mimik ablesen.

»Was, wenn er nicht zu Hause ist?«, fragt Beasey.

»Ist er bestimmt«, antworte ich so selbstsicher, als verfügte ich über Informationen, die Beasey nicht hat. Was nicht der Fall ist. Aber bis gerade eben ist mir einfach nicht in den Sinn gekommen, dass er nicht zu Hause sein könnte. Soviel ich weiß, könnte er sogar selbst auf Reisen sein. Ich versuche, diesen beunruhigenden Gedanken abzuschütteln. Sollte er nicht da sein, dann ist das so. Ich kann ja wenigstens mal nachschauen. Und überhaupt, es wäre jetzt auch kein Weltuntergang, wenn ich ihn nicht treffen würde.

Am nächsten Morgen machen wir uns früh auf den Weg und sind – eine Busfahrt und einen ordentlichen Fußmarsch später – noch vor elf bei ihm. Sein Haus ist riesig, mindestens doppelt so groß wie unseres in Surrey, und hat bodentiefe Fenster, um den bestmöglichen Blick auf einen See zu bieten, der sich ein Stück abseits vor uns erstreckt.

»Nicht schlecht«, sagt Beasey.

»Aber keine Berge«, erwidere ich. »Wenn ich mir ein Haus in Kanada zulegen würde, dann doch eins mit Ausblick auf Berge.«

Er lächelt. »Verständlich. Willst du nicht anklopfen gehen?«

»Gib mir noch einen Moment.« Ich atme tief durch, um meine Nerven zu beruhigen, und stelle mir vor, wie ich das alles später meinem Dad beschreiben werde, sobald das hier nur noch eine Erinnerung sein wird: *Also, wir kamen da an und da war dieses wunderschöne Haus, mitten auf dem Land ...*

Ich renne los, sprinte die Auffahrt entlang und drücke auf die Klingel, bevor ich es mir anders überlegen kann. »Huch«, macht Beasey überrascht und joggt hinter mir her. Als er neben mir zum Halten kommt, höre ich Geräusche auf der anderen Seite der Tür. Sie öffnet sich und dahinter steht mein Grandad. Ich erkenne ihn von den Fotos auf der Website seiner Galerie. Er sieht aus wie eine größere, dünnere und grauere Version von Dad.

»Hallo«, sagt er. »Kann ich Ihnen weiterhelfen?« Sein Akzent ist hundertprozentig kanadisch, keine Spur Britisch mehr darin.

»Ich bin Peyton.« Eigentlich möchte ich in dramatischem Tonfall hinzufügen: *Peyton King, deine Enkelin.* Denn manche Momente — wie das Zusammentreffen mit bisher unbekannten Familienmitgliedern — erfordern ein bisschen Drama. Aber ich werde vorher unterbrochen.

»Ah, Peyton!« Er lächelt. »Kommt doch rein.«

Hinter mir höre ich ein leises, überraschtes »Oh« und auch mir steht der Mund offen. Grandad ist schon wieder im Flur und winkt uns zu sich, als wäre das hier alles völlig normal.

Ich versuche, irgendwie meine Vorstellungen von diesem Treffen mit der Realität übereinzukriegen. Fürs Erste folge ich ihm aber ins Haus und werfe Beasey dabei einen Hilfe suchenden Blick zu. Er sieht genauso verblüfft aus, wie ich mich fühle. Ich hätte ja zumindest erwartet, dass ich ein bisschen weiter ausholen muss. Um ehrlich zu sein, hatte ich sogar damit gerechnet, dass er mich direkt wieder wegschicken würde. »Du wirkst nicht sonderlich erstaunt, mich zu sehen«, bringe ich schließlich heraus.

»Bin ich auch nicht«, antwortet Grandad.

»Hast du geahnt, dass ich vorbeikommen würde?«

Er gluckst in sich hinein. »Schon komisch, hm? Da tauchst du, meine britische Enkeltochter, aus heiterem Himmel hier auf, um mich zu überraschen – und bist am Ende selbst die Überraschte.«

»Aber woher wusstest du Bescheid?«

»Ich habe mit deinem Vater gesprochen«, sagt er. »Tut mir leid, ich dachte, du wärst eingeweiht.«

Was zur ...? »Und er hat dir erzählt, dass ich kommen würde?« Dad hat mit Grandad *gesprochen*? Und woher wusste Dad überhaupt, dass ich mich umentscheiden würde?

»Nein, aber er hat mir mitgeteilt, du seist in Kanada und würdest möglicherweise unerwartet hier vorbeischauen. Und sieh mal einer an, da bist du.« Er grinst immer noch – fast schon selbstgefällig, wobei ich ihm das womöglich zu Unrecht unterstelle, aber auf jeden Fall so, als wäre er sehr zufrieden damit, wie er die Situation handhabt. »Kann ich euch einen Tee anbieten?«

»Aber ich dachte, ihr redet nicht miteinander.«

»Tun wir auch nicht. Das war das erste Mal seit sehr langer Zeit, dass wir uns unterhalten haben. Aber er ist ein guter Vater, im Gegensatz zu mir.« Er lächelt, als hielte er das auf irgendeine makabre Art für witzig. »Also hat er für diesen Anruf seine Vorbehalte überwunden. Deinetwegen.«

»Was hat er gesagt?«

»Dass du gerade sehr verloren bist, dass er dich lieber zu Hause hätte, du dich aber weigerst, zurückzufliegen. Dass du dich wahrscheinlich nicht hierher verirren würdest, aber falls doch, solle ich nett zu dir sein. Wie er darauf kommt, dass ich *nicht* nett sein könnte, weiß ich nicht. Nun gut. Jedenfalls *hast* du dich hierher verirrt, und ich freue mich sehr, dich zu sehen. Du bist herzlich willkommen.« Er strahlt mich an. »Und meine Güte, du bist ja schon richtig erwachsen! Wie alt bist du jetzt?«

»Siebzehn.«

»Ah, na ja, dann noch nicht so furchtbar erwachsen. Es tut mir leid, dein bisheriges Leben verpasst zu haben.« So sachlich, wie er das alles sagt, bringt er mich ganz aus dem Konzept. »Aber Kanada ist ein großes Land und England weit weg.«

Das ist ja wohl eindeutig nicht der Grund, weshalb wir uns noch nie gesehen haben, aber darauf hinzuweisen hat vermutlich keinen Zweck.

»Und Sie, junger Mann?«, fragt Grandad jetzt an Beasey gewandt. »Wer sind Sie doch gleich? Ich wollte abwarten, bis Sie sich selbst vorstellen, aber nun bin ich doch zu neugierig. Peytons Vater hat niemanden sonst erwähnt.«

Beasey läuft knallrot an und blinzelt. »Ähm, entschuldigen Sie, ich bin William. William Beasey.«

»Soso«, sagt Grandad bloß. »Nun, dann wollen wir mal einen Tee trinken, was?«

Die Küche, in die er uns lotst, ist groß, aber spärlich ausgestattet und fast zu sauber, so als würde sie kaum benutzt. Er bedeutet uns, am Tisch Platz zu nehmen. »Dann erzähl doch mal – was führt dich nach Kanada?«

»Was hat Dad dir denn gesagt?«

»Dass du mir nichts, dir nichts nach Kanada abgehauen bist. Irgendetwas davon, dass du gern Künstlerin werden willst und Probleme in der Schule hattest. Stimmt das? Um ehrlich zu sein, waren seine Erklärungen recht vage. Ich hatte gehofft, du könntest etwas Licht in die Sache bringen.«

»Also, zuerst einmal bin ich nicht ›abgehauen‹«, entgegne ich. »Und ja, ich möchte gern Kunst studieren und meine Eltern sind dagegen. Ich hatte zu Hause das Gefühl, zu ersticken, verstehst du?« Er nickt heftig. »In einem Leben festzustecken, das ich nicht wollte. Und ich hatte keine Freunde«, füge ich hinzu. »Und es ging mir dreckig, also …«

»Hast du dir gedacht, du gehst deinen eigenen Weg«, führt Grandad anerkennend meinen Satz zu Ende. »Du wusstest, dass da draußen die weite Welt liegt, und du wolltest nicht länger warten, bis sie zu dir kommt.«

Ich zögere. Das trifft es ziemlich genau, aber irgendwie klingt es anders aus seinem Mund, in diesem Ton. »So ungefähr«, sage ich.

»Das ist sehr mutig. Und ziemlich schlau. Dir ein Leben zu formen, in dem du keine Freunde brauchst. Beziehungen,

Freundschaften – das alles bindet einen. Sie haben selbstverständlich ihren Wert, versteh mich nicht falsch. Aber manche Leute, die Freigeister, kann man nicht *binden*. Das widerspricht ihrer Natur.«

Beasey verzieht das Gesicht, seine ganze Stirn sieht richtig verknittert aus. Ich hingegen bin einfach verwirrt.

»Künstler«, fährt Grandad fort, »wurden auf diese Erde gesetzt, um sie widerzuspiegeln. Sie schaffen neue Perspektiven, andere Arten des Sehens und Denkens. Aber wie soll das gehen, wenn sie die eigenen Prioritäten denen anderer Menschen unterordnen müssen?«

»Viele Künstler und Künstlerinnen haben Familien«, wirft Beasey sanft ein, trotzdem klingt es für seine Verhältnisse schon fast unhöflich. »Ehefrauen, Ehemänner, Kinder.«

»Wie ich«, sagt Grandad. »Eine Zeit lang. Aber es ging mir nicht gut damit, dreckig, wie du es eben genannt hast, Peyton. Ich weiß, das muss für euch jetzt schrecklich klingen. Für die meisten Leute klingt es schrecklich. Aber es lag nicht an ihnen, es war nicht ihre Schuld. Das ist etwas, was dein Vater nie verstanden hat«, fügt er mit Blick auf mich wie beiläufig hinzu. »Er hat es sehr persönlich genommen. Aber die simple Wahrheit ist, ich musste einfach weg. Ich bin nicht ihretwegen gegangen. Sondern meinetwegen.«

Das hört sich erschreckend, ja gefährlich nach meiner eigenen Logik an, die mich dazu gebracht hat, in ein Flugzeug nach Kanada zu steigen, um mich dann in einem Wohnmobil mitnehmen zu lassen und zwei kanadische Provinzen zu durchqueren. *Ich muss hier weg*, hatte die Stimme in meinem Kopf gesagt.

»Bereuen Sie es?«, fragt Beasey.

Grandad lässt sich einen Moment Zeit und denkt nach. Das tut er wirklich, man merkt es ihm an. Und daran erkenne ich, dass er kein furchtbarer Mensch ist. Wenn er es wäre, wäre dieses ganze Gespräch vielleicht einfacher. Aber sobald ich ihn anschaue – richtig anschaue –, sehe ich Traurigkeit. Sie hat sich in sein Gesicht gegraben, in jede Falte, so tief, dass er sie vermutlich selbst nicht einmal mehr als solche erkennt. »Nein«, sagt er schließlich. »Manchmal …« Er räuspert sich. »Wenn ich vollkommen ehrlich sein soll, wünschte ich manchmal, ich würde es bereuen. Ich wünschte, ich wäre in der Lage, andere Menschen so zu lieben, wie sie mich lieben wollten. Aber wie schon gesagt …« Er schüttelt den Kopf. »Nicht jeder von uns ist für diese Art Leben gemacht. Ich brauchte das Alleinsein, wollte unabhängig leben. Und das tue ich auch. Ich habe meine Kunst und sie gibt mir Kraft.«

»Bist du glücklich?«, will ich wissen.

»Das ist eine sehr naive Frage«, entgegnet er, aber nicht unfreundlich. »Es geht nicht darum, glücklich zu sein.«

Ich spüre eine Hand auf meinem Bein, den sanften Druck von Beaseys Fingern, der mich daran erinnert, dass er für mich da ist, dass wir uns haben und glücklich sind und dass es sehr wohl darum geht. Vor allem darum.

Grandad fragt nach meinen Erlebnissen hier in Kanada und ich erzähle ihm von Vancouver und Vancouver Island, von Justin und vom Icefields Parkway. Ich hätte gedacht, dass Beasey ab und an Anekdoten beisteuert, aber er ist ungewöhnlich still und sein Blick ruht auf mir, während ich rede.

»Es war großartig«, schließe ich. Das Wort reicht nicht

aus, nicht mal annähernd, aber ich glaube auch nicht, dass es irgendein passenderes gibt. »Einfach richtig unglaublich.«

»Und wo geht es als Nächstes hin?«, fragt Grandad.

Unwillkürlich werfe ich Beasey einen Blick zu, der seinerseits auf die Tischplatte starrt. »Toronto.«

»Eine sehr schöne Stadt«, sagt Grandad. »In meiner Anfangszeit hier in Kanada habe ich dort gelebt. Nimmst du einen Flieger?«

»Hm, ich bin mir ehrlich gesagt noch nicht sicher. Je nachdem, was am billigsten ist.« *Je nachdem, wofür ich mich nicht sofort entscheiden muss und was mir noch ein bisschen mehr Zeit mit Beasey gewährt*, füge ich in Gedanken hinzu. »Wahrscheinlich das Fliegen. Oder einfach ein paar längere Busfahrten.«

»Nicht um diese Jahreszeit«, erwidert Grandad. »Da willst du nicht den Bus nehmen, glaub mir. Nein, du solltest mit dem Zug fahren.«

»Mit dem Zug?«, wiederhole ich.

»Das ist die beste Art, Kanada zu sehen.«

»Ist das nicht sehr teuer?«, frage ich.

»Und dauert sehr lang?«, ergänzt Beasey.

»Ja und ja. Drei Tage, um genau zu sein. Aber sie sind es wert. Eine echte Bereicherung. Vor allem für dich, Peyton, als *Künstlerin*.« Grandad strahlt mich an, als wäre er ein richtiger Großvater, mit dem ich eine emotionale Verbindung habe statt bloß einer biologischen. Als wäre er stolz. »Und wegen des Preises mach dir mal keine Sorgen. Die Fahrt geht auf mich.«

»Was?!« Vor lauter Verblüffung klinge ich total unhöflich. Aber mal im Ernst – was?!

»Ich bin relativ wohlhabend.« Er zuckt mit den Achseln. »Und wie du ja weißt, habe ich nicht besonders viele Menschen, für die ich mein Geld ausgeben könnte. Ich würde dir also gern aushelfen, wenn ich darf.«

»Hast du darüber auch mit Dad gesprochen?«, frage ich, in dem Versuch, die Kontrolle über dieses Gespräch zurückzugewinnen.

»Nein. Wenn ich mich mit deinem Vater gut stellen wollte, würde ich dich ins nächstbeste Flugzeug nach England setzen. Aber das werde ich nicht. Denn ich verstehe, warum du das hier machst. Ganz im Gegensatz zu ihm, so viel ist sicher. Ich finde es gut und richtig, dass du deinen eigenen Weg suchst, um frei zu sein. Und ich würde dir gern unter die Arme greifen.«

Warum nur habe ich durch sein Verständnis plötzlich das Gefühl, dass ich immer weniger durchblicke? Seine Unterstützung kommt irgendwie aus der falschen Ecke.

»Warum solltest du mir einfach so haufenweise Geld geben?«, frage ich.

»Damit das klar ist: Ich werde dir das Ticket bezahlen. Ich gebe dir nicht einfach haufenweise Geld. Es sei denn, du benötigst dringend welches? Ich habe genug davon.«

»Das sagten Sie bereits«, wirft Beasey ein und ich kneife ihn unter dem Tisch.

»Hör zu, warum überlegst du es dir nicht?«, schlägt Grandad mir vor. »Soviel ich weiß, fährt in drei Tagen der nächste Zug. Wie auch immer deine Entscheidung aussieht, du brauchst einen Plan. Bis nach Toronto ist es ein weiter Weg. Ich würde mich besser fühlen – und deine Eltern sicher auch –, wenn ich wüsste, dass du wohlbehalten ankommst.

Mir ist durchaus bewusst, dass ich bisher in deinem Leben keine Rolle gespielt habe, dennoch gehören wir zu einer Familie und deshalb fühle ich mich verantwortlich für dich. Es wäre mir lieb, wenn ich dich von hier aus mit irgendeiner Art fester Reiseroute in die Welt entlassen könnte.«

Beasey und ich werfen uns einen Blick zu. Seine Miene ist fragend und auch meine sagt ziemlich sicher *wtf?* Keiner von uns bringt einen Ton raus. Allmählich wird es peinlich, da hüstelt Grandad und schaut auf die Uhr.

»Ich mache euch einen Vorschlag. In zehn Minuten habe ich ein Skype-Gespräch mit meinem Agenten. Das sollte nicht allzu lange dauern. Warum trinkt ihr nicht in der Zeit einen Tee und denkt in Ruhe über meinen Vorschlag nach? Und wir besprechen dann alles Weitere, wenn ich zurück bin.«

Wir nicken. Grandad zeigt uns noch, wo die Teebeutel sind, dann geht er aus dem Raum, vermutlich in sein Arbeitszimmer. Beasey stellt den Wasserkocher an, während ich mit den Tassen hantiere und darauf warte, dass er das Gespräch beginnt. Aber das tut er nicht, also frage ich ihn, sobald wir mit unserem Tee wieder am Tisch sitzen, was er von der ganzen Sache hält.

»Ich denke, du solltest es machen«, sagt er.

»Echt?«

»Ja. Diese Zugfahrt klingt unglaublich. Und warum solltest du sie dir nicht bezahlen lassen?«

Ich senke die Stimme, auch wenn Grandad sich anscheinend auf der anderen Seite des Hauses befindet und mich sicher nicht hören kann. »Aber er wirkt schon ein bisschen arschig, oder?«

»Na und? Umso mehr Grund, sein Geld anzunehmen. Du kannst dich stilecht nach Toronto kutschieren lassen und deinem Vater vom Zug aus zuprosten.«

»Aber was ist mit ...« Ich zögere. »Was ist mit dir?«

Er schweigt einen Moment. Auf seinem Gesicht spiegeln sich die widerstreitenden Gefühle, die in ihm toben müssen. »Ich wünschte, ich könnte mitkommen. Ich würde mir so gern Toronto mit dir angucken und vielleicht sogar noch weiterreisen. Nova Scotia soll wunderschön sein. Aber ...«

»Du kannst nicht«, beende ich seinen Satz.

»Ich kann nicht. Khalil und ich ... wir haben einen Plan. Und ich sollte ihn nicht einfach so aufgeben. Ich will ihn auch eigentlich gar nicht aufgeben. Es gibt noch so vieles auf unserer Liste, was wir nicht gesehen haben. Es ist nicht so, als wollte ich nicht —«

»Ich weiß«, unterbreche ich ihn. »Du musst dich nicht rechtfertigen.«

»Aber ich habe eine Idee.«

Als er nicht weiterspricht, hake ich nach. »Ja?«

»Der Zug fährt doch erst in drei Tagen. Das wäre dann Dienstag, oder?«

»Und?«

»Ich könnte doch diese drei Tage noch hierbleiben. Damit könnte Khalil bestimmt leben.«

Ich lache, um nicht zu weinen. »Ja? Könnte er das?«

»Klar. Er versteht mich ja. Erinnerst du dich, warum wir überhaupt erst nach Kanada gekommen sind? Heather?«

»Bin ich deine Heather?«

Ich hasse mich ein bisschen für diese kitschige Frage, aber

dann sagt er: »Nein, du bist meine Peyton«, und das ist noch viel kitschiger, schon fast peinlich, sodass wir beide in hysterisches Gelächter ausbrechen.

Als wir uns beruhigt haben, fährt er fort: »Guck mal, was ich eigentlich sagen will, ist … vielleicht können wir einfach das Hier und Jetzt genießen.«

»Das Hier und Jetzt?«

»Genau. Diese drei Tage, bevor dein Zug geht. Du und ich in Edmonton. Wir führen eine komplette Beziehung in drei Tagen. Wir zweifeln nicht, wir fragen uns nicht, ob das eine gute Idee ist. Nur du und ich, so richtig zusammen.«

»Für drei Tage.«

Er sieht mich an. »Für drei Tage.«

In drei Tagen kann man sehr viel küssen. Und sehr viel … na ja, mehr tun. Mein ganzer Körper beginnt zu prickeln.

»Und dann …«

»Dann fährst du nach Toronto. Mit dem Zug. Und ich …« Er atmet tief aus. »Ich treffe Khalil und reise mit ihm weiter wie geplant. Aber darüber müssen wir noch nicht nachdenken. Das meinte ich. Was haben wir denn zu verlieren? Irgendwann müssen wir uns so oder so trennen. Also können wir genauso gut das Beste aus der Zeit herausholen, die wir haben. Lebe den Moment – geht es beim Reisen nicht exakt darum?«

»Den Moment leben also, ja?«

»Ganz genau.«

»Ist das so ein Spruch, um mich ins Bett zu kriegen?«

Überrascht lacht er auf und blickt dann nervös zur Küchentür, um zu überprüfen, ob Grandad vielleicht zurückkommt und ihm das jetzt unangenehm sein muss. Er senkt die Stimme, als er antwortet. »O Gott, nein, auf keinen Fall ... wenn du es nicht willst.«

»Aber willst *du* es denn?«

Er sieht mir in die Augen und lächelt. »Und wie, Peyton. Ich hätte dich unheimlich gern in meinem Bett.«

Das Prickeln in meinem Körper wird zu kleinen Explosionen. Ein Feuer breitet sich in mir aus, bis in die Fingerspitzen.

»Aber das ist nicht der Grund, warum ich das alles sage«, bekräftigt er. »Das wäre bloß ...«

»Das Sahnehäubchen?«

Seine Mundwinkel zucken. »Das Sahnehäubchen«, wiederholt er, fast ein bisschen heiser.

Wir sehen uns tief in die Augen und sein Blick fühlt sich an wie eine Liebkosung, als würde er mich berühren, obwohl zwischen uns ein Tisch ist. Ich schlucke. »Klingt gut.«

Während Grandad uns zurück in die Stadt fährt, sagt keiner von uns ein Wort. Auf der Rückbank schaut Beasey gedankenverloren aus dem Fenster und ich sitze auf dem Beifahrersitz, den Blick starr auf die Straße gerichtet. In meinem Rucksack befindet sich das Bündel Dokumente, das Grandad mir zusammengestellt hat: meine Fahrkarte, der Reiseplan, Infos über das Hotel, das er für mich in Toronto gebucht hat. Ich fühle mich noch immer völlig überrumpelt. Keine Ahnung, was genau ich von dem Besuch bei meinem unbekannten Großvater erwartet hatte, aber das war es jedenfalls nicht.

Man sollte meinen, es gäbe eine Menge, über das wir reden

könnten, trotzdem schweigen wir. Nach fünf unangenehmen Minuten stellt Grandad das Radio an.

Sobald wir nach Edmonton kommen, fragt Grandad: »Wo soll ich euch denn absetzen?«

Ich hatte gedacht, er würde uns vielleicht noch zum Essen einladen oder uns wenigstens begleiten, aber das tut er nicht. Ich werfe einen Blick über die Schulter zu Beasey, der offenbar ganz ähnliche Gedanken hatte. »Beim Hostel?«, frage ich.

»Ist wahrscheinlich das Beste. Von da aus können wir uns überlegen, wo wir noch hinwollen.«

Beasey sagt schnell Tschüss, steigt aus und geht schon mal rein, um Grandad und mir Zeit zu geben, uns zu verabschieden. Die letzten paar Stunden haben mich ganz schön überwältigt und mir fehlen die Worte. *Danke schön* erscheint mir einerseits zu wenig, andererseits aber auf eigenartige Weise fast zu viel, wenn ich an meinen Dad denke.

»Ich bin froh, dass du vorbeigekommen bist«, bricht Grandad das Schweigen. »Wenn du noch mal in der Gegend bist, besuch mich gern wieder.«

Ich nicke. »Das mache ich.«

»Viel Erfolg auf deiner Weiterreise. Und bei deiner Suche nach dem, was auch immer du zu finden hoffst. Genieß Toronto und die Zugfahrt.«

»Ja, mache ich«, wiederhole ich.

»Ich weiß natürlich nicht, was zwischen dir und deinen Eltern vorgefallen ist«, fährt er zu meiner Überraschung fort. »Oder warum du das Gefühl hattest, diese Reise unternehmen zu müssen. Aber lass mich dir das noch mit auf den Weg geben.« Er legt eine kurze Pause ein. »Ich war deinem

Dad kein guter Vater. Aber er versucht, für dich einer zu sein.«

Mir schnürt sich die Kehle zu. Ich gebe mir Mühe zu lächeln.

»Nun, dann mach es mal gut, Peyton«, verabschiedet er sich schließlich recht förmlich. Er tätschelt mir die Schulter, was eine süße Geste hätte sein können, aber eher ein bisschen schräg wirkt.

»Tschüss …« Ich will *Tschüss, Grandad* sagen, aber irgendwie fühlt es sich falsch an, ihn laut so zu nennen. Also wiederhole ich bloß leise: »Tschüss.«

Sein Lächeln ist traurig und wissend zugleich. »Pass für mich auf deinen Vater auf«, fügt er noch hinzu.

Ich versichere ihm, dass ich das tun werde, steige aus und winke noch mal zaghaft, ehe er losfährt. Ich glaube, er hat es nicht mal mehr gesehen.

Im Eingangsbereich des Hostels wartet Beasey auf mich. Wir gehen zur Rezeption und buchen drei weitere Nächte, diesmal in einem Doppelzimmer. Einem Zimmer nur für uns, für niemanden sonst. Nur wir beide und ein Bett.

Oder auch nicht. Wie sich herausstellt, sind es nämlich zwei Betten, übereinander.

»Oh«, machen wir gleichzeitig, als wir das Zimmer betreten, und fangen dann ebenfalls gleichzeitig zu lachen an.

»Tja«, sagt Beasey, wirft seine Sachen auf den Boden, streckt die Arme nach mir aus und zieht mich an sich.

»Tja«, wiederhole ich.

Er küsst mich und dieses Mal ist niemand anderes in der Nähe, keiner kann jeden Moment durch die Tür kommen. Ich erwidere seinen Kuss und es ist, als würde mein ganzer

Körper rufen: *Hallo! Hier bin ich!* Ihm *scheint* es genauso zu gehen. Seine Zunge umspielt meine und – O mein Gott! – es ist unglaublich: Funken, Feuerwerk – fantastisch. So fühlt sich also ein Kuss an, wenn man wirklich verliebt ist. Er macht alles wett, was vorher war, und jeden Kummer, den ich spüren werde, wenn diese drei Tage vorbei sind.

Plötzlich bin ich es, die ihn zieht, rückwärts, zum Bett. Und dann … na ja, sagen wir einfach, wir haben einiges aufzuholen.

HIER & JETZT

aka

GESPRÄCHE IM DUNKELN

aka

WIE MAN EINE KOMPLETTE BEZIEHUNG
IN DREI TAGEN FÜHRT

aka

LEBE DEN MOMENT

aka

O GOTT! O GOTT! O GOTT! KÖNNEN WIR BITTE
SO TUN, ALS WÜRDE DAS HIER NIE ENDEN?

»Wir sollten ausgehen.«

»Ja?« Ich habe keine Ahnung, wie spät es ist, aber es fühlt sich an wie mitten in der Nacht, bei Mondschein − oder sehr früh am Morgen. Aneinandergekuschelt liegen wir im Dunkeln.

»Ja, ein richtiges Date, mit allem Drum und Dran.«

»Wohin?«

»Ins Kino. Egal in welchen Film. Wir gucken einfach das, was läuft. Und dann gehen wir essen, am besten zum Italiener, irgendwas mit Kerzen.«

»Klingt toll!«

»Das wird es auch. Du wirst sehen, ich bin der weltbeste Drei-Tage-Freund.«

* * *

Beasey löst seine Lippen sanft von meinen. »Oh Mann! Und das hätten wir schon die ganze Zeit tun können.«

»Sicher? Im Wohnmobil? Mit fünf anderen Leuten?«

Stille. »Okay, vielleicht hätten wir das *nicht* die ganze Zeit tun können.«

* * *

»Wenn wir Kinder kriegen, können wir sie Alberta und Louise nennen«, sagt Beasey.

Meine Wange liegt auf seiner Brust und ich murmele: »Was, wenn es ein Junge wird?«

Stille. Und dann sagen wir beide zugleich: »Edmond.«

* * *

»Das Komische ist, auch wenn die Schule ab der fünften Klasse die Hölle für mich war, wusste ich damals immer genau, wer ich bin. Ich hatte eine Identität. Ich war die einsame Künstlerin. Und dann am College habe ich mich irgendwie verloren. Ich habe nicht mehr gezeichnet, nicht mal mehr Skizzen. Und ich war nicht länger einsam. Zumindest oberflächlich betrachtet. Irgendwo war ich es trotzdem noch. Und hier bin ich so glücklich und zeichne die ganze Zeit und bin nicht einsam …« Ich halte inne, unsicher, was ich überhaupt zu sagen versuche.

»Du hast Freunde gefunden«, sagt Beasey, als wäre das sonnenklar.

»Echt? Oder seid ihr mir eher einfach so passiert?«

Er lacht. »Aber so ist das doch mit Freundschaft. Sie passiert einem einfach.«

Natürlich denke ich jetzt an Flick und wie wir uns kleine Botschaften in der Bib geschrieben haben. Hat es deshalb zwischen uns nicht geklappt? Sind wir deshalb keine *wirklichen* Freundinnen geworden? Weil ich es erzwingen wollte, statt es einfach geschehen zu lassen?

»Irgendwie weiß ich gerade schon wieder nicht, wer ich bin. Wer ich sein werde, wenn ich zurückkehre.«

»Und jetzt willst du, dass ich es dir sage?«

»Na, irgendwer muss es ja wissen.«

Er lacht wieder. »Du bist klug und mutig und unabhängig. Du gehst Risiken ein und ergreifst Gelegenheiten. Du lässt Leute sein, wie sie sind, und gibst ihnen nie das Gefühl, dass sie sich dafür schämen müssten. Du hast Humor. Und als dein Gegenüber kommt man sich auch humorvoll vor, ohne sich groß anstrengen zu müssen. Du bist eine unheimlich talentierte Illustratorin. Du siehst etwas in den Leuten und erweckst es auf dem Papier zum Leben. Ob du glücklich bist, kann ich dir nicht sagen, denn das kannst nur du selbst wissen, aber ich kann dir sagen, dass du andere glücklich machst. Und dass alle deine Freunde dich dafür lieben.« Er lächelt und sieht mir in die Augen. »Hilft das?«

Ich drücke ihm einen Schmatzer auf die Wange. »Ja.«

* * *

Schlafen kommt mir vor wie völlige Zeitverschwendung.

* * *

»Beasey?«

»Ja?«

»Ach, nichts.«

»Peyton?«

»Ja?«

»Geht mir genauso.«

* * *

»Pass auf«, sagt Beasey. »Ich habe nachgedacht. Und ich möchte dich etwas fragen.«

»Okay?«

»Willst du nicht mitkommen?«

Ich sehe ihn an. Ich ahne, worum es geht, trotzdem hake ich nach: »Was meinst du?«

»Mit mir und Khalil. Komm einfach mit uns mit. Wir können zu dritt weiterreisen. Du hattest doch total Spaß in der Gruppe, oder? Das muss nicht vorbei sein. Es kann sogar noch besser werden. Warum solltest du bloß in Kanada herumgurken?«

Er lächelt mich hoffnungsvoll an. Hinter den Gläsern seiner Brille erkenne ich die Lachfältchen um seine Augen.

»Ich … Ach, Beasey, supergern, aber … ich kann nicht. Das ist dir doch auch klar.«

»Warum nicht?«

»Ich wäre eine zu große Last für euch. Ich bin immer noch

erst siebzehn, weißt du noch? Das ist hier schon kompliziert genug. Aber für die USA habe ich kein Visum und ich weiß nicht mal, was für eins ich bräuchte, ganz zu schweigen davon, dass ich ohne Erlaubnis meiner Eltern vielleicht gar nicht einreisen darf. Und wer weiß, wie das in den anderen Ländern ist ... Es geht einfach nicht.«

»Da findet sich bestimmt eine Lösung«, beharrt Beasey. »Das lässt sich alles klären. Wirst du nicht eh bald achtzehn? Stell dir mal vor, du hättest in Lateinamerika Geburtstag! Wir könnten den Inkapfad wandern und oben auf dem Machu Picchu feiern!« Er drückt meine Hand. »Und vorher gucken wir uns Las Vegas an, L. A., San Francisco ... Du kannst den Sunset Strip zeichnen. Und die Golden Gate Bridge. Und Weihnachten verbringen wir in Mexiko.«

Während er redet, nehmen die Bilder in meinem Kopf Gestalt an. Nicht in glühenden Farben, sondern in Graphitgrau. Bleistiftzeichnungen unserer Abenteuer. Und in allen davon lächele ich, überglücklich. Beasey und ich halten Händchen und ...

»Was ist mit Khalil?«

»Was soll mit ihm sein?«

»Komm schon, Beasey.«

»Ich habe doch von uns dreien gesprochen.«

»Leute reisen nicht in Dreiergrüppchen«, entgegne ich. »Und das aus gutem Grund.«

»Na und? Wir sind doch nicht irgendwelche Leute.« Beasey bleibt stur. »Wir kriegen das hin.«

»Aber es wäre Khalil gegenüber nicht fair«, wende ich ein. »Und das weißt du auch. Tu das nicht. Das ist ungerecht.«

»Was meinst du?«

»Überlass es nicht mir, Gegenargumente zu bringen. Oder offensichtliche Probleme anzuführen, wie zum Beispiel, dass dein Reisegefährte möglicherweise ein *bisschen* sauer sein könnte, wenn du beschließt, irgendein Mädel mit auf *eure* Reise zu nehmen.«

»Du bist nicht *irgendein Mädel*.«

»Und damit musst du auch aufhören. Du kannst nicht nur auf eine Sache antworten, die ich gesagt habe, und den ganzen Rest ignorieren.« Puh, ist er immer so anstrengend?

»Ich möchte doch nur, dass wir mehr Zeit zusammen haben. Und ich dachte, du möchtest das auch. Heimfliegen willst du sowieso nicht, oder? Dann wäre das doch *die* Möglichkeit für dich, noch viel länger rumzureisen, mit Freunden. Es ist ja nicht so, als würde dich zu Hause irgendetwas erwarten.«

Dieser letzte Satz versetzt mir einen Stich. Ich runzele die Stirn. »Das stimmt nicht.«

»Hast du das nicht selbst gesagt?«

Es ist etwas anderes, wenn *ich* so was sage. Aus Beaseys Mund klingt es härter, fast schon grausam. Ich denke an Dads E-Mail an diesem ersten Morgen in Vancouver, an Mum, die mir die Nummern von sämtlichen Bekannten in Kanada geschickt hat. An Dillon, der wissen wollte, ob ich schon Wale gesehen oder Französisch gelernt habe.

»Zu Hause ist meine Familie.«

Jetzt runzelt er die Stirn, sichtlich verwirrt. Habe ich in der ganzen Zeit wirklich nie positiv über meine Familie gesprochen? Hat es sich angehört, als würde ich sie nicht lieben?

»Ich dachte …«, setzt er an, dann hält er inne. Ich warte darauf, dass er es noch einmal versucht. Seine Stimme klingt unsicher. »Ich dachte, das wäre genau das, was du willst.«

Natürlich *will* ich das. Mit Beasey zusammen die Welt sehen! (Und mit Khalil.) Ich könnte diese tolle Zeit hier verlängern, das Reisen wäre kein bloßer Umweg mehr, sondern mein Leben.

Aber ich *kann* das nicht machen, oder? Zum einen kann sich mein ganzes Leben nicht nur noch ums Reisen drehen. Ich weiß, dass ich irgendwann zurück nach Hause muss. Vielleicht nicht sofort, aber bald. Meine Eltern hatten schon Schwierigkeiten, Verständnis für meinen Flug nach Kanada aufzubringen. Ich mag mir gar nicht ausmalen, wie sie reagieren, wenn ich jetzt zur Vollzeit-Backpackerin werde und ein Land nach dem anderen bereise. Mit einem höchstens rudimentären Plan und zwei für sie wildfremden schottischen Jungs. Und dann schlafe ich auch noch mit einem von ihnen! (Diesen Teil würde ich natürlich tunlichst verschweigen, aber sie sind schließlich nicht blöd und vor allem Mum würde sich das sofort zusammenreimen.) Mit Beasey weiterzureisen, würde bedeuten, das Unvermeidliche hinauszuzögern. Je länger ich fortbliebe, desto schwieriger würde es, zurückzukehren, und umso breiter würde die Kluft zwischen mir und meinen Eltern.

Und dann ist da noch die zweite Sache: Wenn ich mit Beasey gehen würde, hieße das, mich auf eine Art und Weise an ihn zu binden, die wir bislang vermieden haben. Gerade weil alles nur auf Zeit ist, können wir so unbeschwert miteinander umgehen. Jetzt mit ihm loszuziehen, um die Welt zu erkunden, wäre eine andere Nummer. Es würde bedeuten, sich Zimmer und Betten zu teilen, ein Pärchen zu sein. Es liefe auf eine ernsthafte, feste Beziehung hinaus. Und die sollten wir nicht haben. Zumindest im Moment nicht. Denn es wäre keine auf Augenhöhe. Beasey ist der liebste Mensch der Welt – er ist witzig, süß und intelligent. Aber er ist auch etwas älter als ich, ein gestandener Backpacker, emotional viel stabiler als ich mit meinem ständigen Gefühlschaos. Er scheint sich selbst gefunden zu haben und ich kann ihn nicht als Abkürzung benutzen, um *mich* zu finden. Ich bin unendlich dankbar für ihn und alles, was er für mich getan hat, aber man kann keine Beziehung führen, in der einer auf den anderen angewiesen ist. Ich habe in meinem Leben schon genug Bücher gelesen, um zu wissen, was eine gesunde Basis für eine Partnerschaft ist. Und was nicht.

»Es geht nicht«, sage ich leise. »Ich kann nicht mit dir kommen.«

Er schweigt. Traurig, aber nicht überrascht. Das erkenne ich an seinem Gesichtsausdruck. Trotz allem schafft er es, mir ein Lächeln zu schenken. Er nickt, zieht mich an sich und gibt mir einen Kuss auf die Stirn. Schließlich sagt er ganz sanft: »Wenn wir uns zu einem anderen Zeitpunkt getroffen hätten – ich würde dich so was von lieben.«

Ein enormes Lächeln breitet sich auf meinem Gesicht aus. Wer hätte gedacht, dass ein »Ich würde dich lieben« so viel mehr bedeuten kann als ein »Ich liebe dich«.

»Irgendwann kommst du wieder zurück«, sage ich. »Und dann sind wir beide in Großbritannien.«

Vorsichtig legt er sein Kinn auf meinen Kopf. Ich spüre, wie er nickt. »Such dir eine schottische Uni«, sagt er. »Um Kunst zu studieren.«

Ich lächele in seine Halsbeuge. »Eine in den Highlands, hm?«

Leises Glucksen. »Genau.«

Beasey ist der Erste, der fährt. Er muss einen Bus nach Calgary nehmen, um von dort nach San Francisco zu fliegen, wo er dann Khalil wiedertrifft.

»Und du bist dir ganz sicher, dass du allein zum Zug findest?«, fragt er mich zum dritten Mal, während wir auf den Bus warten.

»Immer noch ja«, antworte ich. »Ich habe es auch allein von Surrey nach Vancouver geschafft, weißt du noch? Da kriege ich es doch wohl hin, von hier zum Bahnhof zu kommen.« Er wirkt nicht überzeugt, also füge ich hinzu: »Ich werde mich überpünktlich auf den Weg machen und ich schreibe dir, sobald ich da bin.«

»Okay.« Er legt einen Arm um mich. »Wenn du möchtest, dass ich diesen Bus ohne mich abfahren lasse, damit ich dich noch zum Zug begleiten kann, dann mache ich das.«

Ich schmiege mich an ihn. »Bring mich nicht auf dumme Ideen.«

Große Abschiede bleiben immer hinter der Fantasie zurück. Die Erwartungen sind einfach zu hoch. Ich hatte mir Momente voll bedeutsamer Worte und tränennasser Küsse ausgemalt. Aber als der Bus zehn Minuten später einfährt, haben wir hauptsächlich schweigend nebeneinandergestanden und gewartet.

Zum letzten Mal legt Beasey die Arme um mich und drückt mich an sich. Meine Augen füllen sich mit Tränen und mein Kopf plötzlich mit lauter Gesprächen, die wir noch hätten führen sollen, Fragen, die ich ihm nicht gestellt habe, und Dingen, die wir nicht gemacht haben.

Auch seine Augen schimmern feucht, aber er lächelt mir zu, als er einen Schritt zurücktritt und die Gurte seines Rucksacks festzurrt. »Viel Spaß in Toronto!«, sagt er.

Die Leute steigen ein.

»Und dir viel Spaß dabei, die Welt zu sehen«, erwidere ich. Er wendet sich zum Gehen und mein Herz zerspringt fast. »Was glaubst du, wann wir uns wiedersehen?«, sprudelt es aus mir heraus.

Beasey hält inne, dreht sich wieder zu mir und streicht mir mit dem Finger über die Wange. »Darf ich was Kitschiges sagen?«

Ich nicke.

»Ich weiß nicht wann, ich weiß nicht wo. Aber wir *werden* uns wiedersehen. Das weiß ich.«

Er steigt zuletzt in den Bus, der schon anfährt, als Beasey sich schnell auf einen Fensterplatz wirft, um mir zu winken. Ich winke zurück. Und dann fädelt sich der Bus ganz banal in den Verkehr ein und verschwindet um die Ecke.

Ich bin wieder allein.

Und es ist mir so richtig bewusst, fast noch mehr als damals, als ich in Vancouver ankam. Edmonton kommt mir auf einmal riesig vor und ich bin so klein und traurig und britisch. Einen Moment lang stelle ich mir vor, wie es wäre, heimzufliegen. Toronto scheint unheimlich weit weg, von hier und von meinem Zuhause. Wozu will ich überhaupt da hin? Warum mache ich das alles?

Es ging darum, unabhängig zu sein. Und es ist ja nicht so, als wäre ich den ganzen Weg nur wegen eines Jungen hierhergekommen. Ich kann ohne ihn weitermachen. Damit hebe ich meinen Rucksack vom Boden auf, werfe ihn mir über die Schulter und wische mir die Tränen aus dem Gesicht. Ich beschließe, jetzt schon einen Bus zum Bahnhof zu nehmen, obwohl ich noch ein paar Stunden Zeit habe, bevor mein Zug fährt. Aber so kann ich in Ruhe Proviant besorgen, vielleicht sogar ein bisschen Reiselektüre, und mich dann in ein Café setzen und die vorbeilaufenden Menschen zeichnen. Mein Skizzenbuch und ich in Kanada. *Das* war die Idee.

HIER & JETZT

Von *Edmonton* nach *Toronto*

Überrascht stelle ich fest, wie sehr mir das Alleinreisen im Zug nach Toronto gefällt. Ich hatte befürchtet, mich einsam zu fühlen, aber das tue ich nicht. Ich mag es, Zeit zum Zeichnen, zum Nachdenken und Lesen zu haben. Natürlich vermisse ich Beasey, und die anderen auch, aber allein zu sein ist echt in Ordnung. Gut zu wissen, dass beides geht.

Auf dem Weg kommt es zu Verzögerungen, sodass wir drei volle Tage statt der eigentlichen zweieinhalb brauchen. Mir persönlich macht das überhaupt nichts aus. Ich weiß, wo ich bin und was ich hier mache, sehe zu, wie Westkanada in den Osten übergeht, und bestaune die eisigen Landschaften, die sich vor mir entfalten. Der Zug hat einen Aussichtswaggon mit riesigen Fenstern und einer Glaskuppel, für den bestmöglichen Ausblick und Wow-Momente. Darin sind eine Bar und eine Lounge untergebracht, in der ich einen Großteil der Zeit verbringe. Ich mag das geschäftige Treiben der anderen Fahrgäste um mich herum, auch wenn ich mich nicht an ihren Gesprächen beteilige. Aber meine Einzelkabine ist mir einfach zu still.

Der Zug hat mit den britischen Bahnen, die ich so kenne, wenig gemeinsam. Die Waggons – oder *train cars*, wie man hier sagt – erinnern äußerlich an Wellblechdächer und auf jedem einzelnen prangen der Schriftzug *Canada* und die Nationalflagge – wenn schon, denn schon. In meiner Kabine gibt es ein Ausziehbett, Platz für mein Gepäck und ein winziges eigenes Bad. Ich bekomme drei Mahlzeiten am Tag, Vollverpflegung – danke, Grandad! – und das Essen ist erstaunlich gut. Definitiv ein Pluspunkt. Man kann nicht behaupten, ich würde mich mit meinen Mitreisenden, die größtenteils sehr viel älter sind als ich, anfreunden, aber ich verstehe mich zumindest gut mit ihnen. Wir plaudern ab und an beim Mittagessen und grüßen uns freundlich, wenn wir uns begegnen. Das Rattern der Räder auf den Schienen ist zu Anfang unerwartet laut, doch ich gewöhne mich recht schnell daran. Trotzdem findet sich unter meinen ersten Skizzen aus dem Zug eine von einer schmollenden Bleistift-Peyton, die sich die Ohren zuhält.

Wenn ich nicht gerade zeichne oder lese, beschäftige ich mich mit der Zukunft. Zuerst durchforste ich das Internet nach Informationen zum Studienfach Bildende Kunst an der Uni auf Vancouver Island. Dann versuche ich es näher an zu Hause. Ich suche nach allen Bachelorstudiengängen für Illustration in Großbritannien. Die meiste Zeit verbringe ich tagträumend auf der Homepage der Uni in Edinburgh. Ich finde Studiengänge für *Concept Art*, *Creative Art* und alle möglichen anderen Kunststudiengänge überall auf der Welt. Diese Welt ist groß und es gibt so vieles, das ich machen kann – das wird mir in diesem Lounge-Waggon in einem kanadischen Zug klar. Eigentlich war es schon immer offensichtlich, und vielleicht habe ich es insgeheim auch schon immer gewusst, aber jetzt glaube ich es auch endlich. Ich blättere durch mein Skizzenbuch, das ich durch mehrere kanadische Provinzen geschleppt und in dem ich meine Reise dokumentiert habe. Aus einem unerwarteten Abenteuer ist ein Portfolio geworden. Eine Mappe. Zwar noch kein Schulabschluss, aber womöglich trotzdem eine Eintrittskarte.

Überall auf den Seiten entdecke ich die Wohnmobil-Crew und ich versuche mir vorzustellen, wie es wäre, wenn sie auf meine alten Freunde treffen würden. Würden sie sich verstehen? Wäre die Peyton, die meine Reisefreunde kennen, dieselbe Peyton, die meine Freunde zu Hause kannten? Ziemlich sicher nicht. In meinem Kopf sehe ich die beiden Grüppchen, wie sie sich gegenseitig und dann mich mustern, wie sie verwirrt die Köpfe schütteln und sich fragen: *Warum?* Flick, die das Interesse verliert und sich schulterzuckend umdreht, um mit Eric zu knutschen.

Ich seufze. Selbst in meinem eigenen Kopf schaffe ich es nicht, Flicks Aufmerksamkeit zu behalten.

Und voilà, ich tue es schon wieder, konzentriere mich völlig auf Flick, obwohl doch eigentlich alle anderen wichtig sind.

Wenn das alles in umgekehrter Reihenfolge stattgefunden hätte, wenn Beasey und die Wohnmobil-Crew meine ersten Freunde gewesen wären, hätte ich mich dann hinterher überhaupt für Flick und den Rest der Clique entschieden? *Nein,* sagt die Stimme in meinem Kopf, *definitiv nicht.* Denn ich hatte sie mir nie aktiv ausgesucht, nicht wahr? Sie liefen mir mehr oder weniger zufällig über den Weg und erst dann habe ich mich ihnen praktisch zu Füßen geworfen und um ihre Freundschaft gebettelt.

Im Grunde hatten auch sie keine Wahl.

In Kanada dagegen habe ich eine bewusste Entscheidung

getroffen, habe mich wirklich aktiv für Beasey und die anderen entschieden. Nachdem ich zunächst panisch davongerannt war, habe ich absichtlich wieder ihre Nähe gesucht. Vor ihnen habe ich mich nicht verstellt, ich bin ich selbst gewesen und sie haben sich im Gegenzug auch für mich entschieden. Unsere Freundschaft beruhte auf Gegenseitigkeit, sie entwickelte sich, wuchs, während wir uns allmählich besser kennenlernten. Auch die Diskussionen und das Gezanke, wenn es uns im Wohnmobil zu eng wurde, gehörten dazu. Sie alle sind so nett gewesen, haben mir so viel Geduld entgegengebracht und so vieles richtig gemacht. Und selbst, als sie einen Fehler gemacht haben – zum Beispiel, als die Jungs Sewa zum Scherz ohne mich davonfahren ließen –, haben sie sich entschuldigt und versucht, es wiedergutzumachen.

Beim Nachdenken zeichne ich. Sewa, der im Sun-Ho-Van-Hostel Spielkarten austeilt. Maja in ihren Wanderstiefeln, die einen See anstrahlt. Ein fröhlich plaudernder Stefan auf meinem Bett in Tofino. Freundschaft beruht auf bewussten Entscheidungen beider Seiten. Sie ist kein Gefallen und auch keine Verpflichtung. Aber sie fällt einem auch nicht einfach in den Schoß. Es gibt Höhen und Tiefen und wahre Freundschaft ist für beides da. Man muss nicht im selben Alter sein oder am gleichen Ort leben. Man muss nicht die gleichen Fächer haben oder jemanden abschreiben lassen oder zusammen Drogen nehmen, durch die alles erträglicher wirkt. Freundschaft kann zwischen den unterschiedlichsten Menschen entstehen. Zum Beispiel zwischen zwei schottischen Weltenbummlern, einem gutmütigen Russen – weder Bot noch Spion –, einer wanderlustigen Deutschen, die ein gebrochenes Herz kuriert, zwei sich liebenden Schweden, die reisen, um zusammen sein zu können, und mir, einer minderjährigen englischen Ausreißerin, die zig Fehler gemacht hat, aber endlich anfängt, mal was richtig zu machen.

Toronto

Bei der Ankunft in Toronto, bin ich so überwältigt von dem prachtvollen Bahnhofsgebäude, dass ich erst mal eine ganze Stunde darin umherwandere und mich umschaue. Langsam gewöhne ich mich daran, wieder unbeweglichen Boden unter den Füßen zu haben. Sobald ich mich hinauswage, erscheint mir die Stadt nach all den relativ kleinen Ferienorten und Provinzstädtchen, ja selbst nach Edmonton, beängstigend groß. Und da mich auf einmal Zweifel überkommen, was meinen Orientierungssinn betrifft, mache ich draußen direkt wieder kehrt und gehe zurück in den Bahnhof, um mir an der Information den Weg erklären zu lassen.

»Bist du sicher, dass du dort übernachtest?«, fragt der Mann am Schalter freundlich, aber zweifelnd, als ich ihm Namen und Adresse der Unterkunft nenne, die Grandad für mich gebucht hat. Ich finde die Frage seltsam, bis ich etwas später vor dem imposanten Gebäude stehe und feststelle, dass es sich um ein wahnsinnig exklusives Fünf-Sterne-Luxushotel handelt. Mit meinem verschlissenen Rucksack und den staubigen Wanderstiefeln betrete ich das Foyer und sacke merklich in mich zusammen.

»Schönen guten Tag«, zwitschert eine der Damen an der Rezeption, »was kann ich für Sie tun?«

»Hi.« Ich gehe zu ihr hin und denke an Amelia aus dem Hostel in Vancouver, mit Teapot, der Katze, auf dem Arm und ihrem warmherzigen Lächeln. »Kann ich … ähm … einchecken?«

Ich gebe ihr meine Daten und zeige ihr den Brief, den Grandad mir mitgegeben hat, in dem er bestätigt, dass ich die Erlaubnis habe, auf seinen Namen dort zu übernachten. Wer hätte gedacht, dass er so fancy ist? So piekfein wirkte er gar nicht. Ich war noch nie in einem Luxushotel, ganz zu schweigen in einem Fünf-Sterne-Prachtbau mitten in einer Stadt wie Toronto.

»Ihr Zimmer liegt im achten Stock«, sagt die Dame und überreicht mir den Schlüssel. »Brauchen Sie Hilfe mit Ihrem Gepäck?«

Guter Witz! Ich lache auf. Aber sie bleibt vollkommen ernst. »Oh. Äh …«, stammele ich. »Nein, das geht schon. Ich habe nur den Rucksack, also … danke.«

Mein Zimmer ist dann zum Glück nicht mehr ganz so pompös wie das Foyer, trotzdem hübscher als jedes andere, in dem ich bisher gewesen bin. Ich lasse meinen Rucksack auf den Boden gleiten und werfe mich aufs Bett. Ich schließe sogar die Augen. Vielleicht sollte ich ein bisschen schlafen?

Zwei Minuten später bin ich schon wieder auf den Beinen. Ich bin zu hibbelig. Ich öffne die Vorhänge und blicke hinaus auf die Stadt. In meiner Vorstellung war sie irgendwie immer komplett schneebedeckt, aber das ist sie gar nicht. Sie wirkt einfach nur gigantisch. Ich stöpsele mein Handy ans Ladekabel an, ziehe mir einen Sessel vors Fenster und mache es mir darin mit meinem Skizzenbuch bequem.

Eigentlich sollte ich rausgehen und was erleben, doch dazu fühle ich mich noch nicht bereit.

Da bin ich nun, in dieser neuen, riesigen Stadt, wieder völlig allein – ohne Freunde, ohne Beasey.

Je länger ich so dasitze, desto stiller kommt das Zimmer mir vor. Leer und still. Klar ist es außerdem unheimlich schick, aber ich vermisse die chaotische Herzlichkeit des Hostellebens und des Aufenthaltswaggons. Die Farben, die Geräusche und die ganzen Leute, die umherwuseln, aufgeregt und abenteuerlustig, auf der Suche nach Gesellschaft und Gesprächen. Ich wette, hier gibt es keine Hotelkatze.

Ich seufze. *Dankbarkeit sieht anders aus, Peyton.* Wenn ich das hier nicht richtig wertschätzen kann, sollte ich vielleicht einfach auschecken und das Sun-Ho-Toronto ausfindig machen. Ob Grandad wohl sein Geld wiederbekommt, falls ich nicht alle Nächte bleibe, die er für mich gebucht hat?

Nachdem ich mich endlich dazu aufgerafft habe, das Zimmer zu verlassen und in den Fahrstuhl zu steigen, suche ich auf dem Handy nach den besten Essensmöglichkeiten in der Umgebung. Irgendwas, wo ich allein essen kann, ohne mir zu auffällig oder verdächtig vorzukommen. Über so was muss ich mir ja jetzt wieder Gedanken machen. Ich könnte zu *Dairy Queen* gehen ... Die Aufzugtüren öffnen sich und ich trete hinaus ins Foyer. Ich schaue mich um, versuche, den richtigen Ausgang zu finden. Links von mir ist eine Bar. Vielleicht sollte ich mir einfach da was holen? Ob es da wohl teuer ist?

Die Frau da sieht ein bisschen aus wie Mum. Komisch.

Na klar ist es teuer. Und ich kann nicht an meinem ersten

Abend in Toronto schon meine halben Ersparnisse für überteuertes Hotelessen ausgegeben, das –

Moment. O mein Gott. Das *ist* Mum. Hier, mitten in Toronto, sitzt Mum auf einem Stuhl in der Hotelbar, und schaut mich an. Lächelt.

Was zur ...

Ich bin zur Salzsäule erstarrt. Meine Kinnlade steht sperrangelweit offen. Sie winkt.

»Was?!«, entfährt es mir. Ein vorbeieilender Geschäftsmann zuckt zusammen und wirft mir einen bösen Blick zu, als ihm klar wird, dass ich bloß ein Teenager bin.

Wie in Trance laufe ich langsam auf sie zu, während ich mir überlege, was ich mit meinem Gesicht anstellen soll. Dass ich völlig verblüfft bin, ist unverkennbar, aber darunter mischt sich verstohlene Freude. Ein Urinstinkt ist noch tief in mir verwurzelt, der Wunsch, meiner Mutter in die Arme zu rennen.

»Hallo, mein Schatz«, sagt sie, als ich nah genug bei ihr bin, und steht auf. »Hallo!« Sie streckt die Arme aus und nimmt meine beiden Hände in ihre. Ihre Augen schimmern feucht.

»Hi!«, erwidere ich, nicht sehr wortgewandt. »Was ...?«

»Ich dachte, ich überrasche dich.« Sie lacht und wischt sich die Augen. »Nur für den Fall, dass du mir sonst wieder davonläufst.«

Ihr Gesicht ist mir so unheimlich vertraut. Und ich bin durch die Tatsache, dass sie hier und mir so vertraut ist, wie betäubt. Keinen Ton bringe ich raus. Und dann streicht sie mir über die Wange, wie früher, als ich klein war, und ich fange an zu weinen.

»Ach, mein Spatz.« Sie breitet die Arme aus. Und ich lasse mich hineinfallen und festhalten.

»Wie kannst du hier sein?«, presse ich hervor.

»Ich bin in einen Flieger gestiegen«, antwortet sie leise und streichelt mir beruhigend über den Rücken.

Nachdem wir uns beide etwas gefangen haben, setze ich mich neben sie an den Tisch und sie bestellt eine Cola für mich. »Sollen wir auch was essen?«, fragt sie. »Oder hattest du schon was?«

Ich schüttele den Kopf. »Nein, noch nicht.«

»Okay. Ich habe mir die Karte angeschaut, während ich darauf gewartet habe, dass du auftauchst. Und das klingt alles sehr gut.«

»Woher wusstest du, dass ich hier sein würde?«, frage ich, obwohl ich es mir denken kann.

»Dein Großvater hat uns angerufen. Er hat uns erzählt, welchen Zug du nimmst und in welchem Hotel er dich unterbringt. Er meinte, das ließe uns genug Zeit, um herzukommen und dich zu treffen.«

Deshalb die drei Tage Zugreise. Wow, Hut ab, Grandad.

»Er hat behauptet, er würde verstehen, warum ich das hier mache.« Ein Kellner stellt ein hohes Glas mit Cola auf den Tisch. Die Eiswürfel klirren. »Danke schön.«

»Das tut er«, sagt Mum. »Viel zu gut, für meinen Geschmack. Aber er versteht auch, dass wir deine Eltern sind und du erst siebzehn bist.«

»Wieso hat er mich denn dann nicht sofort in ein Flugzeug zu euch nach Hause gesetzt?« Ich bin gekränkt und fühle mich hintergangen. Okay, gut, ich war vielleicht nicht unbedingt begeistert, dass der Einzige auf meiner Seite der

Familie-im-Stich-lassende-Eigenbrötler war, aber immerhin *war* er auf meiner Seite. Tja, oder halt nicht.

»Hättest du das denn zugelassen?«, fragt sie.

Ich schweige.

»Ich glaube, er wollte dir gern diese Erfahrung gönnen«, fährt sie fort. »Etwas, das du nicht vergisst, ein Geschenk.«

Ich denke an die drei Tage mit Beasey. An das Rattern der Räder, während der Zug sich seinen Weg durch endlose Ebenen aus Schnee und Eis bahnte. An die Berge.

»Und jetzt bist du hier, um mich zu holen.« Ich starre in mein Colaglas, in dem Luftbläschen das Eis attackieren. »Um mich zu *zwingen*, nach Hause zu kommen.«

Sie antwortet nicht sofort, nicht, bis ich aufschaue und in ihre traurigen, müden Augen blicke. »Ich hoffe natürlich, dass du mit mir fliegst. Das kann ich nicht abstreiten. Aber ich werde dich nicht zwingen. Und ich will dich auch gar nicht zwingen. Ich bin hier, weil du meine Tochter bist und ich dich lieb habe und vermisse. Du erlebst hier diese tollen Abenteuer, am anderen Ende der Welt, und ich wollte gerne zumindest ein wenig daran teilhaben. Ich hatte gehofft, wir könnten zusammen ein bisschen was unternehmen, du und ich.«

Ist das ein Trick? Fühlt sich nämlich an wie einer.

»Ich wollte schon immer mal zu den Niagarafällen«, schwärmt sie. Dabei muss ich an Casey denken und an die E-Mail, auf die ich nicht geantwortet habe. »Und ich würde sie mit niemandem lieber sehen wollen als mit dir.«

»Und was ist mit Dillon? Und Dad?«

Mum lacht. »Du weißt, was ich meine.«

»Ist Dad auch hier? Wo ist er?«

Ihr Lächeln erlischt und mir krampft sich das Herz zusammen. Ich spüre eine unerklärliche Anspannung. »Er ist zu Hause«, sagt sie. »Er war anderer Ansicht, was den Flug hierher betrifft. Er meint, ich würde dich verziehen und so tun, als wäre dein Benehmen akzeptabel.«

»Und du findest das nicht?«

Sie überlegt einen Moment. »Ich bin enttäuscht von deinem Verhalten, ja. Aber ich kenne dich. Und ich weiß, dass du das nicht getan hättest, wenn du einen anderen Ausweg gesehen hättest. Ich bin deine Mutter. Auch wenn ich es nicht gutheißen kann, möchte ich trotzdem versuchen, es zu verstehen.« Das Lächeln kehrt wieder auf ihr Gesicht zurück, hoffnungsvoll und voller Wärme. »Und das täte ich lieber von Angesicht zu Angesicht, statt durch eine Telefonleitung. Vielleicht bei einem Stapel Pancakes?«

Ich kann nicht anders, ich muss grinsen. »Oder bei den Niagarafällen?«

»Oh, ja! Auf einem Boot, und wir tragen dabei diese Regenponchos.« Als ich lache, nimmt sie wieder meine Hand. »Ich habe dich so vermisst.«

»Ich habe dich auch vermisst.«

Nach dem Essen kommt Mum mit hoch in mein Zimmer und ich zeige ihr alles, was ich in den letzten Wochen so angesammelt habe: Postkarten, alte Fahrscheine, einen Banff-Hoodie, einen Schlüsselanhänger.

»Und ich habe unterwegs die ganze Zeit gezeichnet. Die komplette Reise über. Eine Art Tagebuch in Bildern.«

»Kann ich es sehen?«

Ich reiche ihr mein Skizzenbuch. Langsam blättert sie es

durch. Ein kleines, unergründliches Lächeln umspielt ihre Lippen und wird immer breiter, je weiter sie kommt. »Die sind großartig, Peyton! Wirklich, so gute Bilder habe ich lange nicht von dir gesehen.«

»Seit das College angefangen hat, habe ich ja auch nicht mehr wirklich viel gezeichnet. Ich habe es vermisst.«

»Dein Dad und ich waren begeistert von deinen Postkarten. Das habe ich dir zwar schon oft gesagt, aber du bist einfach so talentiert. Ich bin richtig stolz auf dich.«

Sie gibt sich echt Mühe, deshalb lächele ich. Als sie mir das Skizzenbuch zurückgibt, frage ich: »Wann bist du überhaupt angekommen? Hast du Jetlag?«

»Gestern«, antwortet sie. »Ich habe ihn schon größtenteils auskuriert. Wenn ich heute Nacht vernünftig schlafe, habe ich ihn bestimmt überstanden. Was sollen wir morgen unternehmen?«

»Wann geht denn dein Rückflug?«

»Am Mittwoch.«

»Hast du für mich auch ein Ticket gebucht?«

Sie zögert. »Ja.« Bevor ich reagieren kann, fährt sie hastig fort: »Aber wenn du wirklich und wahrhaftig nicht mit nach Hause kommen möchtest, dann kann und werde ich dich nicht zwingen, in dieses Flugzeug zu steigen. Was meinst du, können wir bis dahin einfach die Zeit zusammen genießen? Bitte? Ich möchte alles von deinen Abenteuern hören, ich möchte daran teilhaben. Und ich möchte vor allem nicht streiten.«

»Ich will mich auch nicht mit dir streiten …«

»Na, dann einigen wir uns doch wenigstens schon mal darauf, dass wir das Thema vertagen.«

Ich mustere sie und versuche herauszufinden, inwieweit ich ihr trauen kann. Schließlich nicke ich zögerlich. »Einverstanden.«

Ihr Lächeln wirkt ehrlich erleichtert. »Sehr gut.«

Am nächsten Tag spielen wir Hardcore-Touristen und unternehmen das volle Programm. Zuerst besichtigen wir Casa Loma. Mum liebt das Schloss, weil es einfach bezaubernd ist, und ich liebe es, weil es der Schauplatz der Neuverfilmung von *Die Schöne und das Biest* mit echten Menschen war. Danach fahren wir hoch auf den CN Tower. Meine Schwindelfreiheit muss ich von Mum haben. Sie ist genauso furchtlos und fasziniert wie ich und presst die Nase direkt ans Glas, um ihren Blick über die Stadt schweifen zu lassen, während sie die Skyline mit der Karte in ihrer Hand abgleicht.

Ich schicke Beasey ein Foto von mir, wie ich auf dem Glasboden liege, Toronto Hunderte Meter unter mir, und er antwortet prompt mit schockierten Großbuchstaben: **WHAAA, KOMM SOFORT DA RUNTER!** Dazu schickt er ein Selfie von seinem entsetzten Gesicht. **Ich wünschte, du wärst hier!**, schreibe ich.

Ich nicht!, tippt er und ich muss lächeln.

Ich erzähle Mum von Beasey – wobei ich den Teil mit dem Küssen und vor allem den Sex auslasse – und dem Rest der Truppe, wie gut sie sich um mich gekümmert und was wir gemeinsam erlebt haben. Als ich erwähne, dass Sewa gerade in Toronto ist und ich ihn hier treffen wollte, schlägt sie vor, dass wir zusammen essen gehen.

»Ich würde ihn sehr gern kennenlernen.«

Abends, vor ihrer ersten Begegnung, habe ich das Gefühl,

als würden gleich zwei Welten aufeinanderprallen und verschmelzen. Extrem komisch, aber irgendwie auch schön. Als Mum und ich in das Restaurant kommen, in dem wir uns verabredet haben, wartet er bereits am Tisch auf uns, noch in dem Anzug, den er offensichtlich zur Arbeit trägt. Er lächelt, als er mich sieht, aber es ist nicht das Sewa-Lächeln, das ich so gut kenne.

»Hallo, Mrs King.« Er streckt Mum die Hand hin. In Kombination mit seinem Outfit erweckt das den Eindruck, er hätte schon wieder ein Bewerbungsgespräch, diesmal bei ihr.

»Hallo«, erwidert Mum in dem gleichen, etwas steifen Tonfall. »Wie schön, Sie kennenzulernen, Sewa.« Sein Name klingt komisch, wenn sie ihn ausspricht.

Ganz ehrlich? Es ist fast ein bisschen peinlich. Alles ist anders. Sewa ist viel zugeknöpfter hier in seinem Anzug in der Stadt, in Gegenwart meiner Mutter. Er scheint sich unwohl zu fühlen, seine Schultern sind verkrampft, sein Lächeln angestrengt. Die Sewa-typische Herzlichkeit und sein Humor – die Eigenschaften, die ich seit diesem ersten Abend im Hostel so an ihm mag und die mich so beruhigt haben –, sie wirken gedämpft. Von seinen Klamotten? Von Mum? Davon, in Toronto zu sein?

Es ist nicht schlimm und ich mag ihn deswegen nicht weniger. Aber es führt mir vor Augen, wie unterschiedlich Menschen in unterschiedlichen Situationen sein können. Im Grunde ist das irgendwie logisch, nur war mir bisher nicht so deutlich bewusst, dass das für uns alle gilt. Der Sewa, den Mum sieht, ist nicht der Sewa, den ich kenne, wofür weder er noch sie etwas können. Ebenso wenig wie ich hier die Peyton bin, die ich zu Hause in Surrey war. Und doch sind beide Versionen ich, zwei von den vielen Peytons, die ich in meinem Leben war und sein werde.

Sewa erzählt uns kurz von seiner neuen Arbeit, die, wie er sagt, gut läuft, und von seiner Suche nach einer dauerhaften Wohnung für das nächste halbe Jahr.

»Toronto im Winter!«, schwärmt Mum. »Was für ein Abenteuer! Oder für Sie vielleicht nicht? Erinnert es Sie an zu Hause?«

Ich zucke zusammen, aber Sewa verzieht kaum eine Miene. Stattdessen lächelt er. »Manchmal tut es das, ja.« Ich möchte aufstehen und ihn umarmen.

Nach dem Essen lehnt er einen Nachtisch ab und meint, dass er uns nun verlassen sollte. Dabei zieht er seine Brieftasche hervor.

»Oh, nein«, wendet Mum direkt ein, »ich bezahle.«

Sewa schüttelt den Kopf. »Es wäre mir eine Freude.«

»Bitte überlassen Sie das mir«, erwidert Mum. »Sie haben sich so gut um Peyton gekümmert.«

»Wir sind Freunde«, sagt Sewa schlicht und legt ein Bündel Bargeld auf den Tisch. Er schiebt es rüber zu Mum. »Ich wünsche Ihnen noch viel Spaß hier in Toronto.«

Ich lege meine Hand auf Mums, um sie davon abzuhalten, ihm das Geld wieder zurückzuschieben, und stehe auf. »Ich komme kurz mit raus.« Als Sewa sich auf den Weg macht, lasse ich Mums Hand los. »Bin gleich zurück!«

Draußen vor dem Restaurant ist es kalt. *Toronto-kalt*, denke ich, atme tief ein und lächele.

»Danke, dass du mit uns essen warst«, sage ich. »Ich hoffe, es war nicht zu seltsam.«

Er schüttelt den Kopf. »Nein, natürlich nicht. Du begleitest deine Mutter zurück nach England?«

»Das möchte sie gern. Ich bin allerdings noch unentschlossen. Sie hat mir bisher keine Standpauke gehalten. Aber ich bin ziemlich sicher, dass das noch kommt.«

»Vielleicht möchte sie nur Zeit mit dir verbringen.«

Ich zucke die Schultern.

»Deine Mutter liebt dich. Alles andere? Ist nicht so wichtig.« Ich bin noch dabei, das sacken zu lassen, da fährt er fort: »Jetzt müssen wir uns wohl verabschieden.« Ich sehe zu ihm auf, in sein vertrautes Gesicht, auf dem nun, da wir nur noch unter uns sind, wieder sein Sewa-Lächeln liegt. »Ich werde dich vermissen.«

Ich will ihm sagen, wie viel mir seine Freundschaft bedeutet, wie sehr ich sie zu schätzen weiß, seine ganze Person, aber er winkt ab, bevor ich auch nur zwei Wörter rausbringe. »Komm mich in England besuchen«, presse ich stattdessen hervor. »Okay?«

»Ich werde es versuchen. In der Zukunft, wenn du eine berühmte Künstlerin bist.«

Ich lache mit klappernden Zähnen. »Wer weiß.«

»Du frierst. Geh wieder rein.«

»Darf ich dich zuerst drücken?«

Er schließt mich fest in die Arme, wie ein großer Bruder, und ich höre, wie er etwas auf Russisch sagt, ehe er mir auf die Schulter klopft und mich loslässt.

»Do swidanja«, sage ich.

Er lächelt. »Do swidanja.«

Das Restaurant fühlt sich wärmer und gemütlicher an, als ich von draußen wieder hineingehe. Mum sitzt noch am

Tisch, vor sich die Dessertkarte. Ich rutsche auf die Sitzbank ihr gegenüber.

»Glaubst du, die Portionen sind so groß wie die vom Hauptgang?«, fragt Mum.

»Jap. Sie sind bestimmt riesig, wie überall hier.«

»Herrjemine«, sagt sie und ich verspüre eine plötzliche Welle der Zuneigung.

»Sollen wir uns einen Nachtisch teilen?«, schlägt sie vor. »Den mit den Brownies?«

»Au ja«, sage ich. »Gute Idee.«

Für den nächsten Tag hat Mum uns eine Tagestour zu den Niagarafällen gebucht. Sie ist total aufgeregt – so habe ich sie seit Jahren nicht erlebt – und ich lache sie aus.

»Hey, du abgebrühte Weltenbummlerin«, gibt sie gut gelaunt zurück. »Ich habe die letzten Wochen in Surrey verbracht. Und achtzig Prozent der Zeit hat es geregnet. Lass mir doch die Freude an meinem kleinen Abenteuer.«

Ich hake mich bei ihr unter, während wir auf den Reisebus warten.

Die Niagarafälle sind genau so, wie ich sie mir vorgestellt habe: riesig – *wirklich* gigantisch –, laut, wunderschön und von Touristen überlaufen. Mir wird klar, dass ich ziemlich verwöhnt bin, weil ich Jasper und Banff in der Nebensaison gesehen habe. Hier dagegen ist es rappelvoll. Doch das macht mir nicht allzu viel aus, denn ich habe trotzdem jede Menge Wow-Momente.

»Erinnerst du dich an dieses Referat, was du mal über Charles Blondin gehalten hast?«, fragt Mum.

»Über wen?«

Sie wirkt enttäuscht. »Na, Charles Blondin. Den Hochseilartisten, der als erster Mensch über die Niagarafälle balanciert ist. Das war dein Thema für eine Projektarbeit. Du musst so acht oder neun gewesen sein und warst völlig fasziniert. Danach hattest du eine Phase, in der du unbedingt Seiltänzerin werden wolltest. Weißt du nicht mehr?«

Ich habe verschwommen ein Seil im Kopf, das ich aus alten Strumpfhosen zusammengebunden und vom Sofa bis zur Wohnzimmertür gespannt habe. Und über das ich balancieren wollte. War das die Aktion, bei der ich mir den Arm gebrochen habe? Möglich.

»Hm, nur sehr dunkel. Ich kann nicht glauben, dass du dich daran erinnerst.«

»Und *ich* kann nicht glauben, dass du es vergessen hast. Für mich stand damals fest, dass du eine Draufgängerin werden würdest. Eine richtige Abenteurerin. Und jetzt sieh dich an.«

»Tja, immerhin bin ich keine Hochseilartistin geworden.«

Für die Bootstour zum Fuß des Wasserfalls bekommen wir knallgelbe Ponchos in die Hand gedrückt. Mum ist total aus dem Häuschen und ich schieße zig Fotos von ihr, von mir und von uns beiden zusammen. Insgeheim habe ich beschlossen, dass ich diesen Moment später malen werde, vielleicht mit Acrylfarben, und ihr das gerahmte Bild dann zu Weihnachten schenke. Ich werde es DIE KINGS VON NIAGARA nennen. Die Ponchos erweisen sich nicht bloß als farbenfrohes, sondern als unbedingt notwendiges Accessoire, denn wir werden richtig geduscht. Und das Wasser ist eiskalt.

Dieser Tag ist einfach perfekt.

Zurück am Ufer, tropfend und euphorisch, haben wir Zeit, Lundy's Lane zu erkunden. Ich husche in einen Souvenirladen, um eine Postkarte von den Wasserfällen für Casey zu kaufen. Weil ich immer noch nicht weiß, was ich ihr antworten soll, lasse ich es. Stattdessen zeichne ich links neben ihre Adresse eine kleine Casey, so, wie ich sie in Erinnerung habe, nur mit einem breiteren Lächeln. Sie steht auf dem Bug eines Schiffes, umgeben von herabstürzenden Wassermassen. Dazu schreibe ich: CASEY BEI DEN NIAGARAFÄLLEN.

Als wir wieder in Toronto ankommen, sind wir viel zu erschöpft, um zum Essen noch mal rauszugehen, deshalb bestellen wir beim Zimmerservice. Was ich selbst ziemlich aufregend und dekadent finde. Ich hätte gar nicht gedacht, dass Mum der Typ dafür ist. Aber sie ist aufgekratzt und fröhlich, staunt über die Portionsgrößen und trauert mit Blick auf die Speisekarte allem hinterher, was sie nicht gewählt hat, obwohl ihr Burger »himmlisch« ist. Ich nicke, als sie sagt, dass Burger bei uns einfach nicht mithalten können, ja, dass unsere ganze kleine Stadt nicht mit der »unglaublichen Pracht« von Toronto mithalten kann, bis sie ganz beiläufig einfließen lässt, dass sie aber trotzdem gern zurückkehrt, wenn es bedeutet, mich dann wieder da zu haben, zu Hause und am College.

»Ich gehe *nicht* zurück aufs College«, erkläre ich. Sie öffnet den Mund, doch ich schüttele vehement den Kopf. »Nein, im Ernst, hör mir zu. Ich gehe nicht dorthin zurück. Das habe ich von Anfang an klargemacht.«

»Aber Peyton! Du kannst nicht einfach so die Schule abbrechen. Du brauchst einen Plan ...«

»Ich habe einen Plan«, sage ich, so ruhig ich kann. »Hörst du ihn dir an? Bitte?« Ich warte kurz ab, bis sie resigniert seufzt und dann nickt. »Okay«, fahre ich fort. »Ihr wollt, dass ich mein Fachabi in Wirtschaft abschließe. Aber es hat überhaupt keinen Sinn, meine Zeit damit zu vergeuden, einen Abschluss zu machen, mit dem ich hinterher nichts anfangen kann. Ich sollte die Zeit viel eher nutzen, um mich darauf vorzubereiten, was ich *wirklich* will. Und zwar, etwas Künstlerisches zu studieren, zum Beispiel Grafikdesign oder Illustration, wenn möglich. Ich möchte mich für verschiedene Studiengänge an unterschiedlichen Hochschulen bewerben. An ein paar davon geht das auch ohne Abi und man kann teilweise dort direkt den Abschluss nachholen, also wirft mich die verpasste Zeit nicht zu weit zurück. Ich werde eine ordentliche Mappe zusammenstellen und die Situation erklären. Und wenn ich nirgendwo angenommen werde, schön, hole ich die dreizehnte Klasse eben regulär nach, aber mit den richtigen Fächern. Selbst wenn das bedeutet, dass ich mich ziemlich auf den Hosenboden setzen muss und es ewig dauert. Das wäre okay für mich. Dann dauert es halt. Aber irgendwie wird es klappen.«

Mum runzelt die Stirn. »Aber …«

»Ich suche mir einen Job, sobald ich wieder zurück bin. Vollzeit, bis feststeht, was mit der Ausbildung ist. Vielleicht bei dem Bäcker, wo ich letzten Sommer gejobbt habe, oder sonst halt irgendwo anders. Ich arbeite so viel ich kann und dann werde ich Dad auch den Flug zurückzahlen können.«

»Darum geht's nicht, das ist doch nicht so wichtig.«

»Für mich schon. Und für Dad. Und ich will mich außerdem ehrenamtlich engagieren.«

»Ehrenamtlich?«

»Ja. Ich habe überlegt, Bastel- oder Malkurse anzubieten, in Jugendzentren oder Altenheimen oder so. Ich möchte gern viele unterschiedliche Menschen kennenlernen, nicht nur Leute, die so sind wie ich. Und ich will auch neue künstlerische Erfahrungen sammeln, statt nur allein vor mich hin zu zeichnen.«

Mum wirkt ein bisschen überfahren. »Das, ähm, wird dich viel Zeit kosten …«

»Muss es gar nicht. Vielleicht nur ein paar Stunden die Woche. Das wird schon passen. Außerdem möchte ich mehr schöne Dinge machen, die mir guttun.«

Mum sagt erst mal nichts. Ich sehe ihr an, dass es in ihr arbeitet. Ihr Blick ist auf einen Punkt über meiner rechten Schulter gerichtet. Schließlich setzt sie vorsichtig an: »Du solltest dich darauf einstellen, dass dein Dad das eventuell nicht unterstützen wird.«

»Wie meinst du das, nicht unterstützen? Welchen Teil davon?«

»Alles. Er möchte, dass du deine Ausbildung abschließt. Auf dem klassischen Weg. Dass du dein Wirtschaftsabi machst und etwas Vernünftiges studieren kannst.«

»Ich will ja studieren. Nur nicht das, was *er* sich für mich überlegt hat, sondern das, was *ich* möchte.«

»Aber Peyton, dein Plan bietet dir keine finanzielle Sicherheit. Ich weiß, du denkst, dass wir in diesem Punkt übertreiben, aber das kann ein echtes Problem werden. Als deine Eltern ist es unsere Aufgabe, uns Gedanken um deine

Zukunft zu machen. Du hast noch dein ganzes Leben, um dich an deiner Kunst zu erfreuen. Aber kannst du uns nicht einfach glauben, dass diese paar Jahre notwendig sind, damit du dir solide Voraussetzungen für einen Beruf schaffen kannst?«

»Nein. Könnt ihr *mir* nicht glauben, dass ich mich selbst kenne und vielleicht am ehesten weiß, was für mich das Beste ist?«

Wir sehen uns an. Die Antwort ist ganz klar: Nein.

»Ihr könnt mich nicht daran hindern, irgendetwas davon zu tun. Ihr könnt mich nicht zwingen, einen Abschluss zu machen, den ich nicht haben will.«

»Ich weiß das und ich möchte das auch gar nicht. Ich möchte, dass du glücklich bist, wirklich. Aber du kennst deinen Vater und er hat sehr klare Vorstellungen. Wenn du diesen Weg wählst, wird er das nicht unterstützen. Ich meine, auch finanziell nicht.«

»Und? Dann hole ich mir eben einen Studienkredit.«

»Peyton …«

»Ihr werdet mich nicht davon abbringen. Mein ganzes Leben lang habe ich alles getan, was ihr mir gesagt habt, ich habe euch zugehört und ich habe euch vertraut. Und guck dir an, was mir das gebracht hat. Ich war so unglücklich an der Claridge und ihr wusstet das! Und ihr habt mich einfach dort gelassen. Warum habt ihr mich nicht die Schule wechseln lassen?«

Mum blinzelt, schuldbewusst und verwirrt. »Was hat denn das damit zu –«

»Alles hat damit zu tun!«, schreie ich plötzlich. »Was glaubst du denn, warum wir hier sind, in Kanada?« Dann füge ich etwas ruhiger hinzu: »Kannst du mir bitte erklären, warum ich nicht auf eine andere Schule gehen durfte?« Das frage ich mich schon seit Jahren.

Mum öffnet den Mund und klappt ihn wieder zu.

»Die Wahrheit, bitte«, fordere ich.

»Die Wahrheit ist gar nicht so deutlich in Worte zu fassen. Rückblickend ist es jetzt leicht zu sagen, dass ich einen Fehler gemacht habe. Aber hinterher ist man immer schlauer, mein Schatz. Alles erscheint einem so viel klarer, aber das ist bloße Illusion. Denn damals war alles sehr kompliziert.«

»Sag mir einfach, warum ihr mich nicht von der Claridge genommen habt.«

»Weil ich …« Sie schließt die Augen und atmet kurz und heftig aus. »Ich habe befürchtet, du hättest an einer anderen Schule genau die gleichen Probleme und würdest dadurch umso tiefere Verletzungen davontragen. Langfristig gesehen.«

Mir schnürt sich die Kehle zu. Die ganze Zeit dachte sie, *ich* wäre das Problem. Dass ich überall gemobbt werden würde, weil ich selbst das Problem war. Ich spüre Tränen aufsteigen und wünschte, ich hätte nicht gefragt.

»Peyton«, fügt sie schnell hinzu, als hätte sie meine Gedanken gelesen. »Nicht, weil ich geglaubt hätte, dass irgendetwas mit dir nicht stimmt. Aber ich habe mit sehr vielen Leuten geredet und sehr viele Nachforschungen angestellt. Kinder können grausam sein und sie merken einem häufig die Art Verletzlichkeit an, die davon herrührt, dass man in der Vergangenheit gemobbt wurde. Was, wenn du irgendwo anders hingekommen wärst und die gemeinen Kinder dort deine Schwachstelle erkannt hätten? Davor hatte ich Angst.

Aus psychologischer Sicht kann es unter Umständen sehr viel mehr seelischen Schaden anrichten, wenn man in diesem Alter nach einer Mobbing-Erfahrung die Schule wechselt. Und oft ist das ja auch nur eine Phase, die man durchlebt und die irgendwann aufhört. Nach langem Abwägen dachte ich, dass du da, wo du warst, besser dran wärst. Dass du stärker aus der Sache hervorgehen würdest und einfach abwarten müsstest, bis das Gröbste vorbei ist.«

»Aber es war keine Phase. Es ging nie vorbei.« Ich knirsche mit den Zähnen. »Es lief die ganze Zeit so weiter. Glaubst du, das hat keinen Schaden angerichtet?«

»Es tut mir so leid. Ich lag so fürchterlich falsch und es tut mir unglaublich leid.«

»Würdest du es heute anders machen?«

»Ja. Ich hätte dich gar nicht erst dorthin geschickt. Ach, mein Spatz ... wie gesagt, im Nachhinein weiß man vieles so viel besser.«

»Was ist mit meinen Collegefreunden? Hast du irgendwie geahnt, dass sie mir nicht guttun?«

»Nein. Du hast dich so abgekapselt und kaum noch mit uns geredet. Aber ich hatte das Gefühl, du bräuchtest das, und wollte es respektieren. Offensichtlich habe ich mich da schon wieder getäuscht.«

Hätte es wohl etwas gebracht, wenn sie versucht hätte, mir Travis und die anderen auszureden? Hätte ich ihr überhaupt zugehört? Nein. Ich wäre fuchsteufelswild geworden, wenn sie auch nur ein schlechtes Wort über einen von ihnen verloren hätte.

»Ich wollte nicht, dass alles so aus dem Ruder läuft«, sage ich, unnötigerweise.

»Natürlich nicht«, bestätigt Mum. »Du hast das Beste in ihnen gesehen, weil du es sehen wolltest. Das verstehe ich. Ich persönlich habe ihnen Pest und Cholera an den Hals gewünscht, weil sie so rücksichtslos waren und dein Leben aufs Spiel gesetzt haben. Aber ich bin deine Mutter, es steht mir zu, so zu fühlen.«

»Es war nicht allein ihre Schuld.«

Sie runzelt die Brauen. »Wie meinst du das?«

»Ich ...« Keine Ahnung, was ich genau sagen will. »Schon klar, sie waren nicht die tollsten Menschen, aber ich war auch nicht gerade ... ein Unschuldsengel. Ich habe bereitwillig alles mitgemacht, sie haben mich zu nichts gezwungen. Das waren meine eigenen Entscheidungen.«

Mum mustert mich aufmerksam.

»Ich möchte nicht, dass ihr von mir enttäuscht seid«, fahre ich fort. »Jetzt nicht und vorher auch nicht. Aber ich habe das Gefühl, ich, ihr, wir alle müssen das komplett verstehen. Natürlich wäre es einfach, ihnen die ganze Schuld zuzuschieben. Aber das hilft mir auf lange Sicht auch nicht, oder? Wenn ich nicht durchblicke, was schiefgegangen ist, wie soll ich dann in Zukunft die gleichen Fehler vermeiden?«

Sie schweigt noch immer, nickt jedoch aufmunternd, als wartete sie darauf, dass ich meine eigene Frage beantworte.

»Ich habe gar nicht richtig versucht, sie kennenzulernen, nicht wirklich. Ich bin nicht sicher, ob ich das überhaupt gewollt hätte. Weil ich tief in mir drin vielleicht geahnt habe, dass ich sie dann gar nicht so sehr mögen würde, und mich damit hätte auseinandersetzen müssen. Und dann wäre ich wieder allein gewesen, ohne Freunde. Könnte sein, dass ich deshalb nicht mehr mit euch geredet habe – ihr hättet mir Fragen über sie gestellt, die ich nicht hätte beantworten können.« Ich schüttele den Kopf. »Ich habe so viele Warnsignale ignoriert. Und klar kann ich behaupten, dass ich sie erst rückblickend als solche erkenne. Aber das Ding ist, ich glaube, sie waren vorher schon deutlich zu sehen. Nur brauchte ich das alles so dringend. Es *musste* einfach gut sein. Ich kann ihnen schlecht vorwerfen, dass ich mich an sie rangeschmissen habe, weißt du? Und als die Pillen zum ersten Mal Thema waren, hätte ich direkt abhauen können. Oder sobald mir aufgefallen ist, dass ich immer für alles bezahlt habe. Oder als ich ins Gesicht geboxt wurde.«

Mum reißt die Augen auf. »Du wurdest *was*?!«

Fast pruste ich los. »Oh, Mum. Die Geschichte, als ich angeblich so schlimm ausgerutscht bin? Ich muss dir ganz schön viel erzählen.«

»Ich hatte ja keine Ahnung, wie schlimm das tatsächlich alles war! Ach, Peyton, diese Nacht ... dieser Anruf ...« Sie schluckt, schüttelt den Kopf. »Das lässt sich kaum beschreiben. Du hättest sterben können. Allein, auf der Straße. Sie haben dich da einfach liegen lassen! Wie konnten sie das tun?«

»Keine Ahnung. Und ich weiß, das war ultramies von ihnen, keine Frage. Aber was ich zu erklären versuche, ist ... Es war ein langer Weg bis dahin und ich habe mich dazu entschieden, ihn zu gehen. Und vielleicht war das, was passiert ist, die einzige Möglichkeit, mich von diesem Weg abzubringen. Vielleicht musste es so kommen, damit mir endlich klar wird, was ich da eigentlich tue. Weil ich sonst womöglich sogar jetzt noch genauso weitermachen würde. Dann wäre zwar nichts Dramatisches passiert – wie, na ja, dass ich beinahe gestorben bin –, aber ich wäre schleichend an allem zugrunde gegangen. Ich wäre dem Übel täglich ausgesetzt gewesen, weil ich hartnäckig versucht hätte, es zu ignorieren. Wäre das nicht schlimmer?«

»Auf lange Sicht vermutlich schon«, stimmt Mum zu. »Weißt du eigentlich, dass eine von ihnen vorbeigekommen ist?«, fragt sie. »Casey?«

Ich nicke.

»Sie wirkte, als täte es ihr wirklich leid, was dir zugestoßen ist. Und das muss man ihr lassen, sie hatte als Einzige den Mumm, mir gegenüberzutreten. Sonst keiner. Nicht mal dieser Travis. Und so was schimpft sich fester Freund.«

»Ach, der.« Ich verdrehe die Augen.

Mum lacht und das überrascht mich. »Ich kann nur hoffen, dass du alle deine Lektionen zu unguter Partnerwahl durch ihn gelernt hast und dir das in Zukunft hilft.«

Ich denke an Beasey. »Glaub mir, das tut es. Auch, was Freunde angeht. Ich habe ganz schön viele Lektionen gelernt, was?«

Sie nickt. »Gute und schlechte.«

Ich seufze. »Ich hab das Gefühl, meine ganze Jugend war ... eine einzige Katastrophe. Eine Riesenkatastrophe.«

»Aber sieh dich mal an«, sagt Mum. »Du hast es fast überstanden. Bald bist du erwachsen. Und du bist stark und tapfer und widerstandsfähig. Und so unabhängig.« Sie lächelt mich an und die Anerkennung in ihrer Miene ist ebenso überraschend wie bitter nötig. »Ich wünschte«, fährt sie fort, »du hättest nicht das Gefühl gehabt, wegrennen zu müssen. Aber ich bin stolz auf dich, wie gut du dich geschlagen hast.« Sie schnieft und lacht gleichzeitig. »Ist ein ziemlich verwirrender Gefühlsmix. Stolz auf etwas zu sein, was man eigentlich nicht gutheißen kann und von dem man wünschte, es wäre gar nicht erst passiert.«

»Versteh ich. Irgendwie wäre es ja auch komisch, wenn du gesagt hättest: *Geile Aktion, los geht's!*«

Sie prustet los. »Genau das war die Reaktion deines Bruders.« Sie macht seinen Tonfall nach: »Geile Aktion! Go, Peyton!«

Ich muss lachen. »Echt?«

»Oh, ja – dein Vater hat getobt!« Sie verdreht die Augen. »Dillon hat sogar schon davon geredet, dass ihr demnächst zu zweit durch die Weltgeschichte düst. Keine Ahnung, womit ich zwei so abenteuerlustige Kinder verdient habe.«

»Hätte schlimmer kommen können«, sage ich.

»Ja, da hast du wohl recht.« Sie schenkt mir ein Lächeln. »Es hätte sehr viel schlimmer kommen können.«

Wann genau ich die Entscheidung treffe, dass ich mit ihr fliegen werde? Ich weiß es nicht. Sie kristallisiert sich langsam heraus, als hätte sie die ganze Zeit tief in mir geschlummert und käme nun allmählich an die Oberfläche. Aber so sanft, dass ich sogar vergesse, Mum davon zu erzählen, weil es mir schon total selbstverständlich erscheint. Nachdem wir am darauffolgenden Tag für ein paar Donuts und Kaffee bei Tim Hortons waren, frage ich deshalb beiläufig: »Glaubst du, sie lassen mich ein paar Schachteln *Timbits* mit ins Handgepäck nehmen?« Und bin total verblüfft, dass Mum den Stadtplan fallen lässt und mitten auf der Straße in Tränen ausbricht.

»Oh!« Schluchzend schließt sie mich in die Arme. »Oh, Peyton!« Sie gibt mich wieder frei, dann wischt sie sich die

Augen und muss über sich selbst lachen. »Tut mir leid, ich freu mich einfach so.«

Vielleicht ertrage ich nach den Tagen mit ihr den Gedanken nicht, aufs Neue allein zu sein, jetzt, da ich erlebt habe, was für einen Unterschied es macht, all das mit jemandem zu teilen, den man liebt. Natürlich erlebe ich Dinge mit Mum anders als mit Freunden oder mit Beasey – trotzdem. Vielleicht habe ich auch bloß Heimweh, nach meinem Haus, meinem Bett, meiner Kleidung, meinem Hund. Vielleicht vermisse ich Jaffa-Kekse und Cadbury's-Schokolade, Baked Beans, Walkers-Chips und Ingwerkekse. Vielleicht bin ich schlicht und ergreifend reisemüde.

Oder es ist einfach Zeit, nach Hause zu fliegen.

Ich weiß jetzt, dass ich nicht in das Leben zurückkehren werde, aus dem ich ausgebrochen bin. Auch wenn dort noch alles so ist wie vorher, habe ich mich zu sehr verändert. Selbst wenn ich wieder ans College gehen sollte – was ich nicht tun werde –, wäre alles anders. Beim Gedanken an Travis oder Flick wird mir das Herz nicht mehr ganz so schwer vor Enttäuschung und Selbsthass. Stattdessen … tut es mir nur noch leid. Für sie und für mich. Ja, zum Schluss haben sie sich total arschig verhalten, aber dass unsere Freundschaft nicht funktioniert hat, dafür konnten sie nichts. Was ich gewollt hatte, war eine gewisse abstrakte Idee von Freunden. Ich hatte sie nicht als echte Persönlichkeiten wahrgenommen, mit eigenen Interessen und Bedürfnissen. Und ich hatte ihnen im Gegenzug nichts Echtes von mir preisgegeben, auf das sie hätten reagieren können. Kein Wunder, dass wir nicht auf einer Wellenlänge gewesen waren.

Nicht dass ich die Absicht hätte, mich mit ihnen auszusöhnen und da anzuknüpfen, wo wir aufgehört hatten. Unsere Zeit ist vorbei und von mir aus kann sie gern in der Vergangenheit bleiben.

Wahrscheinlich habe ich jetzt erst mal wieder keine Freunde, aber was soll's, das muss ja kein Dauerzustand sein. Ich werde neue Leute kennenlernen und neue Freundschaften schließen. Vielleicht mit Leuten, die älter sind als ich oder die woanders herkommen, aus Großbritannien oder von weiter weg. Vielleicht werden wir unsere Begeisterung für Kunst gemeinsam haben. Oder das Reisen. Oder dass wir Hunde mögen. Wer weiß?

Und in der Zwischenzeit sind Sewa, Maja, Beasey, Khalil, Lars und Stefan bloß eine WhatsApp-Nachricht entfernt. Meine Freunde, auf der ganzen Welt verteilt, die ihre eigenen Abenteuer erleben und überall neue Freunde finden, so natürlich, wie sie atmen, denn so einfach kann es sein.

Ich muss nicht länger Angst haben, dass ich nicht gut genug bin. Die Amber Monroes dieser Welt – und klar werde ich auch davon noch ein paar treffen – haben keine Macht darüber, wer ich bin. Ich bin nicht wertlos, nur weil sie mir das zu verstehen geben. Ich werde ihnen nicht weiterhin so viel Raum geben.

Ja, es hat eine Zeit gegeben, in der ich keine Freunde hatte, eine schreckliche, düstere Zeit. Aber diese Phase muss nicht mein komplettes Leben beherrschen. Niemand außer mir selbst hat darüber zu bestimmen, wer ich bin. Das ist meine Entscheidung. Und ich weiß, wie ich sein möchte: so liebenswürdig, wie meine Reisefreunde sich mir gegenüber verhalten haben, wie Kanada zu mir war. Ich kann dieses

Geschenk annehmen und mit mir tragen, kann ein Mensch sein, den Leute gern kennenlernen, den zu kennen sie froh sein werden. Die Art Mensch, für die man Umwege einplant.

Unser Flug nach Hause geht am frühen Mittwochabend und wir verbringen die letzten Stunden in Toronto wieder mit vollem Touri-Programm. Ich schleife Mum in einen Food-Court und zeige ihr Poutine und danach hole ich uns beiden einen Orange Julius. Ich schicke Beasey ein Foto von mir mit dem Getränk und schreibe: **Habe ich dir je die Geschichte von meinem ersten Orange Julius erzählt?** Er sendet mir ein Herzchenaugen-Emoji zurück.

Als Nächstes machen Mum und ich die Souvenirläden unsicher und decken uns mit Süßigkeiten und Mitbringseln für Dad, Dillon und Grandma ein. Ich kaufe mir selbst einen kleinen Plüschelch – vor allem, weil auf dem Schild DEIN KLEINER KANADISCHER FREUND! steht – und taufe ihn Jasper. Mir egal, ob das kitschig ist. Ich mag den Gedanken, einen Freund mit nach Hause zu nehmen.

Womöglich ist das nicht die spektakulärste Art, mein großes Kanada-Abenteuer zu beenden, aber wen interessiert's? Was soll denn noch kommen, nach Tofino, den Wasserfällen im Wells Gray Park oder Lake Louise? Nach der Hängebrücke, über die ich Beasey geführt habe, nach dem Geruch gerösteter Marshmallows in einer eiskalten Nacht vor einem Wohnmobil namens Justin?

Auf dem Weg zum Flughafen fragt Mum: »Wie fühlst du dich?«

Traurig. Seltsam ausgelaugt. Aber okay. »Ich bin froh,

dass du gekommen bist«, sage ich. Das bringt sie zum Weinen, was wiederum mich zum Weinen bringt.

»Wir sind so zwei.« Mum lacht und wischt sich die Augen.

Als wir ein paar Stunden später in den Flieger steigen, bin ich bereit. Ja, fast schon ungeduldig, in mein altes Leben zurückzukehren und den Reset-Knopf zu drücken, um dann alles anzuwenden, was ich gelernt und an Erfahrungen gewonnen habe. Eines Tages werde ich nach Kanada zurückkehren, das spüre ich. Und vielleicht schaffe ich es nächstes Mal sogar bis Nova Scotia.

Auf meinem Sitz mache ich ein Selfie und poste es in die Wohnmobil-Gruppe. Ich lächele breit und mein Kopf ist leicht in Richtung Fenster geneigt. **Auf dem Heimweg!**, schreibe ich.

Auf Wiedersehen!, kommt fast sofort von Maja, **Gute Reise!**

Grüß mir die Insel!, schreibt Khalil und fügt ein Flugzeug-Emoji und die Flagge des Vereinigten Königreichs hinzu. **Halt die Ohren steif!**

Als Nächstes ein Selfie: Sewa, ein verstohlenes Grinsen auf dem Gesicht, im Anzug an einem Schreibtisch. Er schickt etwas auf Russisch – ich nehme an, es ist irgendeine Art Abschiedsgruß – und setzt ebenfalls ein Flugzeug-Emoji hintendran.

Noch ein Selfie, diesmal von Lars – und Stefan, der seinen Kopf ins Bild schiebt. Lars hat eine Skibrille auf, Stefan hat seine auf die Stirn geschoben. **Vi ses!**

Ich warte und hoffe natürlich auf eine Nachricht von Beasey. Das Bordpersonal geht schon durch die Reihen und überprüft ein letztes Mal, ob alle angeschnallt sind, und schließt hier und da noch ein Gepäckfach. Mum stupst mich an. »Flugmodus«, flüstert sie.

»Eine Sekunde.« *Beasey schreibt ...*

Guten Flug! Ein Smiley, noch eine Flagge.

Enttäuscht und verwirrt lehne ich mich zurück und tippe auf den Bildschirm, um die Einstellungen aufzurufen. Gerade will ich den Flugmodus einschalten, da kommt eine Nachricht. Von Beasey. Privat. Er hat ein Foto geschickt. Ich lächele und erwarte sein liebenswertes Selfie-Gesicht.

Aber das Bild zeigt uns beide, strahlend und in Nahaufnahme, mit dicken Wollmützen bis weit über die Ohren. Er hat den Arm um mich gelegt und hinter uns erstreckt sich der unwirklich eisblaue Lake Louise. Ich betrachte das Foto, betrachte uns und erinnere mich so deutlich an diesen Moment, daran, wie glücklich ich war, wie froh, dort zu sein.

Was auch immer geschieht, das hier kann uns keiner mehr nehmen, schreibt er. Und es war eine unglaubliche Zeit! Die beste! Komm gut an und melde dich, wenn du gelandet bist. Viel Glück zu Hause, bei deinem nächsten Abenteuer! <3

Ich lächele, aber meine Sicht verschwimmt, während ich mein Handy schließlich in den Flugmodus versetze und es in die Tasche stecke. Ich wische mir die Augen, mache es mir bequem und gucke aus dem Fenster. *Was auch immer geschieht, das hier kann uns keiner mehr nehmen*, sage ich im Stillen zu mir, wieder und wieder, wie ein Mantra, während die Maschine vom Terminal weg und auf die Startbahn zurollt.

Als die Turbinen losröhren und wir Fahrt aufnehmen, fasst Mum meine Hand, wie früher, als ich klein war und wir irgendwo hingereist sind. Ich habe immer gedacht, das wäre meinetwegen, aber jetzt bin ich mir nicht mehr so sicher. Vielleicht brauchen nicht nur Kinder Trost und Unterstützung. Vielleicht wird es immer Momente geben, in denen man eine Portion Liebe nötig hat.

Ich drücke ihre Hand, während der Boden unter uns verschwindet, und sehe zu, wie Toronto kleiner und kleiner wird, bis es nur noch ein Häuser- und Gassengewirr inmitten einer gigantischen Landschaft aus Eis und Schnee ist. Dann drehe ich mich zu Mum um: »Los geht's.«

SARA BARNARD, 1987 in England geboren, studierte Amerikanische Literatur und Kreatives Schreiben. Sie hat zwischenzeitlich in Kanada gelebt, in Indien gearbeitet und ist mit dem Zug durch Europa gereist. In Zügen schreibt sie auch am liebsten ihre Bücher, da sie so ihre beiden Leidenschaften miteinander verbinden kann: das Schreiben und das Reisen. Mit *Die beste Zeit ist am Ende der Welt* war sie 2022 für den Deutschen Jugendliteraturpreis in der Kategorie Jugendjury nominiert. Die Autorin lebt mit ihrem Mann und einer »Grumpy Cat« in Brighton, England.

HANNA CHRISTINE FLIEDNER (* 1987) überträgt Literatur aus dem Englischen und Spanischen ins Deutsche. Außerdem unterrichtet sie Deutsch als Fremdsprache und leitet Seminare rund ums Übersetzen. Der von ihr übersetzte Titel *Die beste Zeit ist am Ende der Welt* von Sara Barnard war 2022 für den Deutschen Jugendliteraturpreis in der Kategorie Jugendjury nominiert. Nach einigen Auslandsaufenthalten lebt und arbeitet Hanna Fliedner nun im Rheinland.